惠平也山
伊是那
粟島
師子島
九米島
去琉球
百五十里
花島去琉球
三百里

大学的沖縄ガイド
――こだわりの歩き方

沖縄国際大学　宜野湾の会 編

昭和堂

伊是名城跡（写真提供：伊是名村教育委員会）

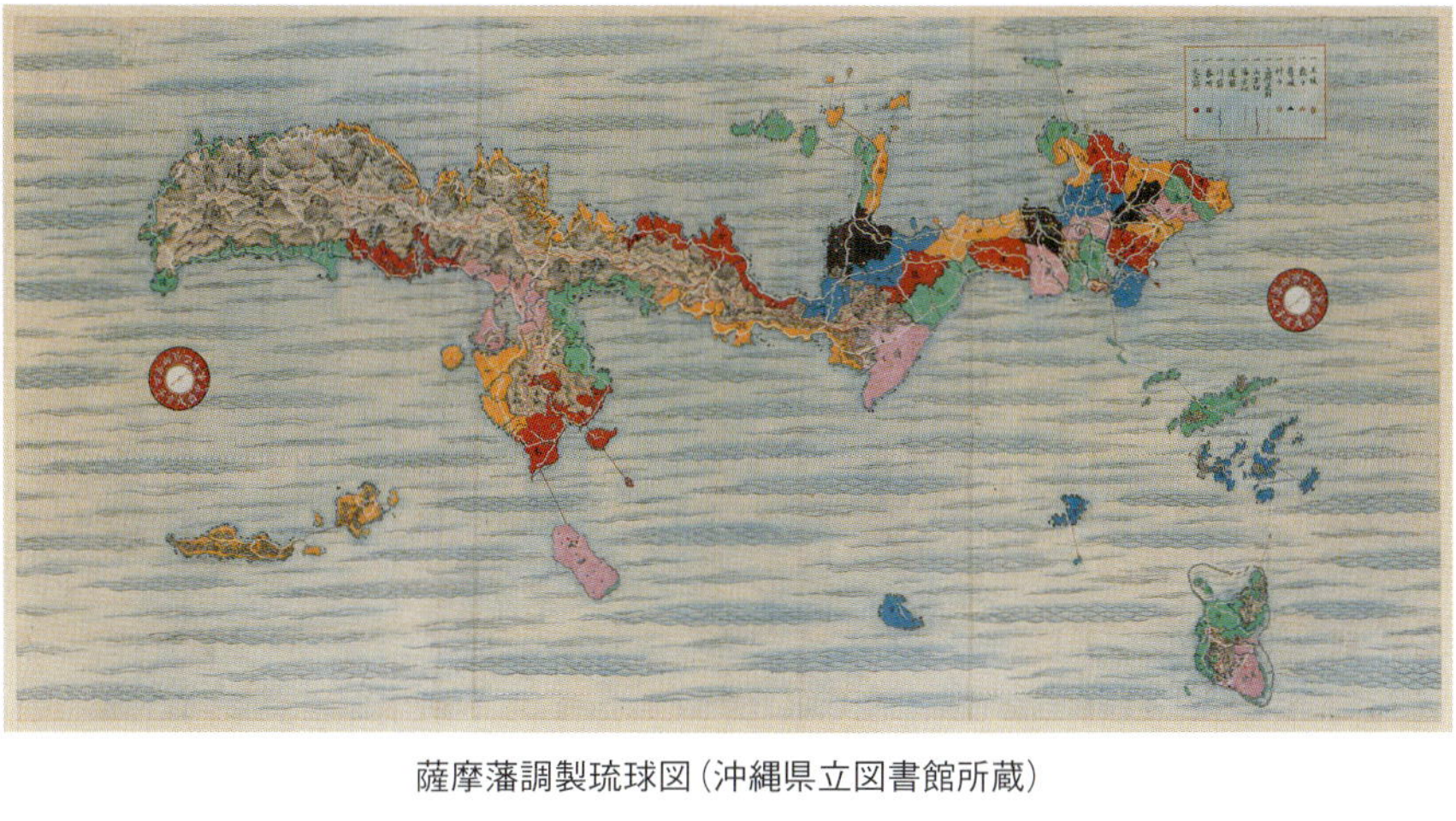

薩摩藩調製琉球図（沖縄県立図書館所蔵）

金武町億首川でのエコツアー

沖縄県の特産品の大集合、産業まつり（那覇、奥武山）

組踊「執心鐘入」鬼女・座主・小僧（国立劇場おきなわ）

闘牛（うるま市、石川）

琉球交易港図屏風（浦添市美術館所蔵）

まえがき

田名真之

沖縄は県域すべてが島からなる島嶼県である。また県域すべてが亜熱帯に属している。日本の最南端と最西端がある。ともに八重山諸島で南は波照間島、西は与那国島である。北は伊平屋島（無人島では硫黄鳥島）で、東は南大東島である。東西一〇〇〇km、南北四〇〇kmの海域に、有人島四八を含む大小一六〇の島が点在する、それが沖縄である。

沖縄は実に様々な顔をもっている。まずは①青い海と白い砂浜、常夏の海浜リゾート、海洋レジャーが売りの国内有数の観光地であること。次に②ジンベエザメやマンタと会える「美ら海水族館」があること。規模、内容はもとより研究施設としても世界レベルの水族館である。③冬場の慶良間諸島はザトウクジラと、八重山のヨナラ水道はマンタと遭遇できる人気スポットとなっている。④琉球王国という独自の国家を成立させていた歴史をもっていること。その象徴が首里城で、ここかしこに龍が住む朱塗りの王宮である。続いて⑤国内有数のキャンプ地で、毎年二月にはプロ野球の一〇球団、Jリーグの一〇数チーム、韓国のプロ野球チームなどが沖縄入りする。⑥国内最大規模を誇る那覇マラソンや宮古や石垣のトライアスロンを始め北部のロードレースなどスポーツアイランドであること。⑦エイサーや大綱引きなど参加型の年中行事、イベントが多いことである。⑧闘牛の島で年間二〇余の大会が開催されている。⑨空手発祥の地で、世界の空手家の聖地となっていること。まだまだ続いて⑩御嶽（うたき）と称される神が天下りする聖地が到るところにあり、神と共にある地であること。⑪国指定の民俗文化、伝統行事が数多くあること。⑫地域ごと島ごとに多彩な芸能が展開される「歌と踊りの島」であること。⑬琉球語—沖縄語、宮古語、八重山語、与那国語と多彩な「シマことば」が存すること。⑭シマことばによる三線歌（新民謡）が今日でも次々と生み出されていること。⑮国内で唯一の地上戦の「沖縄戦」があり、日米両軍兵士の他多くの民間人が戦死した経験をもっていること。⑯二七年間に及ぶ米軍支配と「祖国復帰運動」を経て日本復帰を実現した歴史を持っていること。⑰嘉手納基地、普天間基地を始め多くの米軍基地が存する基地の島であること、そして⑱沖縄本島最南端の摩文仁には沖縄戦の関連の施設―「沖縄平和祈念資料館」や「ひめゆり平和祈念資料館」、そして沖縄戦で斃れた民間人と日米両軍兵士、朝鮮人、中国人など二〇万人余の名前を刻んだ「平和の礎（いしじ）」があり、丘の上には日本各県の慰霊塔が所狭しと建立されており、平和学習、修学旅行のメッカとなっていること、などなどである。

本書では、こうした沖縄の多面的な特徴を、4部に整理した。第1部は「沖縄ナウ」として、基地沖縄の現状と観光業、修学旅行と平和教育などをとりあげた。第2部は「沖縄を楽しむ」として、ハーリーや綱引き、エイサーなどの年中行事やウシオーラセー（闘牛）、空手、スポーツアイランドについてとりあげた。第3部は「琉球王国の世界」として、沖縄の旧石器時代やグスク、首里城、亀甲墓などをとりあげた。第4部は「沖縄アラカルト」として、琉球のことば、芸能、音楽、酒（泡盛）についてとりあげた。

多くの「大和的でない沖縄の特徴」を上げてきたが、沖縄の最大の特徴とは何だろう。沖縄の魂、精神といってもいいのかも知れないが、川辺の芦のようなもので、ちょっとした風にも揺れるが、台風でも折れることがない、弱いからこそしたたかで強いところなのではないかと思う。琉球王国の時代、日本と中国明清朝という大国の間にあって、抜群のバランス感覚でもって、国を維持してきた。日本との付き合いでは和歌を詠み、能や日舞をこなし、中国との付き合いでは唐楽、唐踊り、漢詩を披露し、そして琉球国には琉球の三線音楽や琉球舞踊、琉歌がありますと、披露してみせた。日中の勝れた文化文物を導入し、自分の物とすると共に、琉球独自の文化を育ててきた歴史がある。琉球国の国としての矜持が琉球の文化を生んできたのであり、今に繋がる王国の遺産となっている。

沖縄は王国時代から、周辺から多くのものを学び、受け入れて来た。芸能も民俗慣行などもそうである。それは戦後のアメリカ占領期でも同様で、アメリカナイズされた生活習慣—バーベキューにビーチパーティー、ロックにジャズ、ブラスバンド、バスケや野球等々おおくの影響を受けてきた。その軽さとしなやかさ、そして沖縄大好きな県民の多いことが、沖縄の魅力の源なのではないだろうか。

本書が、沖縄の魅力を多少なりとも伝えることが出来たなら、望外の幸せである。

大学的沖縄ガイド　目次

・表見返し地図
「海東諸国紀」に描かれた琉球国之図
・裏見返し地図
首里古地図（嘉手納宗徳氏作成、図版提供：那覇市歴史博物館）

第1部

沖縄ナウ

米軍基地―基地の値段

前泊博盛

はじめに

沖縄は、「日米安保」の実態を見聞できる場所である。日本国民が「知っているようで、本当はあまり知らない」ことの一つが、この日米安保と在日米軍基地問題。安全保障にかかる問題でいえば、例えば、毎年当たり前のように迎えている八月一五日の「終戦記念日」の由来、太平洋戦争で犠牲になった日本国民の数、太平洋戦争で日本人が殺した他国民の数、都道府県別の犠牲者数などなど。調べてみると、戦後七〇年を迎えた今でもその数は確定できていない。「知っているようで、本当はあまり知らない」―そんな日米安保条約や日米関係、在日米軍基地問題、そして基地に絡む「沖縄」問題について、ここで概説したい。

沖縄も含め日本国内には一三三カ所（二〇一四年三月末現在）の米軍基地（施設・区域）が存在する。その在日米軍基地は四七都道府県のうち大阪、和歌山、四国など一六府県を除く三一都道県にあって、基地の総面積は一〇万二六四一ha（ヘクタール）で、日本の全国土面積（三七七九万六一七三ha）の〇・二七％を占めている。

在日米軍基地面積のトップは北海道で三万四四五六ha。沖縄県は二万三〇九八haで第二位。ところが、米軍基地の施設・区域数となると第二位の北海道（一八施設）に比べ、沖縄県は三三施設とダントツ。都道府県面積に占める米軍基地（施設）面積の比率は、広大な北海道では〇・四一％にすぎないが、国土の〇・六％に過ぎない沖縄県では一〇・一五％と県土の一割を基地に〝占拠〟されているのである。しかも、沖縄県の政治経済の中心となっている沖縄本島に米軍基地は集中し、沖縄本島面積の一八・二％を占めている。

表 1　都道府県別米軍施設数・面積（2014年 3 月末現在）※沖縄防衛局資料

	都道府県名	施設数	（順位）	施設面積（ヘクタール）	（順位）	都道府県面積に占める施設面積の割合（%）	（順位）
	全国	**133**		**102,641**		**0.27**	
1	**北海道**	**18**	**2**	**34,456**	**1**	**0.41**	**9**
2	青森県	7	5	3,207	7	0.33	10
3	岩手県	1	14	2,326	9	0.15	13
4	宮城県	3	10	4,568	6	0.67	7
5	山形県	1	14	130	26	0.02	26
6	茨城県	1	14	107	27	0.02	27
7	群馬県	1	14	579	17	0.09	18
8	埼玉県	4	8	205	22	0.05	20
9	千葉県	1	14	209	21	0.04	21
10	東京都	7	5	1,602	13	0.76	6
11	神奈川県	14	3	2,082	10	0.86	5
12	新潟県	1	14	1,408	14	0.14	14
13	石川県	1	14	160	24	0.04	22
14	山梨県	0	30	4,596	5	1.09	4
15	岐阜県	1	14	162	23	0.02	28
16	**静岡県**	**4**	**3**	**8,916**	**3**	**1.23**	**2**
17	滋賀県	1	14	2,409	8	0.64	8
18	京都府	1	14	3	29	0	29
19	兵庫県	1	14	2	30	0	31
20	鳥取県	1	14	77	28	0.02	25
21	岡山県	1	14	1,880	11	0.27	11
22	広島県	7	5	522	18	0.06	19
23	山口県	2	12	791	16	0.13	16
24	福岡県	2	12	141	25	0.03	24
25	佐賀県	1	14	1	31	0	30
26	長崎県	13	4	474	19	0.12	17
27	熊本県	3	10	1,628	12	0.22	12
28	大分県	1	14	5,631	4	1.1	3
29	宮崎県	1	14	916	15	0.13	15
30	鹿児島県	0	30	340	20	0.04	23
31	**沖縄県**	**33**	**1**	**23,098**	**2**	**10.15**	**1**

注　1．施設数・施設面積は、沖縄防衛局の資料（平成26年 3 月末現在）による。
　　　施設が複数の都道府県にまたがる場合、施設数は、主要部分が所在する都道府県に算入されている。
　　2．都道府県面積は、国土地理院の資料（平成25年10月 1 日現在）による。
　　　都県にまたがる境界未定地域（12,833.85㎢）は、各都道府県の面積には含まれていない。ただし、全国の面積には計上されている。
　　3．計数は四捨五入によるため、符合しないことがある。
　　4．施設面積の割合が同値でも小数点第 2 位以下でもって順位を表示している。

1　日本に基地がある理由

日本になぜ米軍基地があるのだろうか。もちろんご存じのとおり、日本が戦争に負けたからである。太平洋戦争で米国を中心とする連合国軍に敗れた日本は、一九四五年八月一四日に帝国議会でポツダム宣言の受諾を決議して、敗戦を決定する。敗戦の事実は、翌一五日、天皇によるラジオでの「玉音放送」（レコード盤に録音された音声の放送）によって全国民に知らされた。その後、九月二日に東京湾の米戦艦ミズーリの艦上で連合国との終戦協定に調印したのである。

余談だが、日本の歴史上では、玉音放送のあった日の八月一五日が「終戦記念日」となっているが、米国やソ連、中国など戦勝国は、日本が終戦協定に調印した九月二日を「対日戦争勝利の日」、つまり終戦記念日としている。

敗戦国となった日本は連合国軍（主に米軍）の占領統治下に置かれる。その際、国内に数千カ所の連合国軍基地が誕生した。「在日米軍」の施設・区域数は手元にある数字では日本がサンフランシスコ講和条約を締結し、連合国軍が占領政策を終結させたとされる講和条約発効の日の五二年四月二八日現在で、二八二四カ所。総面積は一三万五二六三haにも上っている。その後、米軍基地の施設・区域数は三年後の五五年三月末には六五八カ所に激減するが、面積は約一三万haが残ったままだった。

在日米軍基地の大幅な整理・統合・返還が進むのは、東京オリンピック（一九六四年）開催が契機となる。六五八カ所もあった米軍基地は、オリンピック開催が決まった五九年以降、加速度的に返還・縮小が進み、五九年の二七二カ所（四万九四六九ha）からオリンピック開催年の六四年には一五九カ所（三万五八六ha）と、四〇％も減少した。

米軍基地はその後も漸減され、七二年三月には一〇三カ所（一万九六九九ha）と講和発効時に比べ数で二八分の一、面積で七分の一の水準まで縮小されてきた。

ところが、七二年に米軍統治下に切り離されていた「沖縄県」の施政権が、米軍から日本に移管（「沖縄返還」あるいは「本土復帰」と呼ばれる）されることになり、七三年三月末当時の「在日米軍基地」数は一六五カ所に増え、面積も四万四六四一haと倍増している。国内全体の基地面積と沖縄県一県分を比べても、いかに米軍基地が沖縄に集中しているかがわかる。

2　沖縄に米軍基地が集中している理由

沖縄本島を縦断する国道五八号を、那覇から名護（なご）市に向けて北上すると、国道沿いに延々と続くフェンスの長さに驚かされる。那覇軍港、キャンプキンザー(牧港補給地区)、キャンプ瑞慶覧、キャンプ桑江、嘉手納飛行場、キャンプ・ハンセン…。国道を北上するだけで、在日米軍の主要基地を次々に見ることができるのが沖縄である。

在日米軍基地一三三カ所のうち、沖縄には三三カ所の施設・区域があり、数の上では二五%を占める。また全米軍施設・区域の面積の二二・六%である。ところが、この数字には米軍が時々使う自衛隊基地など「一時使用施設・区域」も含まれている。これとは別に、米軍だけが独占的に使用する「専用施設・区域」に限ると、全国にある八四施設(三万八二三三ha)のうち三二施設(二万二七二九ha)が沖縄に集中している。面積では、七三・七%にも上る。つまり、米軍専用基地の四分の三は沖縄にあるという計算になる。「国土面積の〇・六%に過ぎない沖縄県に、七四%も米軍基地が集中している」と言われるのは、この「米軍専用施設・区域」の偏在を指して使われている。

専用施設と一時使用施設との違いは「時々、米軍がやってきて使う演習所」と、「常日頃から米軍が駐留し演習している本拠地」というぐあいに大きな差がある。国内の米兵犯罪のほとんどが沖縄で起き、米軍機による爆音被害や実弾演習などに伴う演習火災、演習外への流弾事件、米軍機の墜落事故なども沖縄では多発している。

在日米軍基地の多くが沖縄に集中している理由は「戦争中、国内で唯一の地上戦が行われ、米軍が上陸し、日本本土攻略のための前線基地を建設したため」という戦時中の要因のほか、「サンフランシスコ講和条約締結・発効で、米軍統治下に切り離さ

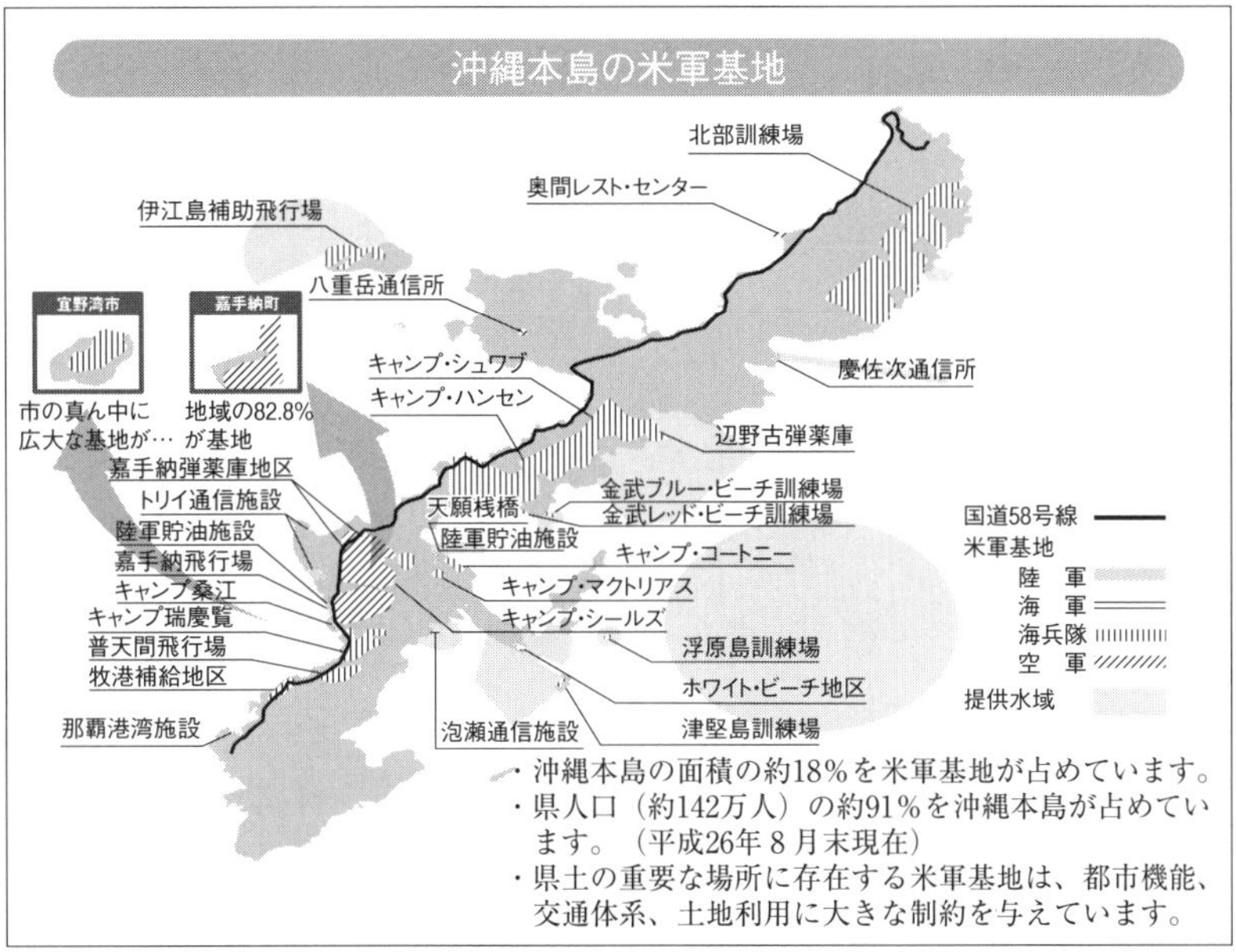

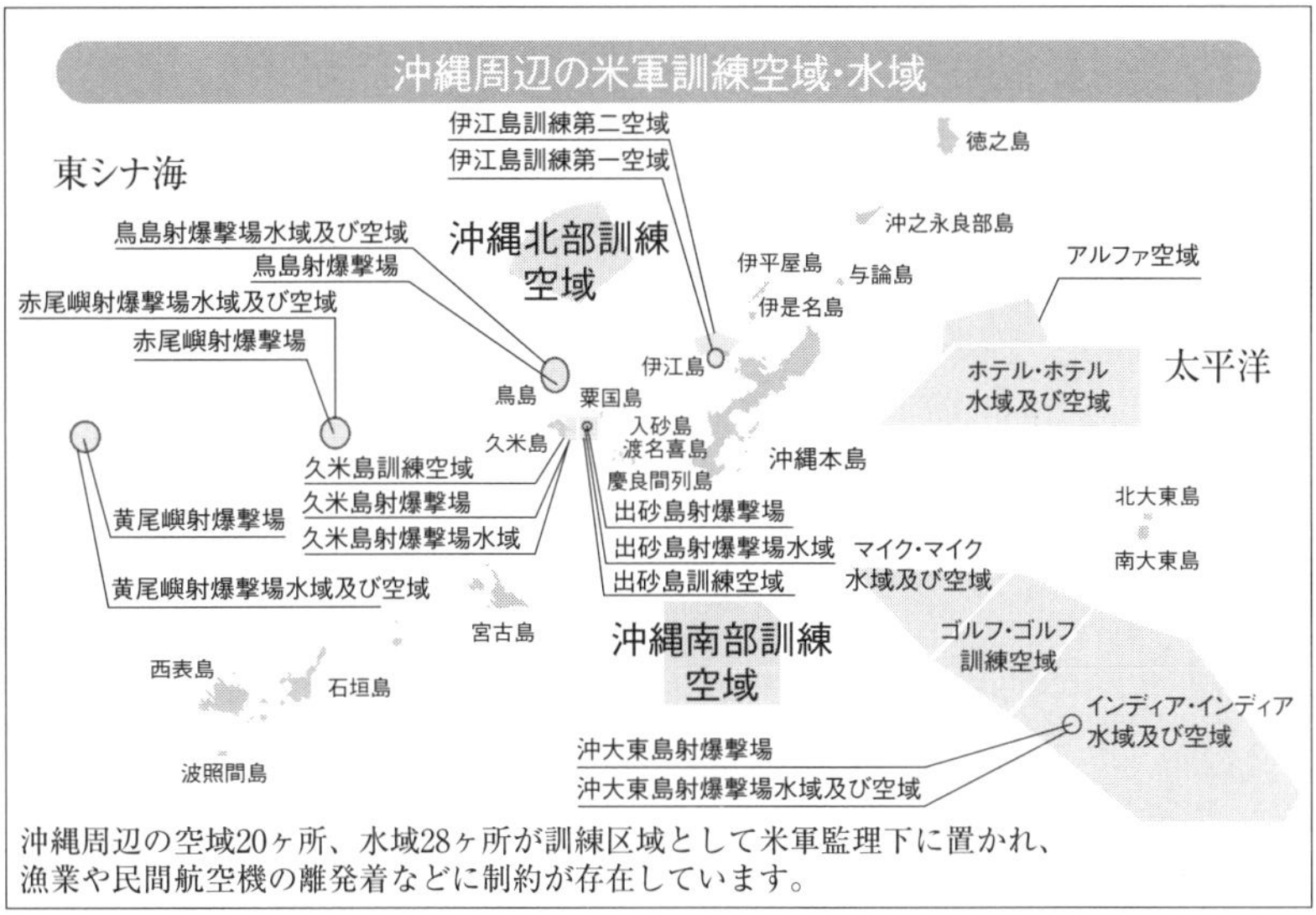

沖縄県の米軍基地：配置図と米軍海域・水域図（沖縄県知事公室基地対策課HPより）

れた沖縄は、日本本土の米軍基地を整理・統合・縮小するための受け皿となったため」、つまり「本土米軍基地の掃き溜め」という要因などが指摘されている。

二〇一三年現在も、米兵犯罪の温床として批判される海兵隊は在日米軍(二万七〇〇〇人)の九〇%近い一万五〇〇〇人が沖縄に集中している。日米両政府は対中国、対北朝鮮など「軍事戦略上、太平洋の要石(鍵石)として地理的にも恵まれた沖縄に部隊を配備・展開することが軍事的合理性からも望ましい」として、沖縄への米軍基地建設を進めてきた経緯がある。ところが、実際には在日米海兵隊は、戦後は山梨県や岐阜県に駐留していたが、一九五〇年代に住民の激しい基地撤去運動によって追い出され、行き場を失い、米軍統治下の沖縄に逃げてきたという歴史が明らかになっているのである。

最近では、二〇〇九年の民主党政権の最後の防衛大臣を務めた森本敏氏が、二〇一二年一二月二五日の防衛大臣離任会見の際に、普天間飛行場問題に触れ「軍事的には沖縄でなくてもよいが、政治的に考えると沖縄が最適な地域だ」と語って、物議を醸した。「政治的」な理由として「供用できるところが沖縄にしかない」というものである。つまり、本土の他の都道府県が引き受けてくれないために、沖縄に置くしかないという沖縄への「基地押しつけ論」の現実を認めてしまった。

同様に、米国国防総省系のシンクタンクも「定員一万九〇〇〇人の在日米海兵隊の一万七〇〇〇人分を米本国に移転しても(海兵隊の)展開能力には、わずかな影響しか及ぼさない」と分析。米軍機や米軍艦船の高速移動が可能になったことなどもあり、沖縄に大規模な部隊を駐留させておく必要性などについては、懐疑的な見方も広がっている。軍事的にも政治的にも沖縄に米軍基地が集中する根拠は、年々希薄になってきているが、「抑止力論」「北朝鮮や中国の動きへの牽制」などから、「引き続き太平洋の要石となる沖縄の地理的優位性に変化はない」と日米両政府は、在沖米軍基地の整理・統合・縮小・返還を求める沖縄県民の要求に背を向けている。

3 県民が「米軍基地」撤去を求める理由

五八六二件。これは沖縄の施政権が日本に移管された一九七二年の「日本復帰」以降四二年間の米軍犯罪件数である。このうち、殺人、強盗、レイプ、放火などの「凶悪事件」が、五七一件と総犯罪件数の一割を占めている。年間平均一四〇件の犯罪が繰り返されてきたことになる。加えて米軍の軍事演習による原野火災も復帰後四二年間で五七四件起きており、焼失面積は三六八〇haにも上っている。

極東最大の空軍基地・米軍嘉手納飛行場をはじめ、海兵隊の普天間飛行場、伊江島補助飛行場、六〇カ所を超えるヘリパッド（訓練用着陸帯）などが点在しており、狭い沖縄の上空で日々訓練を繰り返している。米軍機による墜落事故や不時着事故なども多発し、その数も復帰後四二年間だけで六五〇件を数え、うち墜落事故は四五件、墜落につながるような不時着事故が四七九件も起きている。

名護市辺野古海域への「移設」が問題になっている米海兵隊の普天間飛行場は九万余の宜野湾市民が暮らす市街地のど真ん中にあって、かつて米国防総省のラムズフェルド国防長官が「世界で最も危険な基地」と指摘した基地として知られている。実際に二〇〇四年八月一三日には基地に隣接する沖縄国際大学に米軍大型ヘリが墜落、炎上した。その時に焦げたアカギの木とヘリ衝突で破壊された本館の壁が、事故現場の大学校内にモニュメントとして展示されている。

その普天間飛行場は一九九五年に沖縄本島北部で起きた米兵による少女暴行事件を契機に、九六年のSACO（日米特別行動委員会）合意で返還が決まっている。普天間基地所属のヘリコプターは、過去二〇件余りの墜落事故を起こしており、〇四年の沖縄国際大学構内への大型ヘリ墜落事故のほかにも一三年八月五日に沖縄本島中部の米軍キャンプ・ハンセン内に訓練中のヘリが墜落し、乗員が死亡している。

普天間飛行場は「世界で最も危険な基地」とされているが、過去の米軍機事故件数を基地ごとに比較すると、復帰後の普天間飛行場内の事故は一五件に対し、嘉手納飛行場内は四四九件と普天間飛行場の約三〇倍もの事故件数が記録されている。「危険性の除去」ということであれば、普天間飛行場よりもむしろ嘉手納飛行場の撤去・返還・閉鎖が先である。ところが「嘉手納」については、なぜか論議になっていない。

国道五八号を北上して、嘉手納町のロータリーを右に行くと「道の駅・嘉手納」のビルがある。その屋上展望台からは極東最大の米軍基地・嘉手納の広大な滑走路と戦闘機群の離着陸の様子を見ることができる。

本土では「米軍が日本に駐留しているおかげで、日本の安全が守られている」「戦後七〇年間も日本が戦争に巻き込まれずにこられたのは、在日米軍基地のおかげだ」と言われるが、沖縄では「米軍基地のおかげで、沖縄県民の安心と安全が脅かされ続けている」「本当に怖いのは、北朝鮮や中国などの仮想敵国ではなく、日常的に隣にいる駐留米軍や、米兵たちだ」という声が少なくない。在日米軍は本土では「有事に日本を守ってくれるウルトラマン」のようだが、沖縄では「平時に県民の命を脅かす怪獣＝ウルトラマン」という違いがあって、そのあたりが本土と沖縄の日米安保をめぐる「温度差」の原因となっている。

嘉手納基地

4 米軍基地の価値

米国防総省が二〇一四年秋に公表した「二〇一四会計年度・基地構造報告」によると、米軍の海外基地の中で、米海軍横須賀基地（神奈川県）が資産価値五四億一八〇〇万ドルで一位、前年度までは一位だった嘉手納基地（沖縄県）が五二億四五〇〇万ドルで二位、三沢基地（青森県）が四五億八〇〇万ドルで三位、横田基地（東京都）が四二億三四〇〇万ドルで四位と、上位四位までを在日米軍基地が占めている。

沖縄の米軍基地でみると、キャンプ瑞慶覧が二七億五〇〇〇万ドルで八位、牧港補給地区（キャンプ・キンザー）が一七億七八〇〇万ドルで二〇位内に入っており、恩納村のキャンプ・ハンセンは一三億三九〇〇万ドル、普天間飛行場は九億七〇〇万ドル、名護市辺野古のキャンプ・シュワブは五億七五〇〇万ドルなど、資産価値の高さが際立つ。

嘉手納飛行場は、四〇〇〇m級滑走路二本を持つ総面積約二〇〇〇haの広大な基地である。基地の中にはF15戦闘機など米空軍の主力戦闘機や大型爆撃機・輸送機の格納庫、援体施設をはじめ、コテージ型の高級住宅、トレーニングジム、教会、消防署、小中高校、大学、ゴルフ場、ショッピングセンターなど小都市並みの施設を備えている。

在日米軍基地の資産評価総額は四六一億六三三〇万ドル（五兆三一八億円、一ドル＝一〇九円）で、基地の件数や面積で上回るドイツの四一七億八七〇万ドル（四兆五四六二億円）を大きく上回っている。米政府が日本の基地、とりわけ沖縄の基地の返還に消極的な理由が、米国防総省のデータからも見えてくる。在日米軍基地は米国政府にとって絶対に手放したくない「海外資産」となっているのである。

資産価値の上位二〇位内に入っている最多数国は日本で八カ所。次いでドイツの三カ所。二〇〇九年度までドイツの米軍基地の評価額は日本より上だったものの、米軍基地の返還が進み、資産評価の対象となる基地数が減少したため、日本と逆転した。

米国内では、財政赤字の拡大を受け、海外の米軍基地の縮小を含む軍事費削減論が台頭しているが、ブルッキングス研究所のマイケル・オハンロン上級研究員は、思いやり予算のある在

表2　在外米軍基地の資産価値・上位10位
（単位・100万ドル）

①横須賀	日本	海	5418
②嘉手納	日本	空	5245
③三沢	日本	空	4508
④横田	日本	空	4234
⑤ラムステイン	ドイツ	空	4233
⑥グアンタナモ	キューバ	海	3472
⑦ディエゴガルシア	英領	海	2799
⑧キャンプ端慶覧	日本	海兵	2750
⑨トゥーレ	グリーンランド	空	2725
⑩グラーフェンベアー	ドイツ	陸	2400

出典：米国防総省「2014会計年度・基地構造報告」

日米軍基地は米側を優遇するメリットが大きいため、「日本は縮小の対象外とすべきだ」などと話している。

同報告書は会計年度ごとに米議会に提出されていて、二〇一四年度版は一三年九月末現在の数値をまとめている。米軍基地の資産評価額は、地価を除き、基地内の施設数や床面積、インフラなどで算定しており、地価は含まれていない。在日米軍基地の評価が高い理由として「日本は毎年、思いやり予算で基地内の施設を新設・改修しているため、必然的に評価額が上がっている」と専門家は分析する。

報告書によれば、米軍の海外基地は一九九〇年ごろには九〇二を数えていたが、東西冷戦終結などから九〇年代以降は閉鎖が続き、二〇一三年現在では五七六基地に削減・縮小されている。しかしながら、在日米軍基地の閉鎖はほとんど進んでいない。

米軍基地や関連施設など全体の総資産評価額は前々回の四〇五億九三五〇万ドルから前回の四五一億六七〇〇万ドル（約三兆七四八八億円）に増加したが、今回はさらに総額四六一億六三三〇万ドル（五兆三一八億円、一ドル＝一〇九円）に増加した。

資産評価額が一七億一五〇〇万ドル以上の大規模基地は、米本土内に一一一カ所、米領に三カ所、米国外に二〇カ所の計一三四カ所あって、米軍が米国外に基地を保有している三八カ国の中で、最も施設数が多いのはドイツの二一八カ所、次いで日本の一一五カ所、韓国の八六カ所となっている（注＝防衛省沖縄防衛局資料によると日本の基地は一三三カ所で、日米両政府の統計データに乖離がある）。

5　米軍基地の不経済学

「沖縄県は、米軍基地のおかげで豊かな生活を送っている」。巷では、そんな会話をよく耳にする。しかし、沖縄県が「米軍基地依存経済」と呼ばれたのは、一九七二年の本土復帰直後までのこと。復帰後は、米軍基地関連収入（①軍用地料、②軍雇用者所得、③米軍などへの財・サービス提供による軍人軍属等の消費支出、④その他＝米軍の直接発注工事などの合計）が県民総所得に占める割合は七二年の一五・五％から毎年低下して、最近（二〇一〇年）は五・三％と消費税（八％）の水準を下回るまでに「基地依存度」は下落している。

一方で、観光収入は復帰直後の六・五％から一〇・二％まで急伸し、沖縄は基地依存経済から観光立県へと大きく変貌しつつある。沖縄県を訪れる観光客数は二〇一四年には初の七〇〇万人を突破して、観光収入も四〇〇〇億円を超え、基地収入の二〇〇〇億円の倍の水準となった。

那覇市の国際通りをはじめ、首里城公園、沖縄本島北部の美ら海水族館、沖縄本島西海岸に林立するリゾートホテル群など、いずれも国内外の観光客で賑わっている。宮古、八重山群島もここ数年は観光客数が増加傾向をみせており、最近では激増する観光需要に宿泊先となるホテルの供給不足も指摘されている。

そんな沖縄県の試算では、米軍基地があるために毎年約一兆円の「逸失利益」が生じているとされている。例えば、米軍基地の跡地には、那覇市の新都心地区（旧米軍牧港住宅地区）や北谷町の桑江、北前地区（旧米軍ハンビー飛行場、メイモスカラー射撃場）、那覇市小禄の金城地区（米海軍・空軍補助施設）など、沖縄経済のホットスポットとして県民だけでなく観光客にも人気の商業地、繁華街となっている場所が少なくない。

那覇新都心は、返還前の米軍基地時代には軍用地料や基地従業員の給与など年間五七億円の基地関連収入があったが、返還後は企業立地や宅地開発などで年間一六二四億円（二八倍）の経済効果を発揮している。小禄・金城地区も返還前の三〇億円から返還後は四八二億円（一六倍）に、桑江・北前地区も三億円が三三〇億円（一一〇倍）に経済効果が膨らんでいる。今後も沖縄では大規模な米軍基地返還が予定されているが、その返還効果を沖縄県が試算した結果、キャンプ桑江（返還前経済効果四〇億円）で八倍（三三四億円）に、キャンプ瑞慶覧（同一〇九億円）で一〇倍（一〇六一億円）、普天間飛行場（同一二〇億円）が三二倍（三八六六億円）、牧港補給地区（同二〇二億円）で一三倍（二五六四億円）、那覇軍港（同三〇億円）で三六倍（一〇七六億円）の経済効果が出ると期待されている。

これまでにも返還された北中城村の米軍泡瀬ゴルフ場跡地（四七ha）には、二〇一五年四月にイオンの大型ショッピングモールが開業したが、その雇用効果は三〇〇〇人を超え、経済波及効果は八〇〇億円、県産品の生産誘発額も六五〇億円が見込まれるなど、目もくらむような「基地返還効果」が発揮され、注目を集めている。基地返還効果を最も体感できる場所として、イオンモールを訪れてみるのもいい。

一方で、今後の大型の基地返還による地価下落や政府による沖縄振興予算の削減などマイナス効果を指摘する声も出ている。ディズニーランドの二つ分に相当するとされる普天間飛行場(四八〇ha)などの大規模返還を沖縄経済のみならず日本経済、アジア経済の発展にどう活用するか。沖縄県民のみならず日本国民全体の知恵と戦略が試される。

column

「思いやり予算」って何?

前泊博盛

「日本人は、水と安全はタダと思っている」―ワシントンなどで日米安保問題などを調査・取材すると、国防総省や国務省の担当官や米軍幹部などから、そんな批判を受ける。「安保ただ乗り論」と呼ばれるもので、「米軍の日本駐留経費も米国民が負担し、日本は安全をタダで享受している」という見方である。

ところが、調べてみると日本国民は在日米軍の駐留経費の七五%を負担していることが分かる。財務省の「日本の財政と防衛力の整備」（二〇一〇年四月）によると、米軍が駐留している各国の経費負担（二〇〇二年）比較では、日本が七四・五〇%を負担しているのに比べ、ドイツは三二・六〇%、韓国は四〇%、イタリアが四一%、クウェートが五八%、サウジアラビアが六四・八〇%と米国の同盟二七カ国中、ダントツで日本の経費負担率が高くなっている。

二〇一二年度の在日米軍駐留経費は三六八九億円。これにSACO関係経費八六億円と米軍再編関係経費（地元負担軽減分）五九九億円を足すと、総額四三七四億円となる。SACO経費には、基地返還のための事業費二一億円などが含まれる。米軍再編関係経費では、米空母の艦載機移駐費用三二六億円、在沖米海兵隊のグアム移転費用八八億円などが含まれており、国有地借り上げ費も一六五六億円計上されている。

これらの経費を日本に駐留する米軍人一人当たりに換算すると日本の経費負担額は、一〇万ドル（約一二〇〇万円）にも上る。

（歳出ベース）

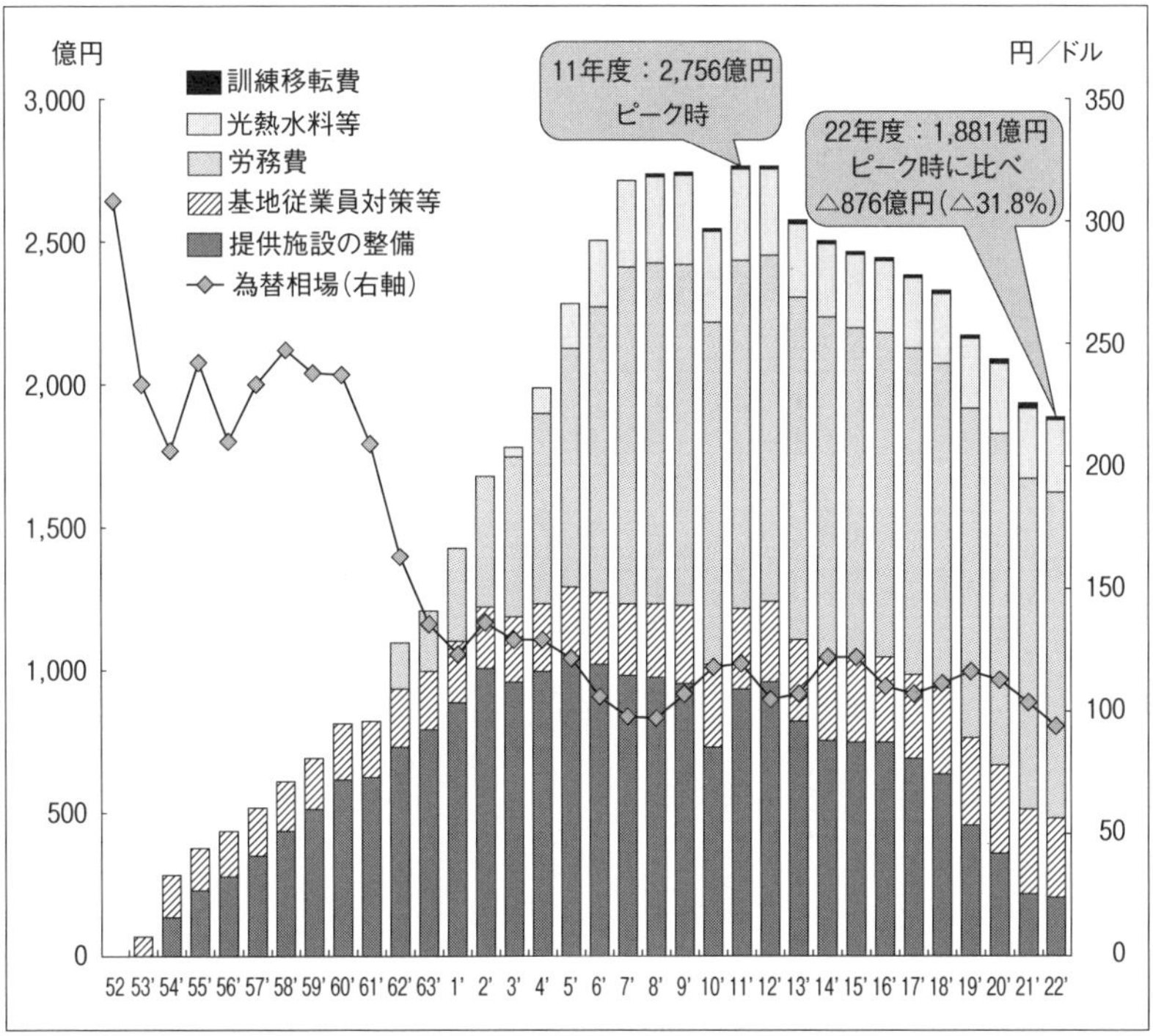

日本の財政事情が悪化する中、ピーク時より約31.8%削減してきており、納税者たる国民に対して納得が得られるよう、一層の効率性と透明性の確保に向けて日米間で協議しています。

思いやり予算の推移

接受国支援（ホスト・ネーション・サポート）と呼ばれる駐留経費の負担は、日米地位協定で分担が決められているが、日本政府は協定の定めにない負担金まで負担している。それが、「思いやり予算」である。思いやり予算は、一九七〇年代に世界的なインフレが起き、円高・ドル安が加速する中で、財政難となった米国が、日本に駐留経費の負担増を要求したのがきっかけとなって始まった。それまで米軍が負担していた在日米軍基地従業員の労務費や提供施設整備費を一九七八年から日本が一部負担したのが始まりである。当時の金丸信防衛庁長官が「思いやりの立場で、地位協定の範囲内でできる限りの努力を払いたい」と発言したことから、思いやり予算と呼ばれるようになったのである。

六〇億円から始まった取り決めにない費用負担は、その後拡大し、ピーク時の九九年には二七五六億円まで膨らんだが、その後は日本の財政赤字や景気後退などもあり、日本側が減額を求め、現在では一八五八億円まで縮小した。

それでも、米兵一人当たり一二〇〇万円という莫大な負担額は、同盟各国からみても「米軍に手厚い日本」という印象が否めない。

二〇一五年末の日米交渉で、日本政府は二〇一一年以降一九〇〇億円を維持してきた思いやり予算の減額を要求。米政府は増額を要求している。

一方で、米軍再編関係経費は日米両政府の合意文書「在日米軍再編実施のためのロードマップ」が根拠となっている。文書では「費用は日本政府が負担する」とあるものの、「協定」ではなく一部を除き、国会承認の手続きもとられていない。在日米軍へのこれらの日本側負担を合計すると、二〇一五年度は、総額五二〇〇億円にのぼっている。「思いやり予算」は、対米支出の氷山の一角にすぎないのである。

沖縄の宿泊産業が変わっていく

――宮森正樹

はじめに

観光は沖縄県の主要な産業であり、県経済の発展、地域活性化を担っている。二〇一三年度には過去最高の六五八万人の観光客が沖縄を訪れた。そしてその影響で観光収入も四四六三億円となった。同年度の特徴としては、外国人観光客が大きく増加し、過去最高の六三万人、二〇一二年度の三八万人から約四割増しを実現していることだ。しかし観光客一人あたりの消費額は、六万七八一七円と対前年比で〇・五%しか伸びていない。また、平均滞在日数も三・七七日と〇・〇三日の微増しか達成していない。[1]

世界的に観光宿泊数は沖縄宿泊に比べて長い傾向にある。沖縄では平均して三・七七日だが、例えばハワイでは、平均で観光宿泊は九・一五日となっている。ハワイを訪問する観光客を国別に見ると、カナダからの旅行者が一二・六日と長い。米東海岸からは一〇・五日、米西海岸からは九・六日。日本人旅行者は前述地域に比べて短いもののそれでも沖縄での宿泊よりは二・二三日も長い六・〇日である。宿泊形態は単にホテルへの滞在から、コンドミニアム*、バケーションレンタル*、ドミトリー*、そしてタイムシェア*等と多様化してきている。

1 沖縄における観光宿泊業の現状

(1) 富裕層をターゲットにした高級ホテルの沖縄進出

沖縄県に県外および外資系の高級ホテルが多く進出してきている。その背景には、沖縄のリゾート地としての魅力、そして沖縄県全体が富裕層を呼び込む戦略的行動を起こしているからだと思われる。二〇一二年には、「ベッセルカンパーナ」や「百名伽藍」「リッツカールトン沖縄」「星のや竹富島」「琉球温泉・瀬長島」がオープンした。また二〇一三年には、「モントレリゾート沖縄」と「JUSAND」、二〇一四年には、

(1) 沖縄県文化観光スポーツ部『ビジットおきなわ計画』二〇一四年

＊文末の〔用語解説〕参照

「ＡＪリゾート伊計島（いけいじま）」や「オリオン・モトブリゾート＆スパ」「ヒルトン沖縄北谷（ちゃたん）」が営業開始した。二〇一五年以降に予定されているのは、「フォーシーズンズホテル」「宇座テラス」「ベッセルホテルカンパーナ沖縄」「ホテルグレイスリー沖縄」「パークビュー」「ハイアットホテル・アンド・リゾーツ」そして「ヒルトン沖縄金武（きん）」である。

このように多くのホテルが毎年開業あるいは開業を予定しているが、それらのいくつかは富裕層をターゲットにする高級ホテルであり、沖縄における宿泊ターゲットが変化してきているのがわかる。

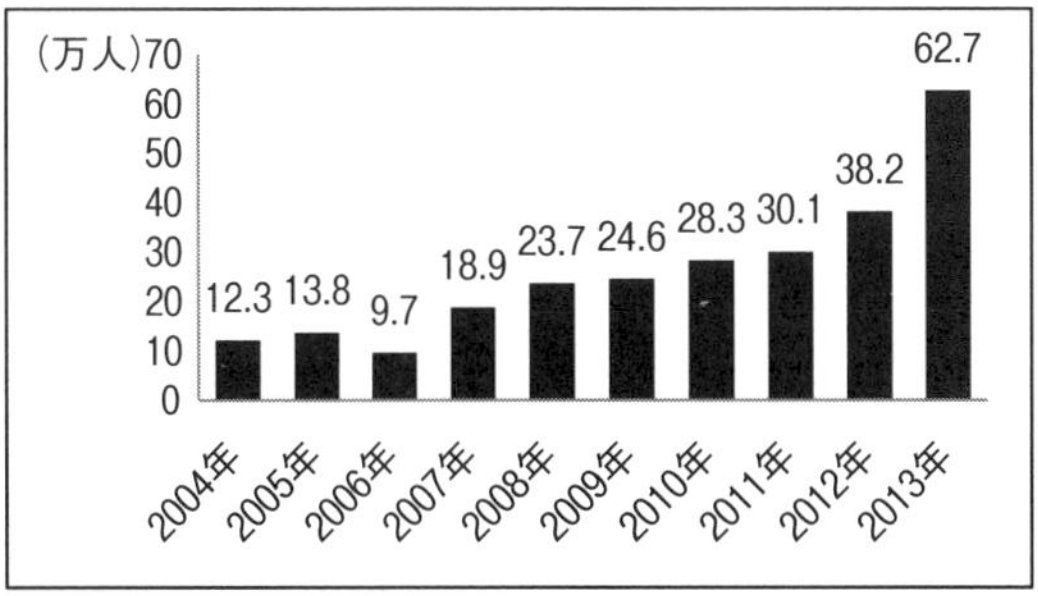

図１　海外からの宿泊客の推移
出所：沖縄県文化観光スポーツ部『ビジットおきなわ計画』2014年

(2) 海外からの宿泊客の増加

海外から沖縄を訪問する観光客は年々増加してきている。二〇一三年度は過去最高人数となっている。その特徴として、国内客の沖縄への入域はほとんどが空路であるが、海外観光客では三割が海路での入域になっている。

増加している理由として、継続した円安や訪日旅行需要が高かったことに加え沖縄県が重要視している台湾や韓国、中国、香港において航空路線の新規就航および既存路線の増便があり空からの観光客増加に寄与していることと、海外クルーズ船の寄港回数増による海路客の増加がある。これらの要因にプラスして那覇空港新国際線旅客ターミナルビルおよび那覇港旅客船ターミナルの供用開始なども整備され、外国人観光客の増加に貢献したと考えられる。

重点国別にその傾向をみてみる。台湾は、台北―那覇路線、高雄―那覇路線で新規就航・増便等があり、空路客を中心に増加し、過去最高であった昨年を上回り、二〇一四年は初の三〇万人台となった。韓国はアシアナ航空・ジンエアーの増便、韓国LCC二社の新規就航があり、ソウル―那覇路線の拡充と合わせて高い増加率となった。中国本土では、新規路線の就航や春節時期の大幅な入込もあり、過去最高となった。また、クルーズ船の寄港により、海路客も増加した。最後に香港は、香港航空の香港―那覇路線が増便したことや、ピーチアビエーションの香港―那覇路線の新規就航等により、空路客を中心に増加し、過去最高となった。

(3) 沖縄県内各市町村の観光振興への取り組み

沖縄総合事務局が平成一九年度の沖縄振興計画を作成する過程で四一市町村に観光施設などの現状と課題についてアンケートを実施した。調査結果から、各自治体における観光の意義や課題が見えてきた[2]。

(2) 総合事務局:平成一九年度沖縄振興計画:持続可能な沖縄観光の推進方策検討調査(沖縄における観光施策等の現状と課題について)。三沖縄県内四一市町村にアンケートを実施。郵便及び電子メール活用。回収率一〇〇%

①観光振興の意義

沖縄県の各市町村は観光振興の意義を「産業・経済の発展」に最も重きを置いている。調査対象の八七・八％がこれを挙げており、続いて「地域の活性化・まちづくり」七三・二％となっている。これら以外は一五％以下となっており、地域の産業・まちづくりが大きな観光振興の意義だと言える（図２）。

②宿泊施設の現状に対する評価

観光の現状に対する評価で「良い」となっている項目には、自然環境、歴史文化、生活文化、景観などが挙げられている。しかし、外国人や国際会議の受入体制、ショッピング施設、観光企画などの運営能力は「悪い」評価となっている。そのような中で宿泊施設への評価を見ていると、全体的に「悪い」の解答が多く、五一・三％で「良い（二一・六％）」の約二倍になっている（図３）。

四一市町村で宿泊施設の状況が「非常に良い」と答えたのは「那覇市」と「恩納村」のみで「良い」としたところも、域内に大型リゾートホテルが立地しているところや民宿が多いところの七市町村となっている。県内の多くの市町村では観光客のための宿泊環境は十分ではなく今後改善していきたいという意向を持っていることがわかる。

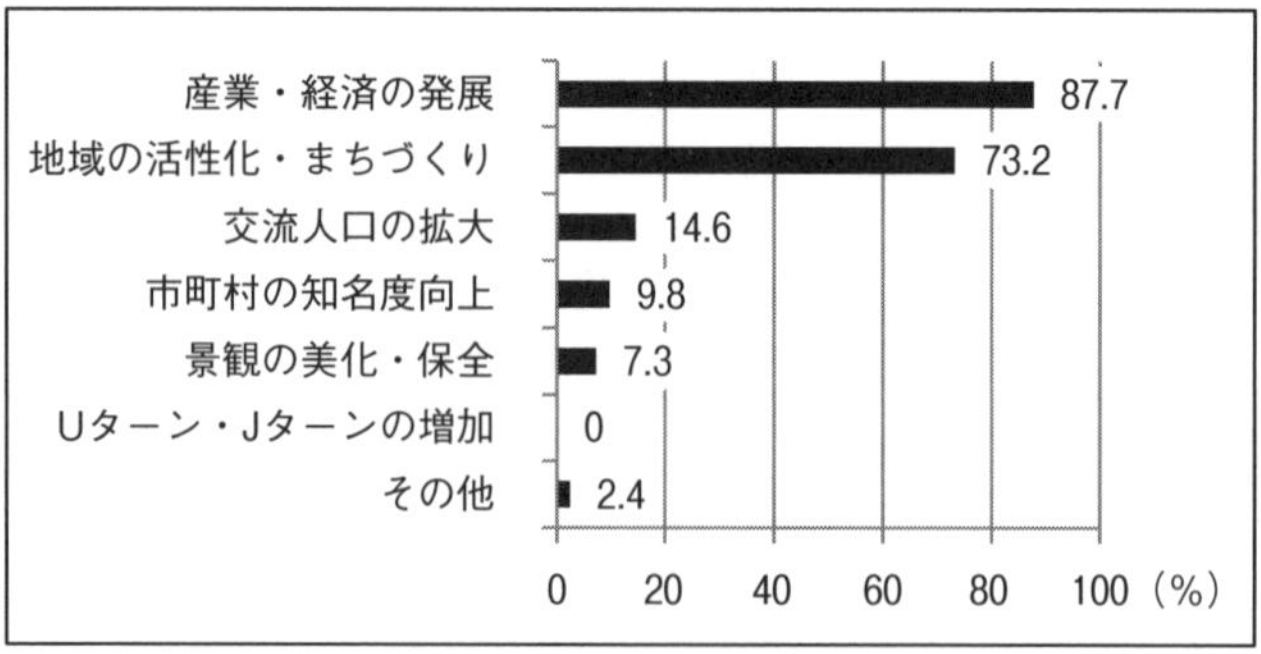

図 2　観光振興の意義
出所：総合事務局『持続可能な沖縄観光の推進方策検討調査』2007年

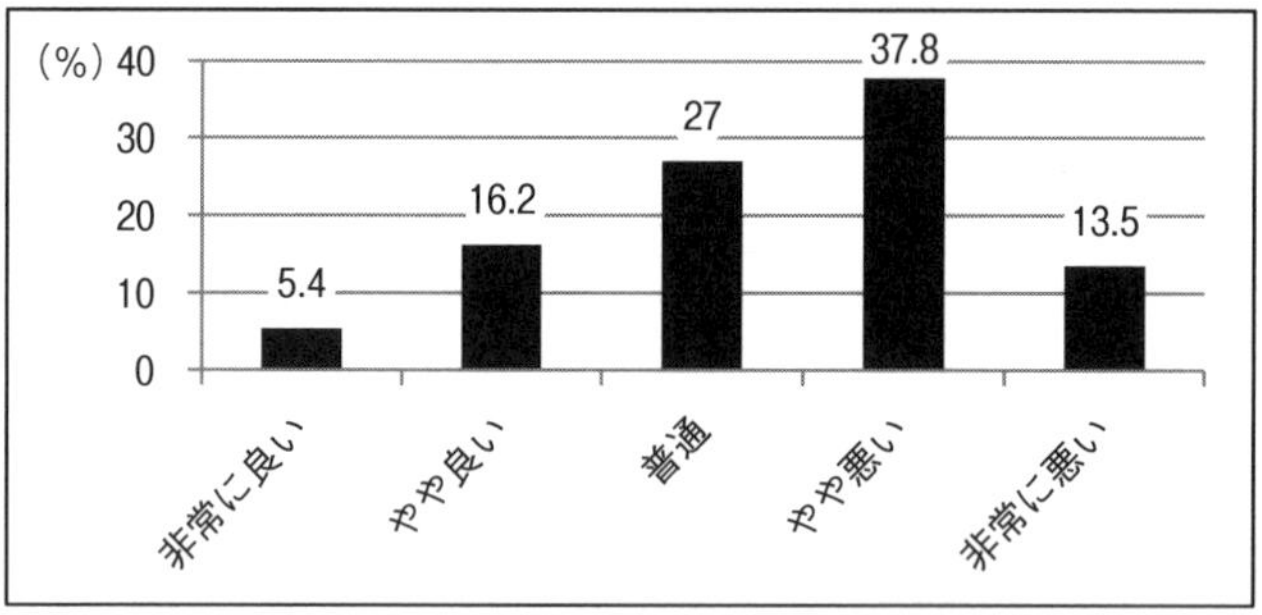

図 3　域内での宿泊施設に対する評価
出所：総合事務局『持続可能な沖縄観光の推進方策検討調査』2007年

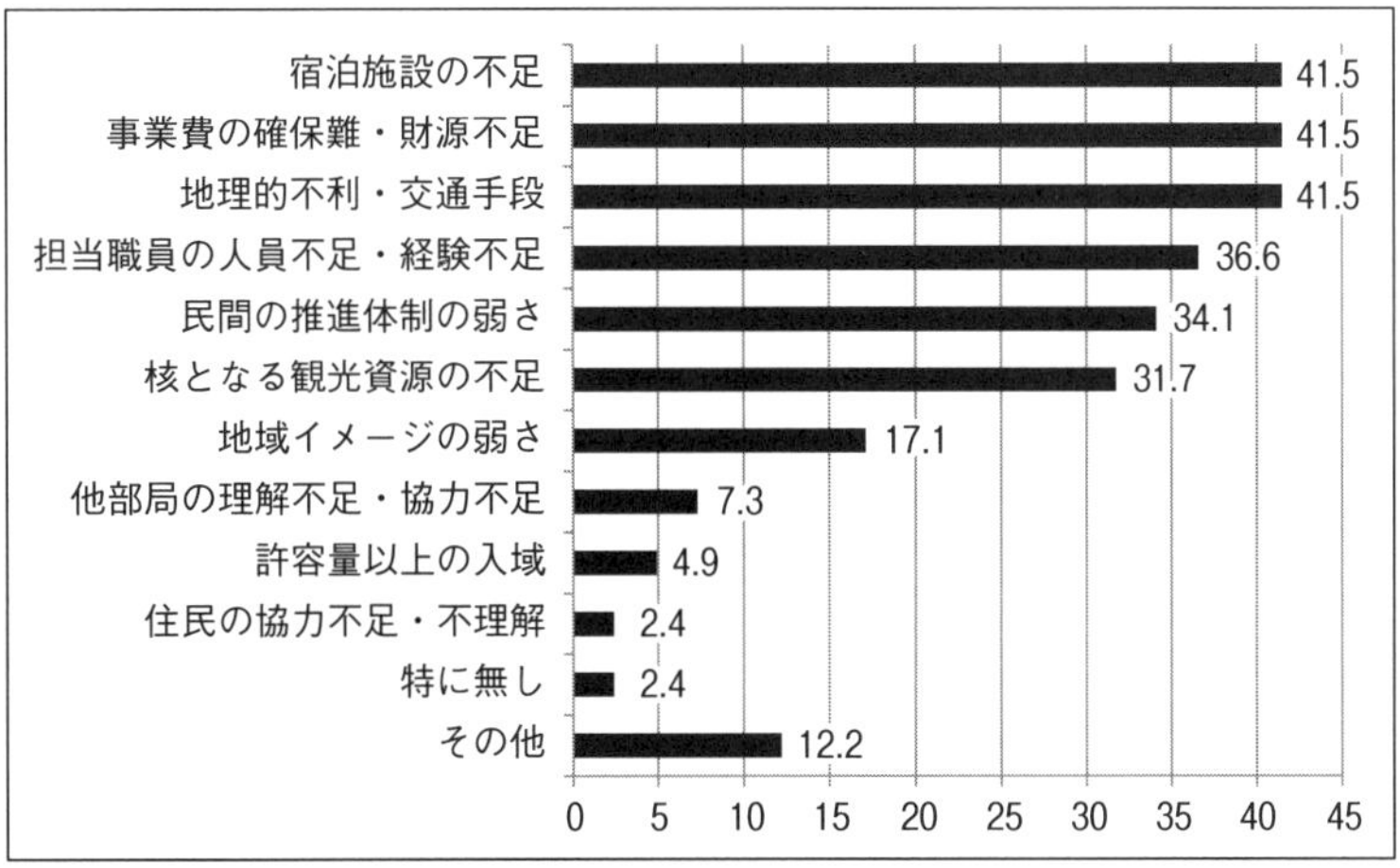

図４　観光振興を図る上での課題
出所：総合事務局『持続可能な沖縄観光の推進方策検討調査』2007年

③観光振興を図る上での課題

観光振興を図る上での課題として、三つの大きな要因が挙げられている。それらは「地理的不利・交通手段」「事業費の確保難・財源不足」そして「宿泊施設の不足」である。各市町村は、観光客のための宿泊施設が不足しており、そのために域内の観光振興が阻害されていると感じている。新たな観光施設を呼び込みたい地方自治体のニーズが浮き彫りにされている。

④注力した観光分野としたい分野

市町村が注力した観光分野では「修学旅行」や「文化観光」「マリンレジャー」「イベント」等が挙げられている。そのような中で、「長期滞在」は〇％とどの自治体においても注力は注がれていない。しかし、今後注力したい観光分野としてはこの「長期滞在」が二六・八％と注目されてきている。伸び率ではもっと高い値を示し、この分野をより推進するためには、潜在的な長期滞在希望者のニーズに適合した宿泊施設の導入が望まれる。また、同様に今後注力したいとされているヘルスツーリズムと組み合わせることにより、新しいコンセプトの宿泊施設が受け入れられる環境は整っていると思われる。

沖縄における観光産業の発展は複合的に実現されるが、それらを構成する各要素を観光発展戦略に基づいて一つずつ高度化させていくことが必要である。

2　宿泊業の変化

(1)　沖縄の宿泊業の構造と営業形態の分類

沖縄県における宿泊施設の整備状況は年々整いつつある。二〇一二年時点で宿泊施設の件数は一四一一軒となっている（図6）。客室数では三万八八九一室で収容人数は九万九〇六一人である。沖縄における宿泊施設は大きく八分類されている。それらは、ホテル、旅館、民宿、ペンション・貸別荘、ドミトリー・ゲストハウス、ウィークリーマンション、団体経営施設、ユースホステルである。この中にはタイムシェアあ

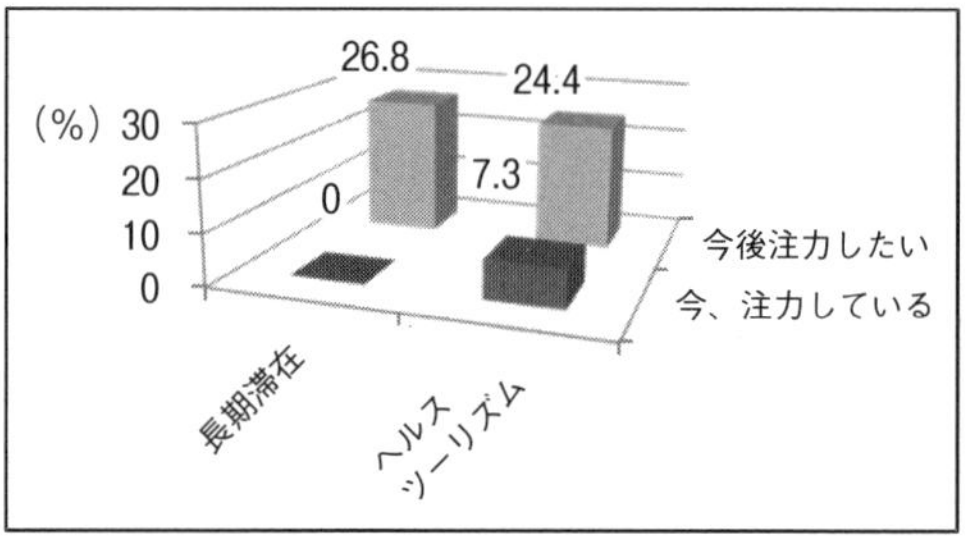

図５　注力している観光分野と注力したい分野
出所：総合事務局『持続可能な沖縄観光の推進方策検討調査』2007年

るいはバケーションレンタルという区分はなく、沖縄においてタイムシェアがほとんど浸透していないことを示している。

宿泊施設は二〇〇〇年から二〇一二年にかけて二・〇六倍に増加している。その中で民宿が最も大きく軒数を伸ばしており、一二年間で二・八倍の規模となった。次に大規模ホテルが一・八一倍、中規模ホテルが一・五九倍となっている。団体経営宿泊施設、ユースホステルなどはその数を減らしてきており、沖縄における宿泊施設の構造的変化がみられる（図7）。観光客がどのような宿泊施設に滞在するかから、沖縄を訪問する観光客のタイプを推察することができる。民宿が大きく増加している背景には、そのような施設をニーズとして感じている層が多いということである。また、大規模ホテルも数多くの観光客を呼び込むために、価格をかなり安く設定しており、その価格を好む層が多いといえる。沖縄県の観光収入は入域観光客数が増加する割には伸びておらず、一人あたりの観光消費額や滞在日数の弱さが表れている。近年、富裕層をターゲットとした国内有名ホテルや外資系ホテルが沖縄に進出したり進出を計画したりと沖縄県の宿泊施設は多様なニーズへの対応と高付加価値化が進んできている。これにより、大衆層、若いバックパッカー層以外にも富裕層あるいは時間とお金があるシニア層のニーズを満足させられる宿泊施設が整いつつある。

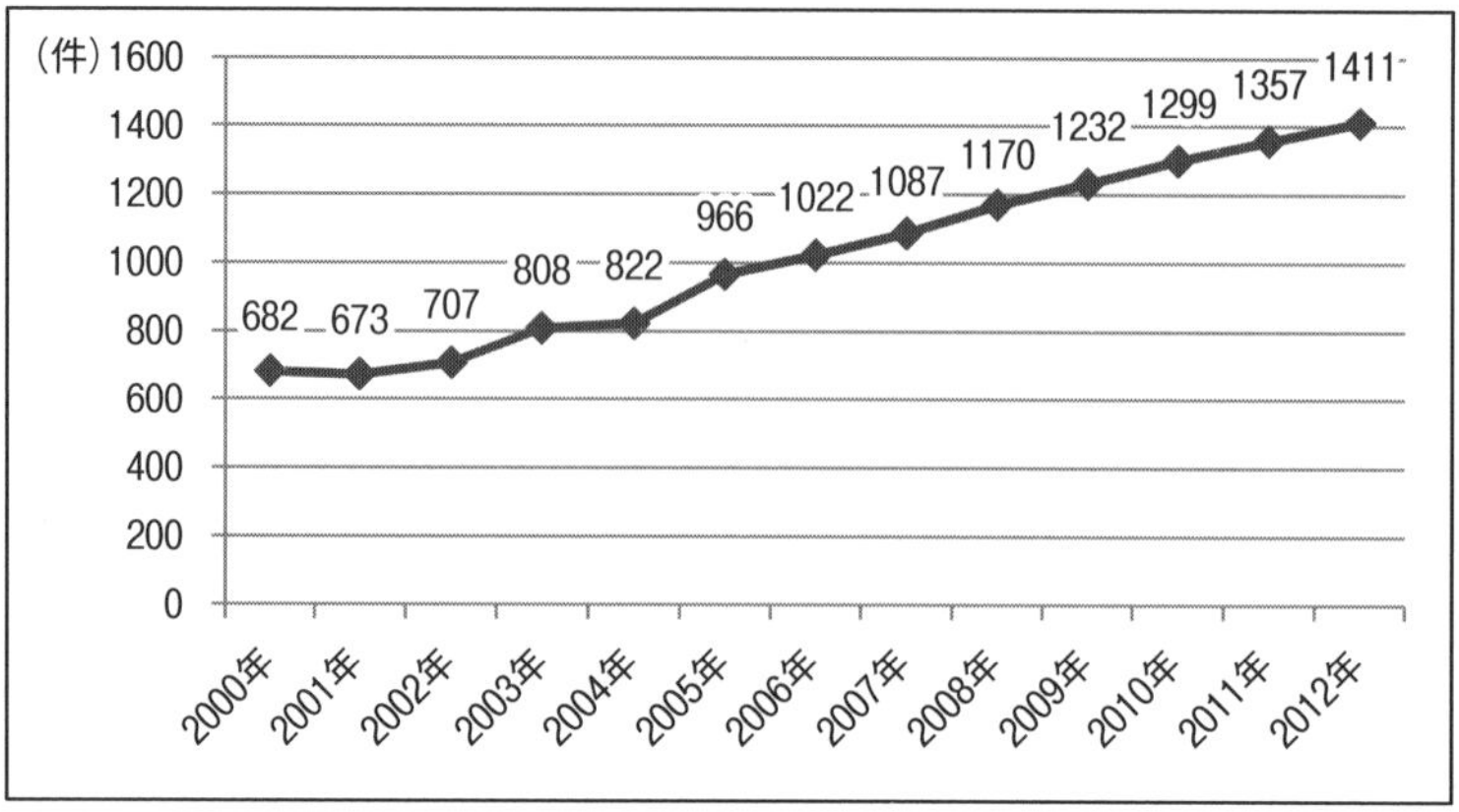

図 6　宿泊施設数の推移

出所：観光要覧　2013年度、沖縄県

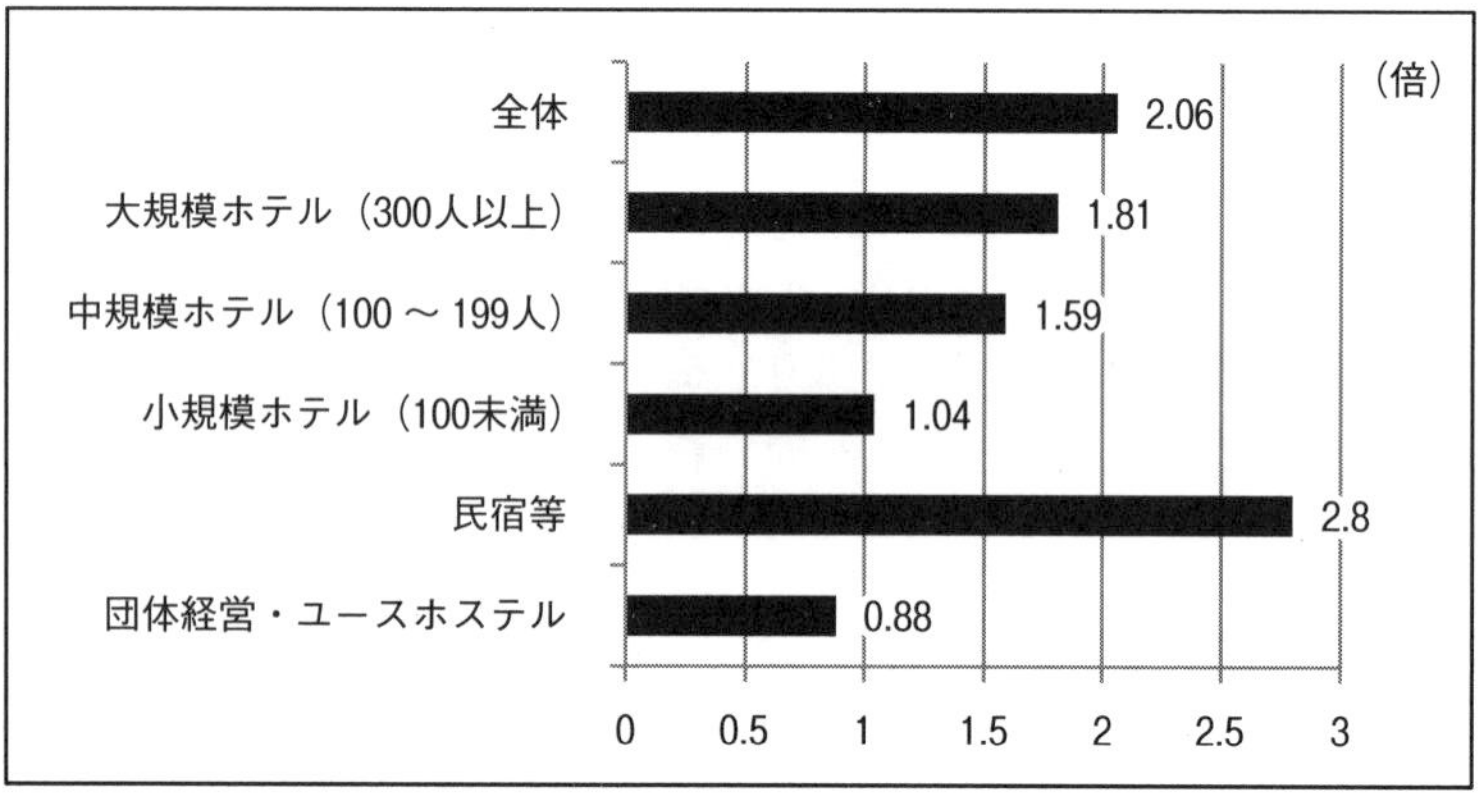

図 7　宿泊施設の増加倍数（2000 年～ 2012 年）

出所：観光要覧　2013年度、沖縄県

(2) 外国人観光客が変える沖縄の宿泊施設

沖縄県では、外資系ホテルのオープンラッシュが始まっており、県や各市町村としても積極的にホテル誘致を行っている。これは、今後増えるであろう外国人観光客を取り込むことで、国内観光客の減少リスクを分散する意図がある。リーマンショックや新型インフルエンザの影響で二〇〇八年に六〇四万人だった観光客が二〇〇九年には五六五万人と大きく減少した。このような状況を避けるためにも観光客の多様化が望まれ、その方向性として国の施策とも相まって海外観光客が注目された。そして、このトレンドを受けて外資系ホテルが相次いで沖縄で新規開業している。沖縄を訪れる外国人観光客の増加は顕著で二〇一三年度は六二万七二〇〇人と、実に前年より六四%も多くの外国人が沖縄にやってきた。国際的には、まだまだリゾートしての認知度が低い上に、東京や大阪に比べると、沖縄には外資系ホテルが少ない状況である。宿泊客の国内外構成をみると大都市圏の外資系ホテルでは、日本人と外国人の比率は五〇%前後であるが、リッツカールトン沖縄でさえも外国人宿泊客の比率はまだ二〇%弱程度としかなっていない。

沖縄県は二〇二一年度には県内への観光客総数一〇〇〇万人の二割を外国客にすることを目標としている。しかし二〇一三年度の観光客は六五八万人中、外国人は六三万人である。京都市（府でない）の外国人宿泊者数は一一三万人であり、沖縄県と京都市を比較してみても沖縄側がかなり見劣りする。[3] 他方、既存ホテルの客室は夏

（3） 京都市産業観光局『京都観光総合調査』二〇一三年

の繁忙期にはフル稼働となり、航空路線も需要に追いつかず、那覇空港では新滑走路の建設を計画している。外資系を含めホテルの新設やタイムシェアなどの新しい宿泊ビジネスモデルの参入余地は大きいと言える。(4)

まとめ

(1) 観光客を迎えるための留意点

一度来てみて沖縄の楽しさ、利便性、ホスピタリティ*などに満足しなければ、二度とは沖縄はディスティネーション*に選ばれないであろう。沖縄としては、これら国内外の観光客のニーズにあう観光地づくりや英語・中国語でのコミュニケーション、出発地から沖縄へのアクセスの容易さ等の整備が必要となる。

その次に問題となるのが、沖縄での「長期滞在」や「リピート」に耐えられる仕組みができているかだ。物見遊山の観光であれば三日も居れば沖縄は見て回れる。そして、二度目はもう来ないであろう。大切なのは沖縄に滞在して長期滞在でも何らかの楽しみや癒しがあり、しかもリピートしてもなお楽しめることである。これにも海外観光客の場合は言語の問題も関わるが、それと同時に多くのエンターテイメントメニューを揃えておかなければならない。沖縄県では多様なツーリズムメニューを模索

(4) 沖縄県『観光要覧』二〇一三年

している。例えばスポーツツーリズム、*医療ツーリズム、*エンターテイメントツーリズム、*グリーンツーリズム、*ブルーツーリズム、*エディケーショナルツーリズム*等と多様なニーズに対応した宿泊施設をうまく組み合わせていけば、沖縄滞在自体の価値も向上するといえる。

*文末の〔用語解説〕参照

(2) 投資の拡大を目指して

政府は沖縄県を対象にした独自の特区制度で、二〇一四年から県内の税優遇策を拡大させた。名護市には二〇〇二年度から税優遇策があるが対象が金融業に限られ、原則として市内だけで営業する必要があった。新制度では対象をリゾートホテルなどの宿泊業など大幅に増やし、市外での営業も可能にしている。また法人所得を最大で四〇%控除する仕組みで、期間は最長で一〇年間となっている。名護市に進出する企業は投資税額控除や特別償却なども利用可能にするとしている。(5) この制度が沖縄に定着するかはまだ不透明だが、これを起爆剤にして沖縄県内において新たなリゾート施設が参入しやすい環境ができ、クリアすべき留意点に対し何らかの効果的な対応策を構築すれば、日本国内や海外から多くの観光客を沖縄に導いてくれるであろう。

(5) 日本経済新聞『沖縄の特区、税優遇拡大　観光・水産業などを対象に』二〇一四年七月三日

〔用語解説〕

*コンドミニアム
リゾート型と都心型の二つがあり、所有権と利用権を分けて、所有者が利用しない時に一般の人々

に利用させ、その収益を所有者に還元する集合住宅のことである。キッチンや洗濯機など生活用具が備え付けられた宿泊施設あるいは、ホテルなどの客室タイプではそのような設備のあるもの。

＊バケーションレンタル

家族や友人と貸し切り、そこでのんびりとバーベキューやパーティーを行いながら余暇を過ごすことができる一軒家やタウンハウスのこと。プール付きの一戸建てビラをはじめ、リゾートマンションのようなコンドミニアム、海沿いのビーチハウスがある。その間取りはベッドルームが複数あるスイートタイプが一般的。

＊ドミトリー

ゲストハウスとは、アメニティサービスなどを省いた素泊まりの宿で、海外ではバックパッカー（リュック一つで格安な宿を泊まりながら長期的に旅をする人）が利用する宿。過剰なサービスよりも最低限の設備で一泊あたりの単価が格安である宿泊施設。その中でより宿泊費が安いドミトリーと呼ばれる相部屋もある。食事は提供せずバス・トイレもほとんどの場合が共用となっている。

＊タイムシェア

一年を五二週に分け、高級リゾートコンドミニアム・スタイルの部屋の所有権を、一週間単位で手頃な価格にて購入するシステム。世界八、〇〇〇カ所以上の直営および提携リゾートと交換利用でき、世界中に自分の部屋をもつ感覚で優雅なライフスタイルを実現できる。

＊ホスピタリティ

ラテン語のhospes（客人の保護者）から派生した言葉。昔、旅に出かけるのは、だいたい巡礼の旅であった。旅人が巡礼の旅の途中で、空腹やのどの渇きを覚えたり、疲労や病気を患ったりした時に、現地の人たちが旅人に愛の手を差し伸べたことに由来している。ヒト、モノ、施設の提供者（ホスト）がその利用者（ゲスト）に喜びや感動を与え、ゲストの喜ぶ姿を見て、自分たち（ホスト）も喜ぶという精神のことをいう。

＊デスティネーション

旅行目的地のこと。その範囲は国や都市、さらに地域全体を指すこともあり、行政区単位とは限らない。デスティネーション・マーケティング（旅行目的地を商品として捉え、最大の経済効果を上げるために消費者のニーズを満たそうとする誘客活動）やデスティネーション・キャンペーン（一定期間さまざまな手段を用いて旅行目的地の広告宣伝活動を行うこと）などのように使われる。

＊スポーツツーリズム
プロスポーツの観戦者やスポーツイベントの参加者と開催地周辺の観光とを融合させ、交流人口の拡大や地域経済への波及効果などを目指すもの。

＊医療ツーリズム
医療を受ける目的で他の国へ渡航することを示し、健康診断（人間ドックなど）、美容形成手術、臓器移植、再生医療、その他の診察や治療を含み、それら以外の時間で観光も楽しむ。

＊エンターテイメントツーリズム
その地域の各種のエンターテイメントを楽しむためにおこなう旅行。地域ごとに特徴のあるエンターテイメントがあり、その幅は広い。

＊グリーンツーリズム
農山漁村地域において自然、文化、人々との交流を楽しむ滞在型の余暇活動。欧州では、農村に滞在しバカンスを過ごすという余暇の過ごし方が普及しており、日本でも普及が進んでいる。

＊ブルーツーリズム
島や沿海部の漁村に滞在し、魅力的で充実した海辺での生活体験を通じて、心と体をリフレッシュさせる余暇活動の総称。海辺の資源を活用したマリンレジャーや漁業体験がある。

＊エディケーショナルツーリズム
教育分野における観光の魅力の多様化・高度化を図るため、教育旅行プログラムを商品化したもの。外国や県外からの教育旅行の誘致に必要となる「学校交流」を実現する環境を整備するため、国内外の学生、教育関係者が互いの地域を訪れる相互交流活動も含まれる。

column

文化のチャンプルー、コザゲート通り

——宮森正樹

沖縄本島の中部地区に沖縄市がある。市の中心部にあるコザゲート通りは米軍の嘉手納基地への入り口につながる七〇〇メートル程の通りである。さまざまな国の人々が行き交うメインストリートに異国情緒を漂わせている飲食店やショップ、ライブハウスなどが多く立ち並ぶ。また、ここでは音楽文化も米国と沖縄が融合して大変魅力である。アメリカから持ち込まれた音楽はコザの若者の間で浸透していった。ライブハウスやミュージック・バーが多く、「コザゲート通りレッドカーペット&KOZAフィルムステージ」や「ゲート2フェスタ」でのハーレーダビットソンが二〇〇台も集まるイベント等で通りはさらに盛り上がる。そんな多彩な顔を持つコザゲート通りは、訪れるたびに奥深さを感じる街だ。

「コザ」は、もともとは「越来村(ごえくそん)」と称されていたところで、第二次世界大戦後、米軍によって「キャンプ・コザ」と呼ばれるようになった。一九五六年には当時日本で唯一のカタカナ名の「コザ市」となり、一九七四年に美里村との合併で「沖縄市」となった。「沖縄市」となった現在でも、多くの人がこの街をまだ「コザ」と呼んでいる。

戦後、嘉手納基地が建設されたことをきっかけに、米軍人を対象としたショップやバーが次々とでき、コザの街は発展したわけであるが、基地の門前町として栄えていたコザゲート通りも一九九〇年以降に空き店舗が増え、通行者も減少し、店舗など建造物も老朽化してきた。

こうした状況下で、二〇〇七年にコザゲート通りの入り口である胡屋(ごや)十字路にコザミュージックタウンは建設された。そこを活用してオキナワンロックに代表されるコザの音楽を「地域資源」として位置づけることにより、新たな発展を目指して動き始めた。米国人や県人が経営するライブハウスや飲食店、インド人経営の洋服店など約一〇〇店舗が立ち並び、通りは独特な雰囲気を醸し出している。

コザゲート通りのショップには外国人オーナーの店が多い。輸入品が多く、価格は安い。中には、価格交渉ができる店もあり、日本ではないのではと錯覚するようなお店が多い。ある洋服店では、刺しゅうキャップと、ダボ系のメンズカジュアル服の品揃えが豊富で、アメリカ人が多く訪れる。

二十数カ国もの外国人が暮らすコザの街には、色々な国の食が集まっている。アメリカ、インド、南米、台湾、フィリピンなどがあり、その中に人気のペルー料理店がある。南米出身者が営むこのお店は、いつ行っても温かい雰囲気で出迎えてくれる。店内は英語・スペイン語・日本語が飛び交い、思わずここが日本だということを忘れてしまいそうである。またインド料理のレストランでは本場のチャイラテなどが楽しめるカフェが併設されている。通りから少し中に入ると、台湾料理店があり、安く

コザゲート通りの店

ておいしい本場の台湾料理が堪能できる。

コザゲート通り沿いにある「ゴヤ中央市場」を歩いていると、古き良き沖縄の空気が流れている。かつては多くの人でごった返していた中央市場も今ではすっかり人通りが少なくなってしまっている。しかし、ここでもひっそりとそしてしっかりと営業している小さなお店が多い。「チャンプルー」という言葉は、沖縄料理のことだが、いろいろなものを混ぜたものという意味で、ここコザゲート通りも多国籍が融合していることから「チャンプルーな街」ともいえる。

まだまだ昼間は人通りが少ないコザゲート通りを沖縄市の住民達が盛り上げようと頑張っている。時間帯によっては通る人の数は日本人よりアメリカ人が多いコザゲート通りだが、沖縄の人でさえもそのような雰囲気の街があると気づいている人は少ない。夜になると体の大きいアメリカ人が闊歩するなか、何となく怖い雰囲気があるようだが、実際、彼らはみんな真面目で礼儀正しい人達ばかりである。沖縄の中のアメリカというコザゲート通り、異文化の雰囲気を味わってみよう。

沖縄の環境
―環境問題とエコツーリズム―

上江洲薫

1 沖縄の環境問題

(1) サンゴの破壊と保全活動

サンゴの環境変化には、サンゴの白化現象[(1)]やオニヒトデによる食害などの自然現象としての変化、また、ダイビングや踏みつけによる破壊、サンゴ礁の浚渫(しゅんせつ)[(2)]・埋め立て、陸上からの赤土等の流出などの人為的な影響と、さまざまな問題がある。特に近年、サンゴ礁の埋め立て問題が大きく取り上げられている。名護市辺野古沿岸での新基地建設ではサンゴの破壊以外に、ジュゴンの生息環境に大きく影響を及ぼすと考えられ

(1) サンゴの白化現象とは、日本サンゴ礁学会によると高水温などのストレスにより、「造礁サンゴが共生藻を失って、透明なサンゴ組織を通して白い骨格が透けて見え、白くなる現象」という。

(2) サンゴ礁の浚渫では、港湾やマリーナなどの建設に伴い、外礁(外側のサンゴ礁)と陸地の間にある海域のイノー(礁池)が掘られ、船舶が通りやい水路となっている。

図１　宮古島市の概略図

ている。辺野古沿岸以外にも那覇空港の拡張や沖縄市泡瀬（あわせ）沿岸の埋め立て開発が進展するなど、重要な観光資源でもあるサンゴ礁の保全意識が必ずしも高くない。

　そこで、ここでは宮古島近海における海面利用とサンゴの保全活動の取り組みを紹介する。宮古島市は、沖縄島から南西に二八七kmに位置し、宮古島、池間島、来間島、伊良部島、下地島、大神島などの大小六つの島から構成されている（図１）。地形的には宮古島全体がほぼ隆起サンゴ礁からなる平坦で、低い台地状を呈し、大きな河川もない。また、スキューバダイビ

美ら海協力券
右側が表、左側がはがきとして使用できる。

ングなどの海洋観光が盛んである。

宮古島では、一九七〇年代後半にダイビングサービスが初めて開設されたが、一部のダイビングサービスと漁業者との間で、海面利用に関して対立が発生したため、「宮古島美ら海連絡協議会」が二〇〇四年に設置された。その後、宮古島、池間島、伊良部島の三漁協と四つの地元のダイビング事業団体は、宮古島市周辺の海洋環境の保全、観光ダイビング事業および水産業の振興を目的に、「宮古地域における海面の調和的利用に関する協定」を締結した。これらの目的達成のために「美ら海協力金」を設立して、ダイビングやシュノーケリングを楽しむ客へ、協力金の用途について説明し、一人あたり五〇〇円の協力券の購入をお願いしている。(3)

その「美ら海協力金」を活用したオニヒトデの駆除が行なわれた。二〇〇三年八月、オニヒトデの大量発生(4)に備え、その駆除を進めた。当初、ダイビングショップでもボランティア活動を行っていたが、ダイビングショップの営業を中止してまで駆除活動を続けることが難しくなり、二〇一〇年度から美ら海連絡協議会の予算として正式に駆除活動費の項目を加え、オニヒトデの駆除を行うことになった。

(3) 美ら海協力券の購入の呼びかけは、美ら海協力金の制度を理解してもらうため、加盟ショップのホームページにも同じように掲載されている。

(4) 沖縄県文化環境部自然保護課(二〇〇七)「オニヒトデ対策ガイドライン」によると、オニヒトデの大量発生の原因は、オニヒトデやその幼生などを食べる生物の減少したことによる「捕食者減少説」、河川から流入した栄養塩によりオニヒトデの幼生の餌である植物プランクトンが増え、オニヒトデの幼生の生存率が高まった結果、オニヒトデが大量発生するという「幼生生き残り説」がある。

ボランティアによってオニヒトデを駆除する場合より、手当てを支給する形態が主体となったため、駆除回数の増加が可能になった。しかし、オニヒトデの駆除に積極的なダイビング団体もある一方で、オニヒトデを駆除することにより自然界に影響が出る可能性も否定できないとして、駆除に対して消極的なダイビング団体、ダイビングショップも存在する。オニヒトデの駆除では、ダイバーがオニヒトデを一匹ずつ捕獲して、網袋やカゴに集め陸上で処分するのが一般的であるが、捕獲や運搬などの時に棘が刺さることも多い。

酢酸を使用したオニヒトデ駆除
提供：宮古島美ら海連絡協議会

二〇一二年四月に伊良部島沿岸でダイビングインストラクターがオニヒトデの棘に刺さり死亡した事例もあり、酢酸を注入して駆除する方法も用いられている。[5] 酢酸を注入されたオニヒトデは一週間程度で分解されなくなる。オニヒトデの増加は人為的な影響も関係していると考えられるが、自然環境の管理は難しい。

(5) 酢酸をオニヒトデに注入することによって駆除する方法は、岡山理科大学などの研究グループが開発した。

(2) 赤土―土壌流出

①赤土流出対策

降雨による土壌流出は、海域や河川における生態系や観光産業・水産業などに影響を及ぼしている。沖縄県内海域の半数以上が人為的な赤土等[6]の流出の影響が出ており、その流出原因の八五・五%[7]が農地からとなっている。沖縄県は一九九四年に開発事業地を対象に「沖縄県赤土等流出防止条例」を制定し、赤土流出量は削減されてきているが、さらに畑の縁へのグリーンベルト[8]の設置（植栽）、また、畑のうねに枯れた葉を敷き詰めるマルチングなどを農家に奨励している。

各地域での赤土流出の対策をみると、沖縄県では二〇〇〇年度からの五ヵ年事業で赤土流出対策の指導員である「農業環境コーディネーター」の育成を行っており、このコーディネーターが宜野座村で小学生などに赤土流出の防止対策を説明したり、グリーンベルトの植栽会を実施している。大宜味村では休閑地にソバを植えソバの産地化が進んでいる。また、久米島ではモズクを保全する目的で「久米島美ら海環境基金」が設立され、その基金が海への赤土流出を防ぐためイネ科植物のペチバーの植栽に使用された。

②宮古島における土壌流出対策のための椿栽培——「美ぎ島募金」と助成金

「NPO美ぎ島宮古島」では、観光客や地域住民などが観光関連施設などに設置された募金箱への募金や団体・イベントなどからの寄付などを活用して、宮古島の自然・環境保護活動、美化活動、緑化活動、伝統文化の保護や継承活動などを行ってい

（6）沖縄県（二〇〇三）「沖縄県赤土等流出防止対策基本計画」によると、「赤土等とは、南西諸島で見られる赤茶色の土（国頭マージ・島尻マージ）などや灰色の土（ジャーガルとその母岩のクチャ）など、粒子の細かい土壌等の総称」であるとし、また、その流出は、「「侵食」、「流下」、「堆積」、「巻き上げ」の過程として説明され、侵食は主として「降雨」、「地形」、「土壌」、「改変行為」の四つの要因によって起こる」としている。

（7）沖縄県（二〇〇三）「沖縄県赤土等流出防止対策基本計画」による。

（8）グリーンベルトは、裸地や畑の周辺などに植物を帯状に植えて、水の流れを弱めたり、濁水中の土粒子を捉えるなどして、赤土などの流出を防ぐ対策方法である。グリーンベルトとして植栽する植物には、ペチバー、ゲットウ、ヤブラン、リュウノヒゲ、レモングラスなどがあり、主にゲットウが利用されているが株が成長すると重機などの侵入が困難となる。その点、ペチバー（イネ科）が草丈、分げつ、被覆速度に優れることから有望視されている。

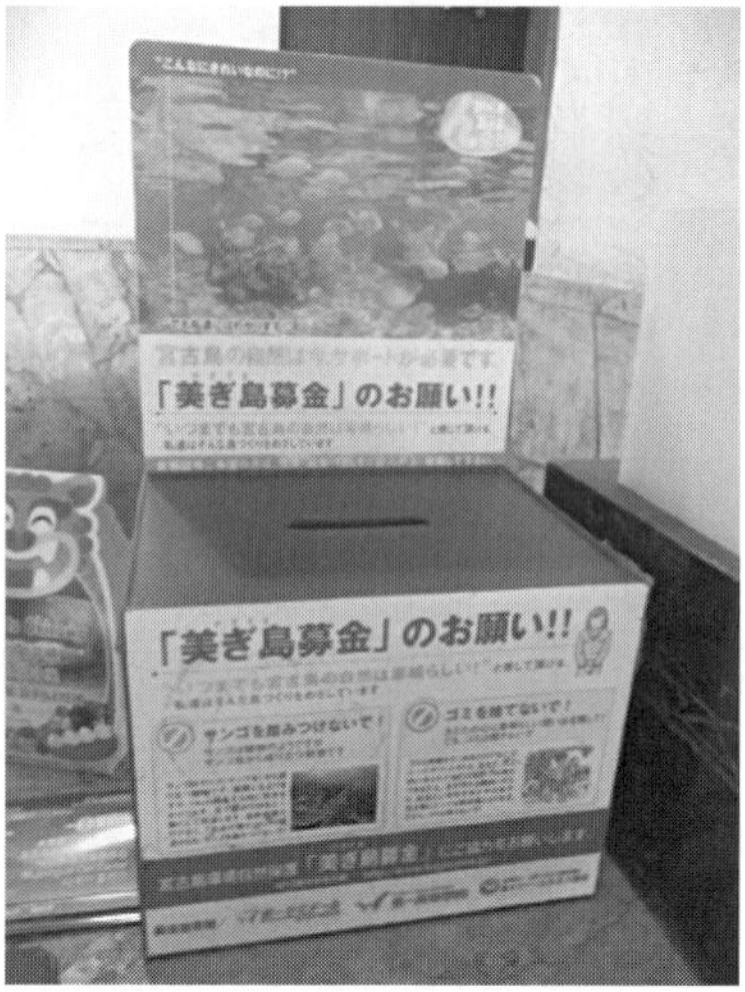

宮古島東急ホテル&リゾートのフロントに置かれた「美ぎ島募金」の募金箱

る団体・グループに助成を実施している。また、このNPOの活動では海洋環境の保全や環境に関する人材育成などがあるが、特に注目すべきものが「エコ椿プロジェクト」である。

「NPO美ぎ島宮古島」は、二〇一二年度に沖縄県の助成事業の助成金を活用して土壌流出を防止する目的で椿一〇〇〇本を畑に植樹した。椿の植樹を上野地区で大規模に実施しており、今後、来間地区や城辺地区、池間地区、伊良部地区で二万本植える計画を立てている。また、宮古島市立南小学校で環境教育の一環でヤブ椿の苗作りを行う事業に苗を提供したり、様々な椿に関するプロジェクトを実施している。

宮古島市では在来種のヤブ椿を街路樹に五～六万本以上植樹していたが、椿の活用方法が浸透していなかった。しかし、現在、椿は多様な活用法がある。種が油に、葉がお茶に、花や落ち葉が腐葉土などに、商品化することで植樹活動の金銭的負担を軽減することが可能となる。また、種の絞りかすを堆肥として利用したり、虫を寄せ付けない効果を活用して防虫剤として利用するなど、様々な利用方法がある。

また、農地内の内側に椿を植樹することで、土壌流出を防ぐとともに防風林として活用ができる。椿は高さが二～三mとなるため、サトウキビ畑などで日差しを遮断することになるが、ビニールハウスの防風林として機能し、ビニールの交換時期を遅らせて農家の評判がいい。

椿は無農薬で栽培できるため、浸透性の高い宮古島の土壌ジャーガルに適合している。また、地下水に肥料などの栄養分が吸収する役割もある。「NPO美ぎ島宮古島」は、防風林や街路樹としての椿の植樹を推進することを目的に二〇〇五年に椿の愛好家らによって設立された「宮古島椿の会」[9]の活動を支援しながら、以上のような椿の様々な効果があることを農家に説明して、椿を植樹することを促す活動をしている。しかし、農地の一部に植樹しただけでは大きな収入にならないため、さらなる利用方法を編み出すことが課題となっている。

ジロー農園における椿の乾燥場

以上のように、この「エコ椿プロジェクト」の役割として、生産、加工、販売まで行う六次産業への進展を支援することであると「NPO美ぎ島宮古

（9）「宮古島椿の会」は有志が会社を設立し二〇一〇年に搾油機を導入し「ジロー農園」で搾油を行っている。搾油した良質の椿油は主に会員十数名が利用するほか、宮古島市内のエステ店などの事業所、沖縄県外の個人業者、さらに沖縄県内の健康食品会社である「株式会社仲善」が「椿茶」を販売するなど、椿油の多面的利用が見られる。

島」は位置づけている。

2　自然資源を活かしたエコツーリズム―東村と金武町での取り組み

(1)　東村での取り組み

沖縄県内のエコツーリズム・サイトをみると、カヌーやトレッキングなどの自然体験活動からエコツーリズムに展開した地域[10]と地域活性化の手段としてエコツーリズムが導入された地域に分類することができる（東村や金武町など）。

東村(ひがしそん)では、主産業である第一次産業が衰退するなか、新たな産業振興や地域活性化が求められていた。そこで慶佐次(げさじ)地区では地域おこしを目的とした「夢づくり21委員会」が一九九五年に組織され、当時区長であった島袋徳和氏を含め、農家や会社員、団体職員、公務員などが委員となって議論されてきた。

慶佐次地区では、沖縄島で最大のマングローブ林が広がる「慶佐次湾のヒルギ林」が国の天然記念物に指定されていることから、このヒルギ林などの地域資源や人材の掘り起こしなどを行いながら地域を活性化することが議論されていた。この議論の中からヒルギ林を利活用しカヌー体験を中心とした「やんばる自然塾」が一九九九年四月に設立された（表1）。翌月の一九九九年五月には「東村エコツーリズム協会」が

(10)　エコツアーなどの自然体験活動を行う事業者の増加により、自然環境に対しての過剰な観光利用や環境に配慮がない事業者による自然環境の荒廃が懸念されたことから、活動地域の保全を目的にした「保全利用協定」が仲間川地区（西表島）・比謝川地区（沖縄島中部）・伊良部岳地区（国頭村）・波の上緑地地区（那覇市）・大浦川地区（名護市）で締結されている。

設立され、東村におけるエコツーリズムによる地域活性化に向けての土台ができあがった。「やんばる自然塾」は、設立二年目に県外高校の修学旅行生の受け入れや県内各種団体や小学生の体験学習などが徐々に増加し、二〇〇三年七月には組織が法人となった。

(2) 「やんばる自然塾」の役割とその他の事業者の関係

現在では、「やんばる自然塾」の常勤職員は二〇歳代から三〇歳代のガイドを中心に、非常勤職員もいる。現在村内には八事業者がカヌーツアーなどを行っているが、そのうち四事業者はやんばる自然塾の常勤のガイドであった若者が独立したものである。

東村がエコツーリズムで注目を集めると観光客が増加し、現在では慶佐次地区内の「ふれあいヒルギ公園」を訪れる観光客数は年間約一〇万を超えている。その結果、慶佐次共同売店・農産物販売所ではパイナップルや農協に出荷できなかった規格外の野菜が売れ、弁当仕出しなどの飲食店、観光農園やコテージ型宿泊施設の交流施設も数軒営業を始めている。また、食堂も四軒まで増加し、そのうち一軒は二〇〇二年にUターン者が慶佐次共同売店の近くで「軽食&喫茶　あいうえお」をオープンさせたものであり、地元ガイドや観光客が利用している。

「やんばる自然塾」では、ツアーメニューの中に地元農家で行う農業体験や地元の

やんばる自然塾の設立経緯とその後の活動

年月	事項
1999年４月	東村内初の自然学校として設立し、塾員一人でエコツアーを受け入れる共に、県外の自然学校と連携し受け入れを始める
2000年	沖縄県が主催する自然体験活動指導者養成講座やネイチャーゲーム講習会などを受けノウハウを学ぶ。また、本格的に本土からの修学旅行生の受け入れ開始
2001年	個人向けツアープログラムが４つ、修学旅行向けプログラムが５つに増加し、それに伴い県外からのエコツアー客、県内団体などから予約が増加
2002年	地域の農家やご婦人を講師に、パイナップルジャムづくり体験や沖縄料理体験など、歴史・文化に関連した体験プログラムを提供
2003年	「やんばる自然塾」の法人化
2004年	環境協力金制度を導入し、環境保全活動を強化
2005年	環境省の「第１回日本エコツーリズム大賞」優秀賞受賞
2006年	「ジャパンベンチャーアワード2006」地域貢献賞受賞。また、農林水産省「立ち上がる農山漁村」選定
2009年	経済産業省「ソーシャルビジネス55選」受賞
2010年	農林水産省「第７回オーライ！ニッポン大賞」審査委員会長賞受賞

資料：やんばる自然塾 http://www.gesashi.com/（2015年５月現在）より作成

主婦などの指導で作る琉球菓子作り体験などがあり、地域コミュニティに経済効果が及ぶメニュー作りも行っている。以上のように、地域活性化から始まった取り組みは、三〇名以上のガイドの雇用が創出され、観光客の増加に伴う関連産業が発展している。

(3) 金武町での取り組み

金武町（きんちょう）では、町内の億首川（おくくび）周辺の自然環境を活かし、地元青年の四名がエコツーリズム事業を展開するため、二〇〇四年五月に有限会社の「ふくらしゃや自然体験塾」[11]が設立された。二〇〇三年一二月頃からカヌーや森林インストラクターの講習を受けると共に、東村にある「やんばる自然塾」からアドバイスを受けながら設立の準備を行っている。具体的な体験メニューは億首川の河口から上流に広がるマングローブ林を観察するカヌー体験、徒歩でのマングローブ林観察、シーカヤック、漆喰シーサー作りなどがあり、県外の修学旅行生を中心に受け入れている。

地域振興や地域活性化などを達成するためには、一企業でできることには限界があること、また、「ふくらしゃや自然体験塾」が単体として多くの観光客を受け入れるためにも、地域住民の理解が必要であったことから、多くの地域住民に利益をもたらすシステム作りが必要であった。この方策は東村でも確立されていなかったため、多くの体験活動をコーディネイトできるＮＰＯ法人化を独自に考え出した。特定非営利活動法人（ＮＰＯ）である雄飛ツーリズムネットワークは町づくりの推進に寄与する

(11) 二〇一五年現在、ガイドは常勤が四名、非常勤が四名となっている。修学旅行の多い時期には、「やんばる自然塾」から応援に来てもらうことがある。

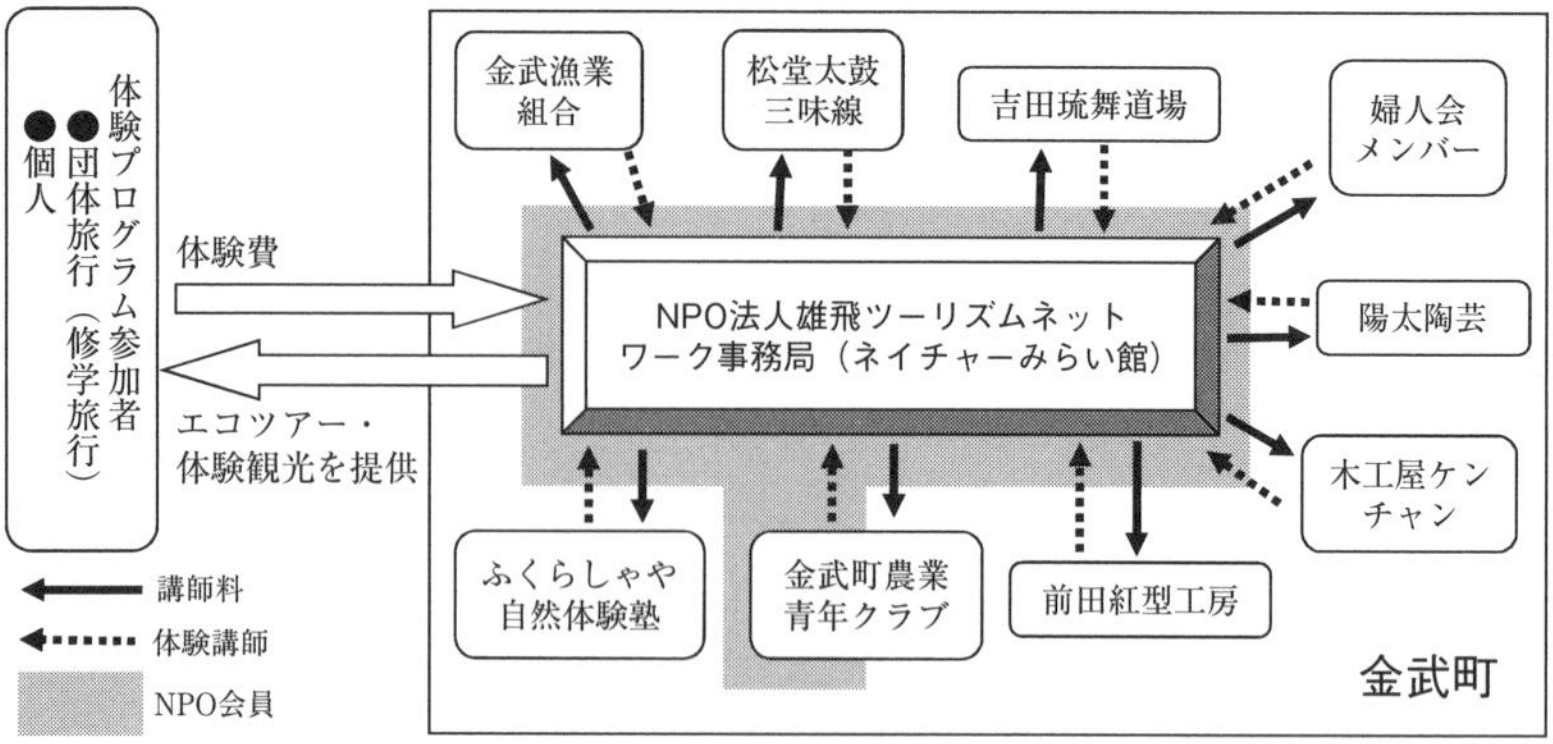

図 2　NPO法人雄飛ツーリズムネットワークの体験事業の受入体制
（NPO法人雄飛ツーリズムネットワークの資料などにより作成）

ことを目的に設立され、二〇〇五年一二月に認証、二〇〇六年一月に登記された。具体的には金武町内の祭り・イベントの開催や自然体験などのプログラムのコーディネイトなどを行っている（図2）。

この雄飛ツーリズムネットワークは、「ふくらしゃや自然体験塾」元代表を中心に、青年団協議会や農業青年クラブ、漁業組合、個人などで構成され、体験観光の受け入れを行っている。修学旅行生を意識した体験プログラムは、マングローブ林観察などの自然体験、田芋収穫や黒糖作り体験などの生活体験、漆喰シーサー作りやエイサー体験などの文化体験、定置網漁や小型漁船であるサバニを漕ぐなどの漁業体験などであるが、金武町内の多くの団体や個人が関わっている。

＊本稿は以下の二つの論文の一部に加筆したものである。上江洲薫（二〇一四）「環境基金を活用した環境保全の持続的活動の構築─沖縄県宮古島市の観光関連団体の取り組みを事例として─」沖縄国際大学総合学術研究紀要第一七巻第二号、七五─九一。上江洲薫（二〇一〇）「沖縄県金武町・東村におけるエコツーリズムによるコミュニティ・ビジネスの展開と波及構造」経済論集第六巻二号、一四三─一五六。

column

沖縄のビーチ

上江洲薫

第二次世界大戦前、海岸に海水浴を目的に訪れるのは、大多数が近隣の集落の人達であり、集落近くに海岸がない内陸の集落では近隣の川などで水浴を行っていた。沖縄の海岸は、戦前から海水浴や夕刻から深夜にかけ、若い男女が飲食を共にする毛遊び（モーアシ）などが行われたり、礁池（イノー）において小魚やイカ、タコなどを採って日常の食材としていたりして、地域住民に利用されていた。しかし、第二次世界大戦後、アメリカ合衆国の統治下に置かれ、沖縄に在住するアメリカ軍人やその家族などが、夏季の休日になると、海岸において海水浴やビーチパーティ、キャンプなどを行った。これらなどの影響により、沖縄では海水浴場のことを「ビーチ」と呼ぶことが一般的である。「ビーチ」には、主に海水浴を行うだけではなく、ビーチパーティやビーチキャンプなどの他のレクリエーションを行う場所としての意味合いも含んでいる。

これら海水浴場の多くは、利益の大部分を占める入場料を得るために、金網などを利用して砂浜を取り囲むことにより、砂浜への自由な出入りを禁じた。いわゆるプライベートビーチである。入場ゲートで入場料を支払う場合やシャワーなどの施設使用料や駐車場代として料金を求める場合がある。沖縄島北部に位置する恩納村に立地する「いんぶビーチ」では、入場ゲートで入場料を支払い、海水浴やキャンプを楽しめた（二〇一五現在再開発で閉鎖中）。このプライベートビーチ（有料の海水浴場）の多くは、復帰以前に開設されたため、復帰後、海浜は公的空間であるという概念が定着しておらず、海浜の既得権的な利用がなされている。ただ、アメリカ軍の

恩納村で営業していた「いんぶビーチ」の入場口（2007年）

久米島のイーフビーチに抜ける通路（2015年）

基地が集中する沖縄島のみに、有料のプライベートビーチが立地しており、有料ビーチとアメリカ軍との関係が深いことを示している。

沖縄県での海水浴場の管理者の中で、個人の管理者が多いのは、プライベートビーチ化した有料の海水浴場の事業者などの代表者が多く含まれていることによる。個人や企業の事業者は、①入場料が必要な海岸リゾート、②自由な出入りができる海岸リゾート、③海の家のような施設を砂浜に接した所有地に常設し入場料を必要とするビーチ（海水浴やビーチキャンプなどを行うことができる）などがほとんどを占める。しかし、一九九一年に施行された「海浜を自由に使用するための条例」（通称は海浜条例）により、現在では海水浴場の事業者が海浜を取り囲むことを取りやめたり、海浜への通路を確保する海水浴場も出てきているものの、多くの海水浴場は条例施行前の状況とほとんど変化していない。

海水浴場の中には、各種レクリエーション施設や大規模宿泊施設などを兼ね備えた海岸リゾートホテルへと変

恩納村営で人工の「恩納海浜公園ナビービーチ」(手前)と万座ビーチリゾート(奥):村営ビーチは自由に出入りできる海水浴場として人工的に整備され、委託管理されている(2012年)

化するものも現れた。例えば、恩納村にあった「月の浜海水浴場」は、一九七五年に「ホテルムーンビーチ」に変わった。糸満市にある「名城ビーチ」は二〇一五年五月にホテルやチャペルを建設するリゾート開発が発表された。また、人工の海水浴場を建設するのも復帰後に多く見られる(幸喜ビーチ(旧名護市民ビーチ)、恩納海浜公園ナビービーチ、サンマリーナビーチ、ルネサンスビーチ、ロイヤルビーチ、サンセットビーチなど)。現在、海水浴やバーベキューなどはこの人工ビーチで楽しむことが多くなっている。

摩文仁——平和祈念資料館、平和の礎、林立する慰霊塔——

藤波　潔

はじめに

今年、二〇一五年は、戦後七〇周年の節目の年である。「靖国神社問題」に象徴される「歴史認識問題」をめぐる日本と周辺諸国やアメリカ合衆国の一部との関係、米軍普天間基地移設問題に象徴される「戦後」の日本と沖縄との関係など、この七〇年間に関係する多様な問題についての議論が展開されている。沖縄という空間は、こうした「戦後七〇周年」を考えるのに、絶好の空間である。

ここでは、糸満市摩文仁（まぶに）に建設された平和祈念公園という空間を題材にしながら、沖縄戦における戦没者の慰霊という営みがもたらした「記憶の分断」について、公園内に設置されている「霊域」という空間に存在する慰霊塔を題材として、考察したい。

1　摩文仁という地域と平和祈念公園

一九四五年四月二四日、首里地区の壕で避難生活を送っていた地域住民に対して、沖縄守備軍は南部への移動命令を出した。その一方、沖縄守備軍の主力も、五月下旬から南部への移動を順次開始し、摩文仁岬の壕へたどり着いた。沖縄守備軍は、地下に自然洞窟が広がっている摩文仁地区で時間稼ぎを図ろうと目論んでいたが、首里・那覇地区からの避難民や地元住民が多数この地域で避難生活を送っていたため、移動してきた守備軍と合わせて、摩文仁は空前の人口密集地帯と化した。

六月一七日、那覇から八重瀬（やえせ）へと南下してきた米軍が、ついに摩文仁地区に侵入し、地下洞窟にこもっていた沖縄守備軍に対して、「馬乗り攻撃」と称される苛烈な攻撃作戦を展開した。沖縄守備軍は、軍事機密保持のために避難民が投降することを許さなかったため、地下洞窟内では、軍人の「玉砕」と運命を共にした避難民が多数存在した。

米軍による避難民への投降勧告と救出作戦がうまく進まなかった。また、牛島満司令官に対する降伏勧告も拒絶されたため、摩文仁地区での戦闘は長期化の様相を見せ始めた。さらに、六月一八日には、摩文仁近隣の真栄里地区を視察中だった米軍の現地司令官バックナー中将が沖縄守備軍の砲弾を受けて戦死したことで、米軍は真栄里地区近隣で避難民や負傷兵に対して一斉攻撃を加え、多くの犠牲者を出した。加えて、同一八日ころまでには、沖縄守備軍と行動を共にしていた「ひめゆり隊」や「鉄血勤皇隊」に代表される学徒隊や義勇隊に解散命令が出され、激しい戦闘の真っただ中をさまようことを余儀なくされて、多くの犠牲者を出すこととなった。

六月一九日、牛島司令官は摩文仁の司令部から「最後迄敢闘」することを命じた電文を発したため、沖縄守備軍は組織戦からゲリラ戦へ移行することとなった。結果として、六月二三日に牛島司令官と長勇参謀長が司令部壕で自決したのちも、南部の自然洞窟や北部の山林で、残存兵によるゲリラ戦が展開されることとなった。

以上のことからわかる通り、摩文仁地区は組織的な沖縄戦の最終地であると同時に、沖縄守備軍や地域住民、そして米軍にとっても多くの犠牲者を生み出した場所なのである。

こうした地区に「平和祈念公園」の建設計画がたてられたのは、沖縄が米軍施政下にあった一九六五年のことだった。芸術家・山田真山制作の平和祈念像を安置する堂の建設を推進するために平和公園建設協会が設立された。沖縄の日本復帰が実現すると、平和公園建設計画は復帰記念事業の一環として、沖縄県によって推進された。

一九七五年には平和祈念資料館が開館した（展示内容に対する非難が高まり、全面的な改修作業を経て、一九七八年一〇月に完成した）。一九七八年には平和祈念堂が開堂され、一九七九年には国立沖縄戦没者墓苑、一九九五年には平和の礎（いしじ）が建設された。

2 平和の礎と戦没者慰霊

平和の礎は、戦後五〇年を記念して、一九九五年六月二三日に建設された。平和の礎は、沖縄戦での犠牲者の氏名を、年齢や性別、国籍、軍人・民間人の区別なく、すべて刻銘している点に大きな特徴がある。こうした特徴が生まれた背景には、「一五年戦争では、アジア・太平洋諸国に対する加害者の役割の一端を担い、沖縄戦では、住民を巻き込んだ国内唯一の地上戦を体験し、二〇万余の貴い人命と貴重な文化遺産、自然環境を喪失した」（「沖縄国際平和創造の杜」基本構想調査報告書）との認識を前提として、「広く人類愛に立ち、国籍を問わず、軍人・非軍人の別なく、すべての戦没者に追悼の意を表すとともに、世界の恒久平和を祈念する」（同報告書）という基本理念に基づいている。

建立から二〇年を経た現在でも、沖縄戦犠牲者の遺族が平和の礎を訪れ、花を手向けて、追悼する姿が見られる。さらに、修学旅行や平和学習で訪れた児童・生徒たちや県内外から訪れた人びとが、平和の礎の全景と、刻銘された個人の氏名の膨大な数が発する圧倒的な力を目の当たりにすることで、沖縄戦の悲惨さと恒久平和の重要性を学ぶ場としても機能している。

死者の氏名を刻銘する行為の果たす機能について、石原・新垣は、①遺族や関係者による慰霊・鎮魂、②現在を生きる人びとが犠牲者とつながる追悼・追想、③犠牲者の存在を後世に残す記録、という三点を指摘している（石原・新垣、一九九六）。また、犠牲者に対する慰霊、追悼と、犠牲者に関する記憶の継承は、「人間の感情の発露であり、世界中至る所で見られる人間の普遍的行為」だとした上で、「沖縄戦体験に限ってみても、戦果をくぐって生き残った人たちが米軍の難民収容所の中で、あるいはそこから元の居住地へ移動を始めたころ、人心を取り戻した人たちが、亡くなった人たちの名前を確認したり、それを木板などに刻み、生き残ったという罪悪感と亡き人を偲ぶという錯綜した気持ちをその行為に表

写真1　平和の礎

していった」（石原・新垣、同上）と分析している。

確かに、沖縄という空間は過酷な戦場となり、圧倒的に多くの住民が犠牲者となったという点で、他地域とは異なる特性を有している。しかし、この特性の結果として、平和の礎という空間が、沖縄というローカルな空間だけの体験を記憶するだけの場にとどまっていないだろうか。県外から平和の礎を訪れる人びとにとって、平和の礎という空間は、「自分たち／自分たちの故郷／自分たちの国」というナショナルな体験を記憶する空間として機能しているのだろうか。

平和の礎は、激戦地沖縄へ全国各地から集められた軍人が実際に犠牲になったことを可視化し、沖縄戦の記憶は沖縄県という一自治体の記憶（ローカル・メモリー）ではなく、日本全体の記憶（ナショナル・メモリー）として位置づけられるべきものであることを明確にした空間である。しかし、沖縄県内出身者の犠牲者数が県外出身者の犠牲者数の約二倍であること、「沖縄県の」慰霊の日（六月二三日）と平和の礎という空間が不可分に結びついていることなどから、沖縄戦の記憶は、依然としてローカル・メモリーのままになってしまっている。沖縄と他の都道府県とのあいだに「記憶の分断」がおきているのである。この「記憶の分断」が、現在に至る沖縄と日本政府に象徴される県外他地域との間で意見が対立したり、共有できなかったりすることの根本にあるのではないだろうか。

ところで、平和の礎と比較してあまり知られておらず、平和の礎と比べて訪れる人も少ないが、平和祈念公園内には「霊域」という空間が存在する。国立沖縄戦没者墓苑を中心として、全国の都道府県のうち三二府県の慰霊塔・慰霊碑が建立されている。その多くは戦後二〇年の時期に建立され、沖縄戦での犠牲者のみならず、東南アジアや中国、満州での犠牲者が合祀されているものも多い（別表参照）。

3 林立する慰霊塔

これら慰霊塔・慰霊碑が建立された経緯について、愛知県の「愛国知祖之塔」を題材に検討してみる。

愛国知祖之塔の「建立由来」によれば、この塔は一九五五年一月に開催された「沖縄生還者大会」において慰霊塔建立が決定され、一九六七年に名古屋市平和祈念公園内に「沖縄戦英霊の塔」が建立されたことを起源としている。ちなみに、「沖縄戦英霊の塔」は、現在でも平和祈念公園内に存在しており、塔の側にある「由緒」によれば、「大東亜戦史上に於ける最苛烈を極めた沖縄戦に散華せる愛知県出身の英霊二千八百十五柱を合祀」するために、愛知県沖縄遺族会と愛知県沖縄会が合同で建立している。「沖縄戦英霊の塔」を建立した関係者の思いは、塔の建立で終わるもので

写真２　愛国知祖之塔

はなかった。「愛国知祖之塔」の銘文には、次のように記載されている。

愛国知祖之塔は、昭和三十七年、愛知県沖縄戦遺族会、愛知県沖縄会等により浦添市浦添城跡に建立されました。昭和四十年、愛知県は、この塔の移管を受け、浦添市のご協力により同城跡内で塔を移転するとともに、周辺の環境を整備しました。

以来、先の大戦において沖縄始め南方諸地域で散華された愛知県出身の五万一千余のみたまをお慰めしてきましたが、このたび、浦添城跡が国の史跡指定を受けたことに伴い、沖縄県のご協力を得て、ここ糸満市摩文仁に移転することにしました。

未来永劫に戦没者を追悼し平和を祈念するため、旧塔、碑文、灯ろう等を浦添城跡から移すとともに、旧塔から写しとった文字を愛知県産出の銘石に刻み、ここに新たに愛国知祖之塔を建立しました。

平成六年十一月十七日

愛知県知事　鈴木礼治

愛知県出身者は、第六二師団（石部隊）に配備され、主として前田高地の激戦に従軍し、犠牲となられている。そうした犠牲者の慰霊塔を、遺族のみならず、沖縄県出身の愛知県居住者が協力して、浦添の地に建立したのである。ここに見られるのは、愛知県出身の沖縄戦犠牲者遺族と沖縄県出身の愛知県住民との間に、沖縄戦という経験についての「記憶の断絶」が存在していないということである。

写真３　沖縄戦英霊の塔

もちろん、日本の各地で、沖縄戦の戦没者に対する慰霊行為はおこなわれている。しかし、その多くは、幸いにも命を失わず帰還した旧軍人の皆さんによるものか、戦没者遺族の皆さんによるもの、もしくはその協働によるものである。もちろん、こうした形式による慰霊塔建立には設置者それぞれの思いが託されているのだが、慰霊塔・慰霊碑の建立によって、沖縄戦の体験という「記憶」が個別化してしまうという結果を生みだしたことは否めない。その意味で、沖縄出身者と連携して建立された愛知県の例は特別な事例といえよう。

おわりに

戦後七〇年になって初めていわれたことではないが、戦争の記憶の継承がますます困難になっている。沖縄県内でも、ひめゆり平和祈念資料館で「語り部」として活動されてきた方々が「引退」されることとなった。また、「霊域」でおこなわれてきた、各都道府県の慰霊事業も中止や廃止が相次いでいる。戦争体験者やその遺族の高齢化が主たる要因であり、ある意味、仕方のないことである。

しかし、こういう時代だからこそ、私たちは「年齢や性別、国籍、軍人・民間人の区別なく」犠牲者の氏名を刻銘した平和の礎の基本的な考え方に立ち戻る必要がある。

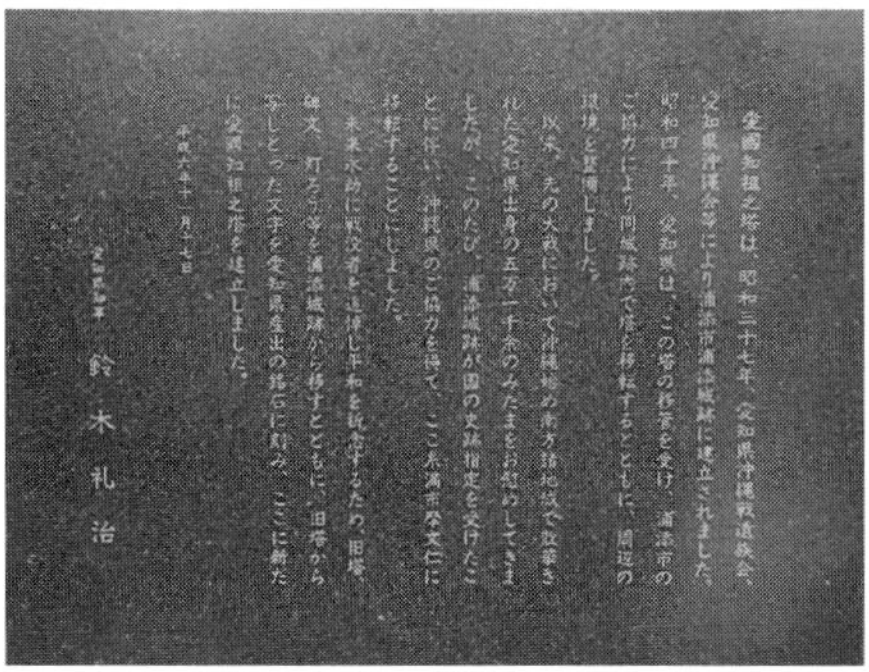

写真4　愛国知祖之塔碑文

沖縄県の慰霊施設を「沖縄のもの」として捉えるのではなく、「自らの暮らす地域とつながったもの」と捉える視点を再確認することである。自らが暮らす地域にある戦没者の慰霊塔・慰霊碑を訪れ、または居住地や出身地の自治体史を読んで、自らの地域と沖縄戦との関係を再検討し、「アジア太平洋戦争の一部としての沖縄戦」という視点で平和の礎や霊域を訪れてはいかがだろうか。こうした視点を共有していただける方々が増えれば、「記憶の断絶」を克服し、沖縄戦のナショナル・メモリー化が進むだろう。あわせて、戦争に関する「記憶の継承」の問題についての、一つの対応策を提示することにもなる。

こうしたことが積み重なることで、現代の沖縄をとりまく諸問題を、沖縄とその他の地域という二項対立ではない形で解決することにつながるのではないかと期待したい。

〔主要参考文献・Webサイト〕

新崎盛暉『沖縄現代史　新版』岩波書店（岩波新書）二〇〇五年。

石原昌家・新垣尚子「戦没者刻銘碑「平和の礎」の機能と役割」沖縄国際大学南島文化研究所『南島文化』第一八号　一九九六年。

沖縄大百科事典刊行事務局編『沖縄大百科事典』沖縄タイムス社　一九八三年。

金城正篤ほか『沖縄県の百年』山川出版社　二〇〇五年。

屋嘉比収『沖縄戦、米軍占領史を学びなおす―記憶をいかに継承するか』世織書房　二〇〇九年
藤波潔「記憶と継承　記憶・保存・活用」沖縄国際大学公開講座委員会『世変わりの後で　復帰四〇年を考える（沖縄国際大学公開講座22）』東洋企画　二〇一三年。

沖縄県営平和祈念公園Webサイト（URL：http://kouen.heiwa-irei-okinawa.jp/）

沖縄に建立された都道府県の慰霊塔・慰霊碑一覧

所在地	都道府県	碑名	建立年月日	設置者	移転日	原設置場所	管理団体	合祀者総数	沖縄戦戦没者数	南方諸地域戦没者数	その他地域戦没者数
糸満市摩文仁	青森県	みちのくの塔	1964年11月11日	青森県戦没者沖縄慰霊塔建立期成同盟会会長　三浦道雄／青森県議会議長　三村泰右／青森県知事　竹内俊吉			社団法人青森県遺族連合会	19847柱	544柱	19303柱	
	岩手県	岩手の塔	1966年10月20日	岩手県戦没者慰霊碑建立期成会会長　岩手県知事　千田正			岩手県	34860柱	653柱	20697柱	
	宮城県	宮城之塔	1968年2月20日				宮城県	45500柱	582柱		
	秋田県	千秋の塔	1952年1月30日		1974年12月28日	糸満市米須（1957年1月23日）	秋田県	12432柱	432柱	12000柱	
	福島県	ふくしまの塔	1966年10月26日（1987年改修）				財団法人福島県遺族会	66304柱	942柱	23947柱	
	茨城県	茨城の塔	1964年11月20日	財団法人茨城県遺族連合会理事長　遠山勇			財団法人茨城県遺族連合会	38000柱	610柱	約38200柱	
	栃木県	栃木の塔					栃木県遺族連合会				
	群馬県	群馬之塔	1963年2月1日				財団法人群馬県遺族会	30771柱	847柱	29924柱	
	埼玉県	埼玉の塔	1966年11月25日	埼玉県沖縄慰霊塔建設委員会会長　埼玉県知事　栗原浩			埼玉の塔管理委員会	28031柱	1040柱	26991柱	
	千葉県	房総之塔	1965年12月3日（1996年改修）				千葉県	35693柱	1608柱	34085柱	
	神奈川県	神奈川の塔	1965年11月26日	神奈川県南方諸地域戦没者慰霊碑建設委員会会長　神奈川県知事　内山岩太郎			神奈川県	40680柱	1678柱	39002柱	
	新潟県	新潟の塔	1975年12月28日	沖縄に新潟県の慰霊塔を建てる会会長　新潟県議会議長			新潟の塔奉賛会	41960柱	1117柱	40843柱	
	富山県	立山の塔	1965年11月5日				富山県菜峰戦没者沖縄慰霊塔奉賛会	14872柱	876柱	13996柱	

石川県	黒百合の塔	1962年11月7日	石川県沖縄戦没者慰霊塔建設委員会			財団法人石川県遺族連合会	1069柱	901柱	168柱	
福井県	福井之塔					福井県遺族連合会				
長野県	信濃の塔					長野県				
岐阜県	岐阜県の塔	1966年3月25日	岐阜県沖縄及び南方諸地域戦没者慰霊塔建設奉賛会長　岐阜県知事　松野幸泰			福井県沖縄及び南方諸地域戦没者慰霊塔奉賛会	26831柱	907柱	25942柱	
静岡県	静岡の塔	1966年4月30日	静岡県			財団法人静霊奉賛会	40409柱	1607柱	38802柱	
愛知県	愛国知祖之塔					愛知県				
三重県	三重の塔	1965年6月26日	三重県戦没者沖縄慰霊塔建立委員会会長　三重県知事　田中覚			三重県	53000柱	2600柱	31300柱	19100柱
滋賀県	近江の塔	1964年11月25日				財団法人滋賀県遺族会	1697柱			
大阪府	なにわの塔	1965年4月26日（1994年改修）				財団法人大阪府遺族連合会	35000余柱	2400余柱	32600柱	
兵庫県	のじぎくの塔	1964年6月13日（1996年改修）	兵庫県戦没者沖縄慰霊塔建立委員会			財団法人兵庫県遺族会	3073柱	3073柱		
岡山県	岡山の塔	1965年10月21日（1986年改修）	岡山県戦没者慰霊塔建設委員会			岡山県	33799柱	1578柱	32221柱	
山口県	防長英霊の塔	1966年11月6日				山口県南方地域戦没者慰霊奉賛会	24447柱	1043柱	23404柱	
徳島県	徳島の塔	1965年12月5日	徳島県人沖縄戦没者慰霊塔建設奉賛会			財団法人徳島県遺族会	1597柱	941柱	656柱	
愛媛県	愛媛之塔					愛媛県遺族会				
福岡県	福岡の慰霊の塔	1966年12月10日	沖縄県慰霊塔建立委員会			福岡県	4015柱	4015柱		
佐賀県	はがくれの塔					佐賀県遺族会				
長崎県	鎮魂長崎の碑	1966年9月吉日	長崎県戦没者沖縄慰霊塔建設期成会　名誉会長　長崎県知			長崎県戦没者伊禮奉賛会	35000柱			

				事　佐藤勝也／会長　長崎県議会議長　小柳二雄							
	熊本県	火乃国之塔	1063年5月5日	財団法人熊本県遺族連合会			財団法人熊本県遺族連合会	2009柱			
	鹿児島県	安らかに					鹿児島県				
糸満市米須	北海道	北霊碑					北海道連合遺族会				
	東京都	東京之塔					東京都				
	奈良県	大和の塔	1967年11月16日				奈良県	15871柱	556柱	15315柱	
	和歌山県	紀乃國之塔	1961年11月30日	沖縄戦没者慰霊碑建設発起委員会			和歌山県	19834柱	839柱	18995柱	
	鳥取県	因幡の塔	1971年11月4日				鳥取県	13904柱	539柱	13365柱	
	島根県	島根の塔					島根県遺族連合会				
	広島県	ひろしまの塔	1968辺5月23日	広島県戦没者沖縄慰霊塔建設委員会			広島県	34635柱	1271柱	33364柱	
	香川県	讃岐の奉公塔	1968年5月18日	香川県戦没者沖縄慰霊塔建立委員会			財団法人讃岐の奉公塔慰霊奉賛会	32413柱	1120柱	18637柱	12656柱
	大分県	大分の塔					大分県遺族会連合会				
	宮崎県	ひむかいの塔					宮崎県遺族連合会				
糸満市真栄里	山形県	山形の塔	1965年2月6日				山形県	40834柱	765柱	25612柱	
八重瀬町具志頭	山梨県	甲斐の塔	1966年11月8日	大東亜戦争戦没者慰霊塔建設委員会			山梨県	22051柱	550柱	21501柱	
	高知県	土佐之塔	1966年11月22日				高知県	18545柱	832柱	17713柱	
宜野湾市嘉数	京都府	京都の塔	1964年4月29日				社団法人沖縄京都の塔奉賛会	2536柱			

（県営平和祈念公園ホームページにおける「霊域」のコンテンツに掲載された情報をもとに、筆者が作成）

column

沖縄修学旅行事情

藤波 潔

沖縄県への修学旅行の受入状況は、過去一〇年間、学校数では約二五〇〇校、人数では四〇万人以上で推移している。二〇〇一年九月の米国同時多発テロの影響で一時的に減少したが、概ね順調に増加してきたといえるだろう。

沖縄県外の学校は、何を期待して沖縄を修学旅行先に選ぶのであろうか。その中心的なものに平和学習があったことは、間違いないだろう。ひめゆり平和祈念資料館の「語り部」の方々を中心に展開された戦争体験者による講話、沖縄平和ネットワークをはじめとする各団体による現地ガイド、ガマや壕の中での「暗闇追体験」など、沖縄戦という過去と基地問題という現在を交差させながら平和学習を実施できる環境が、沖縄には豊富に存在している。

また、自然や環境の保護に社会の関心が向けられると、亜熱帯地方に位置する沖縄の固有な自然環境を体験するエコ・ツーリズムや、県外では見られない美しい海を舞台としたマリンレジャー体験などに注目が集まった。

そして、現在もっとも注目を集めているのが民泊である。伊江村(いえそん)、金武町(きんちょう)、読谷村(よみたんそん)、東村(ひがしそん)、南城市(なんじょうし)等で実施されており、一般家庭での宿泊体験を通じて、沖縄の普通の人びととの交流を深めることができるのが魅力である。民泊体験をした修学旅行生は、民泊先を「沖縄の故郷」と感じ、卒業後にもリピーターとして民泊先を訪れるようになることも珍しくない。

こうしてみると、沖縄修学旅行は学習型から体験型へと、大きく変化しているように思われる。しかし、修学旅行が学校の教育活動である以上、学習的要素をまったく無視する訳にはいかない。そこで注目されているのが、沖縄国際大学のサークル「SmiLife（スマイライフ）」の活動である。

SmiLifeは、沖縄国際大学総合文化学部社会文化学科の学生だけで構成されており、主として修学旅行生に対する平和学習の支援を主たる活動としている。社会文化学科は、沖縄を中心とする南島地域を社会学、平和学、歴史学、民俗学といった学問的アプローチによって学ぶ学科であり、サークルの部員たちは、大学での沖縄に関する学びを前提として、修学旅行における現地でのガイドや意見交換会への対応をおこなっている。

SmiLife部員によるガイドの様子

大学生という世代の近い若者による学習支援のため、修学旅行生は親近感を抱きながら平和学習に取り組めるとともに、大学進学の意味を具体的に示す身近なキャリアモデルとして感じることができる。いわば、学習と交流を両方兼ね備えた内容となっている。

北海道、長崎、広島、京都、それに海外。沖縄にとって修学旅行受入の競合先は大変多い。だからこそ、沖縄という地域の有する魅力を積極的にアピールするとともに、修学旅行実施校のニーズにあったメニューを提供し続けられるような戦略性が求められている。

第2部

沖縄を楽しむ

祭り・年中行事にみる沖縄文化の歴史と現在
―ハーリー、綱引き、エイサー―

石垣　直

はじめに

「南国的・エキゾチック」な島々。あるいは「日本古代」が残存する場所としての「南島」。日本列島の南西に位置する「沖縄」[1]は、歴史的に多くの人々からそのような眼差しを向けられてきた。たしかにこの島々には、(日本)神道、仏教・檀家制度、能、禅、武士道、歌舞伎などのいわゆる中世・近世以降により一層確立・制度化された「日本文化」とは趣を異にする独自の「沖縄文化」が存在してきた。そうした「文化」の主要部分のひとつが、島々を舞台に歴史的に育まれてきた「祭り・年中行事」[2]の世界

（1）「沖縄」は本来、沖縄島（本島）を指す語である。したがって、奄美・宮古・八重山諸島の人々には、現在でも、かつて琉球王国を形成した島々を「沖縄」と一括することに抵抗を感じる者もいる。ただし本稿では表記上の煩雑さを避けるために、諸地域の言語・文化的な差異を考慮した上で、現在の沖縄県に相当する領域の総称として「沖縄」を用いる。

であろう。

　では、沖縄文化の重要な要素と目される祭り・年中行事にはどのような特徴がみられるのか。そして、これらの祭りの現状はどのようになっているのか。この問題については、これまでにも、とくに民俗学や社会・文化人類学を専門とする多くの研究者が、貴重な記録・報告および研究成果を発表してきた。しかしながら、沖縄に関心をもつ県外の人々はもとより、この島々の住民自身でさえも、こうした記録・報告や研究成果を踏まえて、沖縄の祭り・年中行事の歴史と現状を十分に理解できている訳ではない。

　本稿では、ごく簡単にではあるが、まず第一節において歴史のなかの沖縄の祭り・年中行事の概要を提示する。つづく第二節では、これまでに多くの研究が蓄積され、かつ観光客の目に留まることも多い祭り・年中行事のいくつかを取り上げ、そこにみられる世界観や祭りと現代社会との関わりを整理してみたい。限られた紙幅ではあるが、本稿の試みが僅かばかりでも、沖縄の祭り・年中行事がおかれてきた歴史と現状理解への一助となれば幸いである。

（2）ここで言う「祭り・年中行事」とは、主として村落などの地域共同体を中心に行われている祭祀・行事を指している。ただし、以下で紹介する「祭り・年中行事暦」では、実施時期が一年の特定の期日に定められたいくつかの成長・長寿儀礼などにも言及している。

1　沖縄の祭り・年中行事の概要

ひと口に「沖縄文化」・「祭り・年中行事」といっても、四九の有人島から構成されるこの地域には、「シマ」（島・集落）毎に多種多様な行事がある。それを大きく分けるならば、琉球王国の中心であった「首里・那覇」およびその文化的影響を強く受けた沖縄島南部・中部地域のもの、「山原（ヤンバル）」と呼ばれる北部地域のもの、沖縄島周辺離島、そして「先島」（宮古諸島および八重山諸島）のものという大まかな分類が成り立つだろう。それらを一様に論じることは困難だが、一年というサイクルにおけるその基本的な構成・展開は、次のように整理することができるだろう（次頁表）。

表からも明らかなように、四面を海に囲まれているのにもかかわらず、これらの島嶼の祭り・年中行事は、漁業ではなく稲作（粟作・麦作・芋作）の農耕暦を基礎としながら展開されてきた。地域差はあるものの、それらは大枠で、旧暦一〇月の種籾播種、一二月～一月の本田植え、二月～四月の除草・害虫駆除・山留／海留（籠り）・休息期間、五～六月の稲初穂儀礼・稲収穫祭（豊年祭）、農閑期となった八月の八月踊り（八月遊び）、さらには古来からの農耕暦上での一年の「節（目）」としての結願祭・節祭における感謝と予祝という一連のサイクルとして理解できる。こうした稲作関連の年

表　沖縄の祭り・年中行事暦（概要――主に沖縄島南部地域）

旧暦	行　事
一月	旧正月《ソーグヮチ》、初起し《ハチウクシ》・初畑《ハチバル》、生年祝《トゥシビー》、七日節句《ナンカヌシク》、小正月《ソーグヮチグヮ》、十六日祭《ジュールクニチ》（北・宮・八）、二十日正月《ハチカソーグヮチ》、初願《ハチウガン》
二月	土帝君《トゥーティークン》、悪疫払い《シマクサラシ》、麦初穂儀礼《ニングヮチウマチー》、彼岸、虫掃除《ムッソーズ／ウプリ》（宮）
三月	三月三日《サングヮチサンニチ》（浜下り《ハマウリ》）、清明祭《シーミー》、麦収穫祭《サングヮチウマチー》、三月御水撫《サングヮチ・ウビナディ》、麦豊作祈願《麦プーズ》（宮）
四月	畔払い《アブシバレー》、山留《ヤマドゥミ》・海留《ウミドゥミ》、腰憩い《クシユクイ》
五月	四日日《ユッカヌヒー》（ハーリー）、五月五日《グングヮチグニチ》、稲初穂儀礼《グングヮチウマチー》、粟穂祭（離）、節祭《ズツ／スツ》（宮）
六月	稲収穫祭《ルクグヮチウマチー》、強飯《カシチー》・年浴び《アミシ》、豊年祭《プーリィ》（八）、節祭（宮）、シヌグ（中・離）
七月	七夕、七月《シチグヮチ》／精霊《ソーロン》（旧盆。エイサー、獅子舞、アンガマ等）、シヌグ／ウンジャミ（北・中）
八月	豊穣祈願籠り《ユーダミ／十五夜マス》（宮）、米寿《トーカチ》、厄払い《ヨーカビー》、悪魔払い《シバサシ》、十五夜／八月踊、結願祭《キツガン》／節祭《シツ》（八）、彼岸
九月	97歳祝《カジマヤー》、九月九日《クングヮチクニチ》／菊酒《チクザキ》、東廻り《アガイマーイ》／今帰仁上り《ナチヂンヌブイ》、泉・井戸詣《カーメー》、結願祭《キツガン》／節祭（八）
十月	竈廻り《カママーイ》、種子取祭《タントゥイ》（種子おろし祭《タニドゥリ》）、祖神祭（宮）、節祭（八）、悪疫払い《シマクサラシ》
十一月	鞴（フイゴ）祭《フーチヌユエー》、芋祭（北）、冬至《トゥンジー》
十二月	鬼餅《ムーチー》、御願解き《ウガンブトゥチ》・火ヌ神《ヒヌカン》（竈神）昇天、年ヌ夜《トゥシヌユル》（大晦日）

出典：真栄田他（編）［1972］および比嘉［1982］などをもとに筆者整理。

※（北）・（中）・（離）・（宮）・（八）はそれぞれ、沖縄島北部、同中部、同周辺離島、宮古諸島、八重山諸島の意。

中行事の合間あるいはそれらと連動しながら、「大和的」あるいは「中国的」な成長儀礼や祖先祭祀、健康祈願や厄払いなどの季節行事が「合奏」されているのが、沖縄の祭り・年中行事の特徴であると言えよう[3]。

私たちは、特定の場所・地域で行われる祭り・年中行事の歴史と現状に注目することで、当該地域の住民がどのような宗教・世界観を基礎として一年のサイクルを過ごしているのか、また当該の社会・文化がどのような歴史を歩み現在に至っているのかを理解することができる。次節では、沖縄の「ハーリー」、「綱引き」、「エイサー」を取り上げて、この問題を考えてみることにしよう。

(3) 琉球王府が一七一三年に編纂した『琉球国由来記』に記された年中行事とその記載様式、さらには王府から辞令を受けたヌル(祝女)と村落レベルの諸神役との関係の類型などについては、津波[一九九〇]などで詳しく扱われている。

2 伝統的な祭りの歴史と現在――ハーリー、綱引き、エイサー

(1) ハーリー

「ハーリー」(爬龍船競漕。一部地域で「ハーレー」)は、中国(とくに華南)を中心に東アジアの一部や東南アジアなどに広がっている儀礼・習俗である。その内容は地域により多様であるが、幸運なことに、中国・東南アジアとの比較を視野に議論を展開した馬淵東一や比嘉政夫の研究、文献研究を中心に中国各地の起源説・爬龍船競漕習俗などを論じた君島久子の研究、白鳥芳郎が主導した沖縄の船漕ぎ祭祀に関する総合的

な研究が、既に存在する。以下では、これまでの先行研究の成果を網羅した白鳥らの編著［白鳥・秋山（編）一九九五］の内容をもとに、沖縄のハーリーに関する基礎的な内容を整理してみたい。

中国・東アジアあるいは東南アジアに目を向けるとき、「龍舟祭」や「爬龍船競漕」という名称が示すように、その多くは「龍」を模した船を人々が櫂で漕ぎ、その勝敗を競う内容になっている。この競漕は、歴史をひもとけば、今を遡ること約二三〇〇年、中国・戦国時代、楚国の政治家であった屈原が、国政・外交に関する国王への進言・諫言を拒絶され入水自殺したとする故事に因んだものだとされる。屈原を助けるべく人々が川岸から船を出したのが爬龍船競漕の由来だとされ、また、屈原の霊への供物あるいは遺体が川魚に食べられないように川に投げ入れた餌が、粽（チマキ）として現代に伝わったとも言われる。この故事を基礎としながらも、中国では五月五日の「端午節」を、健康祈願・除災の行事として、また同時期の爬龍船競漕を龍神祭あるいは豊作祈願・雨乞い行事として行ってきた。他方で、競技・娯楽としての「ドラゴンボート・レース」も有名である。

以上のようなルーツをもつ爬龍船競漕の沖縄における起源については、①福建にルーツをもつ閩人三十六姓（「久米系」の人々）、あるいは②長浜大夫という人物、③後に南山王となった汪応祖が南京に留学した際に見聞したものを伝えたなどの諸説がある。爬龍船あるいは「サバニ」（沖縄の板接舟）を用いた「ハーリー」は、海・商業とかかわりの深い那覇や糸満を基点として沖縄各地に広がったと考えられる。有名なものとしては、五月のゴールデンウィークに開催される「那覇ハーリー」(4)、旧暦五月四日に開催される「糸満ハーレー」などがあるが、それ以外にも沖縄各地の諸年中行事には「船漕ぎ」的な要素が取り込まれた祭祀・儀礼慣行が数多く存在する。ただし沖縄各地のハーリーにおいては、中国大陸ならびに海外の華僑・華人地域のドラゴンボート・レースのような競漕あるいは龍神祭祀と比較し、「海の彼方から神あるいは世(ユー)(豊穣・豊漁・幸福・吉祥)を招く」という点が強調されていることは重要である(写真1)。

写真1　那覇ハーリー(本バーリー、2015年5月5日)

たとえば、南山時代からの祭祀に連なり航海安全と豊漁が強調されてきた「糸満ハーレー」でも、海の彼方からシマに「豊饒」をもたらす意味をもった競漕が行われている。「ニライ・カナイ」(海の彼方にある幸福・霊力の源泉・楽土)から「神の来訪」とともに「豊穣」・「豊漁」・「幸福」をシマに呼び込もうとする儀礼のモチーフは、旧暦七月に沖縄島北部地域を中心に隔年で行われる「ウンジャミ」と「シヌグ」においても確認されている[比嘉一九八二]。また、稲

(4)「琉球処分」後に長らく途絶えていたものが一九七五年に復活し、その後に観光化が進んだ「那覇ハーリー」は、福建省一帯から一四世紀に琉球にわたってきた閩人三十六姓の影響が強かった那覇・久米・泊などの地区対抗競漕、そして航海安全・豊穣(豊漁)祈願が元になっているとされる[cf. 真栄田他(編)一九七二:三一九—三二一、白鳥・秋山(編)一九九五:一七]。

の収穫を感謝する東村平良・川田・宮城の「ウフウイミ」（大折目。旧暦六月二五日前後の「海神祭」）行事でも、船漕ぎ儀礼が行われている［渡邊一九八七］。他方で、八重山の「プーリィ」（豊年祭、稲収穫感謝祭）や「節祭」においても、サバニを用いた「世（ユー）乞い」の行事が行われている。爬龍船競漕を用いたこうした儀礼のモチーフは、中国文化と接触する以前から琉球弧の島々に広がっていた古層文化の宗教観・世界観と深く関わるものだと考えられる。

(2) 綱引き

上記のハーリーと同様に、「チナヒチ」（綱引き）もまた東アジア各地域に広がる文化で、近代においてはスポーツとしてもその裾野を広げてきた。沖縄全域における綱引き行事については、小野重朗の十五夜綱引きの研究、平敷令治による総合的な研究、沖縄県教育委員会による全県的な事例調査などがある。以下では、主に後二者の研究・調査報告をもとに、沖縄における綱引き行事の概要と特徴を紹介してみたい［cf. 平敷一九九〇、沖縄県教育庁文化課（編）二〇〇四］。

沖縄の綱引き行事の起源については、不明な点が多い。王府においては国王就任・冊封の際に綾門大綱（アイジョーウーンナー）が引かれたとされるが、一般のシマ・ムラ社会においては、稲の収穫が終わった旧暦の六月中旬・下旬、さらには稲作暦に関連した物忌みが解け、新たな農耕サイクルが始まるまでの農閑期にあたる旧暦八月に行われることが多かった。具体的には、沖縄島一帯における旧暦六月十五日の「六月ウマチー」(六月御祭)や「カシチー」(強飯)・「ウフウイミ」(大折目)などと呼ばれる旧暦六月二十五日前後の稲収穫感謝祭、また、同じく沖縄島地域に多い旧盆(旧暦七月十三日~十五日)および旧暦八月十五日前後の「八月踊り」(十五夜、八月遊び)の際の綱引きがそうである。同様の事例は、宮古諸島における旧盆あるいは旧暦八月十五日、そして八重山諸島で旧暦六月の吉日に行われる「プーリィ」(穂礼〈利〉)。稲収穫感謝祭、豊年祭)でもみられる。稲の成長に関連した祈願や物忌み時期がようやく明け収穫が済むと、人々はシマ・ムラの共同作業として稲藁で綱を編んだ。綱は、それぞれ前方が輪・環になった「雄綱」と「雌綱」からなることが多く、雄綱の環を雌綱の環に通し、そこに「カヌチ」(カヌチ棒)と呼ばれる貫抜き棒を差し込んで繋げ、両方から綱を引いた。

綱引きは通常、祭りのクライマックスに行われるが、あくまでも稲収穫祭・豊年祭(地域によっては正月行事)の一環であるため、その前段階には村々の「カミンチュ」(神人・神役)やそれらを監督する王府任命の「ヌル」(祝女)による聖地・拝所での拝礼・儀礼があった。また、シマの住人が東/西あるいは南/北などの組に分かれて、雄綱または雌綱を引いたが、綱引きの直前には、綱の寄せ合い、雄綱・雌綱の環の駆け引き/戯れ、双方の組の成員による相手組への威嚇などが行われる。さらに、「シタク」(支度)あるいは「ツナヌミン」(綱の耳)と呼ばれる演出、すなわち双方の成員が担いだ戸板や綱に乗った「武将」による演武や空手、あるいは琉装の男/女や翁/嫗な

写真２　石垣島・四箇字（登野城、大川、石垣、新川）の豊年祭（2005年7月29日）

どの対面や贈物のやり取りが終了すると、会場のボルテージは一層盛り上がり、号砲とともに綱引きが始まる。引く回数、理想とされる勝者は地域によりさまざまだが、八重山の諸地域を除くと、「年占い」としての綱引きにおいて、東組あるいは雄綱の勝利を「世果報（ユガフ）」に結び付ける事例が比較的に多い〔平敷一九九〇：九〇―一〇二〕。

沖縄の綱引きにみられる構造・世界観については、さまざまな説明・解釈が提示されてきた。それは、東／西（上／下）あるいは男／女という対立・対称性（双分制、象徴的二元論）、また先述のハーリーと同様に「世（ユー）を招く・引き寄せる」という意識、さらには綱引き直前の雄綱と雌綱の「性」的な戯れから導き出される生命の誕生・躍動への憧れといったものである。加えて、各地の綱引き行事には、一年の農耕暦を終えたこの時期に「新たな年を占う」（豊作／凶作、豊漁／不漁）、さらには「来年の豊作・豊漁を予祝する」といった意味が込められてきたことが明らかになっている。また、綱を水神・龍に見立てた「雨乞い」の綱引きも、特に河川や湧水に頼った農耕があまり期待できない宮古諸島などの「低島」を中心に行われていた。なお、現代においては、仮装行列・

空手演武・旗頭などが華やかな三つの大綱引き、すなわち、「与那原大綱曳」（旧暦六月二十六日）や「糸満大綱引」（旧八月十五日）さらには「那覇大綱挽」（一〇月初旬、体育の日前後の日曜日）[5]が特に盛況で、県民はもとより、多くの観光客をひきつけている（写真2）。

(3) エイサー

県外から現代の沖縄をみると、「エイサー」は今や「沖縄文化」を代表するひとつの「顔」となっている。県内外でのさまざまなイベントで演舞を披露するだけでなく、創作的な演舞を行うクラブチーム型エイサー団体（例えば、「琉球國祭り太鼓」など）は海外にもその勢力を広げている。では、そもそもエイサーとは何なのか、その起源とはどのようなものなのか。以下では、宜保榮治郎の先駆的な研究［宜保一九九七］、沖縄全島エイサー祭り実行委員会発行の概説書［沖縄市企画部平和文化振興課（編）一九九八］、沖縄の民俗芸能を専門とする久万田晋の研究［久万田二〇一一］に依拠しながら、その概要を紹介したい。

エイサーの起源については諸説あるが、おおよそ次のようなルーツが明らかになっている。第一に重要なのは、浄土宗の袋中上人（陸奥国磐城出身）の来琉である。江戸幕府が開かれた一六〇三年に袋中上人が琉球を訪れ、三年間の滞在の間に首里・那覇地域の一部に浄土念仏を伝えたとされる。第二は、これと前後する時期に大和から琉球に渡ってきた「チョンダラー」（京太郎）と呼ばれる流浪芸能者（集団）の存在である。

（5） 秋の沖縄観光の目玉で、「稲藁で作製された世界一の綱」としてギネスブック認定（一九九五年）を受けた大綱を用いる「那覇大綱挽」の起源については諸説あるが、この綱引きは近世には琉球王国下の祝賀行事として行われていた。戦中・戦後と長らく行われていなかったが、一九七一年には那覇市の市制五〇周年を記念して復活し、一九四四年の「十・十空襲」にちなんで平和への祈りも込め、毎年十月十日前後の日曜日に開催されている。その概要や歴史については、那覇大綱挽保存会による記念誌などに詳しい［例えば、那覇大綱挽三十周年記念誌編集委員会（編）二〇〇一］。

かれらのなかには、浄土念仏・念仏歌を学び、仏教信仰があまり浸透していなかった沖縄の村々での葬儀・年忌の際に読経者として招かれ、「ニンブチャー」（念仏者）と呼ばれる者もあった。以上のような盆行事の念仏歌・踊りを受容したのは、農村部の村々の青年たちであった。歴史的変化の詳細については不明な点も多いが、大和から首里・那覇へ伝わった念仏歌・踊りを学んだ村の青年たちが、盆の期間にムラの家々を回って祖先供養として念仏歌・踊りを披露し、次第に青年たちの「モーアシビ」（野遊び）で歌われる民謡・楽曲の要素が加わるなかで、現在のエイサーの原形が形成されてきたと考えられている［宜保一九九七、池宮一九九八、久万田二〇一一］。

エイサーは主に沖縄島にみられるものであるが、そこには男女の手踊り、女踊り、「パーランクー」（胴の短い片張り小太鼓）を用いたもの、大小の「デーク」（太鼓）を用いたものなど、地域毎に多様なものが存在する。エイサーは特に戦後になると、沖縄市主導の「沖縄全島エイサー祭り」（元はコザ市主催の「全島エイサーコンクール」。一九五六年～）［沖縄市企画部平和文化振興課（編）一九九八］、さらには沖縄県青年団協議会が中心となって開催する「青年ふるさとエイサー祭り」（元「沖縄青年エイサー大会」。一九六四年～）の影響を受け、大きく変化し始めた。久万田によれば、特徴的なのが、①大太鼓・締太鼓の強調、②女性の参加、③衣装の変化（簡素→統一・カラフル化）、④複雑な隊列踊り、⑤演唱歌詞の減少といった変化だという。沖縄のエイサーは、上記のコンクール開催などの影響を受けつつ、盆の期間に祖先供養のための念仏歌・踊りから、次第に「観客を意識」した「見せる」芸能という要素を強くするようになったのである［久万田二〇一一：二一〇―二一三］。

一九八〇年代以降には、地域的な繋がりではなく「エイサーサークル」として、民謡はもとより沖縄ポップスも取り入れた創作的かつダイナミックな演舞を行う「クラブチーム型エイサー団体」が登場するようになった。その代表例としては、首都圏を中心に活動する「東京エイサーシンカ」（一九九三年結成）や、日本各地のみならず海外にも支部をもつ「琉球國祭り太鼓」（一九八二年結成）などがある。しかし、創作エ

写真3　青年会の手踊りエイサー（本部町・瀬底島、2011年8月14日）

写真4　パフォーマンス化の進んだエイサー（2015年5月3日）

イサーの県内外・海外への広がりや支持層の増加が、必ずしも地域の青年会主体のエイサーを劣勢に立たせているわけではない。むしろ、青年会のメンバーたちは、勢力を増す「創作エイサー」の団体やその演舞を意識しつつも、自分たちこそが「伝統エイサー」の担い手であるという意識を強くし（いわゆる「真正性」・「正統性」をめぐる問題）、県内外で開かれる各種イベントに積極的に参加し、さまざまな「相互学習」や「改良」が行われてきた地域毎のエイサーを披露している［久万田二〇一一：二三七―二三九］。なお、エイサーの現在を考える上では、もともと沖縄島中部で盛んであったエイサーが、県内各地域や学校でのイベントに取り入れられ、本来はエイサーが行われなかった奄美諸島や宮古・八重山諸島にも普及しつつあることも見逃せないだろう(6)（写真3、4）。

おわりに――祭り・年中行事の現在

以上ここでは、沖縄の祭り・年中行事の流れを概観した上で、「ハーリー」・「綱引き」・「エイサー」といった「伝統的」な祭り、あるいはそれに関連した習俗の概要と歴史的な変化を、先行研究に依拠しながら整理・紹介してきた。この三者は、地元の人々が参加するだけでなく、観光客からも注目を浴びるなど、現在に至るまで比較的良好に継承・発展されてきたものだといえる。しかし、第一節で列挙した多くの年中

（6） エイサーと同じものではないが、八重山各地に伝わる旧盆の「アンガマ」（後生から来訪する祖先神および関連する民俗芸能）なども また、浄土宗系の念仏歌と関連した祖先供養の習俗である［cf. 新城一九七三：一九〇―二〇八、久万田二〇一一：一八二―一八五］。

行事は、とくに村落祭祀を中心にその継承者の不在という事態が続き（ヌルその他の神役継承の困難あるいは途絶）、市町村の下部組織である「字」や「区」の長（字会長、公民館長、区長）と書記などが代理で実施しているものも多い。実質的な実施単位や祭祀担当者が依然として存在する家族・親族レベルでの祭祀と比較し、村落祭祀に代表されるような沖縄の祭り・年中行事の多くが、大きな変化の波に曝され続けていることは間違いない。(7) 当然のことながらその背景には、政治はもとより儀礼世界・祭祀組織をも統括していた琉球王国の消滅（一八七二〜一八七九）、明治以降の沖縄社会・文化の諸相におけるさらなる日本（大和）化と近代化、沖縄戦（一九四五）、戦後の米軍統治（一九四五〜一九七二）、「本土復帰」（一九七二）、「伝統」宗教の形骸化、村落・離島からの人口流失と都市化（そして諸共同体に対する新旧住民の意識格差）などがある。

しかしながら、沖縄各地の祭り・年中行事が存続の危機に直面する一方で、宮古・八重山諸島のように、さまざまな困難に直面しながらも神役継承が現在も行われ、集落住民の協力を得ながら、伝統的な祭祀が毎年盛大に挙行されていることも確かである。また、各地の豊年祭・綱引き、結願（キツガン）祭、旗頭、聞得大君（チフィ(ウフ)ジン）就任式である「御新下り（ウアラウリ）」[cf. 稲福二〇一三]、王府の正月若水取り行事としての「美御水（ヌービー）奉納祭」などのように、かつて中断されていた祭り・行事が復活・復元されるという動きもみられる。さらに、本稿で紹介した事例が示すように、この島々に怒涛のごとく押し寄せる政治・経済的変化や観光化の波もまた、他者の視線と「（自）文化の客体化」（Objectification of

（7）例えば、島に住む一定年齢の全女性が参加して十二年に一度、午年に挙行されてきた久高島の「イザイホー」（一九七八年を最後に実施されていない）の詳細と歴史の中の変化については、赤嶺[二〇一四]に詳しい。

Culture）を通じた「伝統文化の実践・実演」という一連のプロセスにおいて、島々の住人が祭り・年中行事に代表される「沖縄文化」を強く意識する契機となっている。ここでの諸事例が示したように、主要な祭り・年中行事は、さまざまな変容を遂げながらも、現代を生きる沖縄の人々のあいだで息づいているのである。

イギリスの社会人類学者であるM・ブロック（Maurice Bloch）は、アフリカ大陸の東南海上に位置するマダガスカル島のメリナ社会を研究するなかで、数百年にわたる政治・経済・社会的な変化にも関わらず、当該社会の割礼儀礼にみられるシンボリズム、そして出自集団への帰属と祖先・長老の権威の正当化が、相対的な安定性をもって維持・継承されていることを指摘した。そこから彼は、儀礼に関連したコミュニケーション（儀礼的コミュニケーション）こそが、特定の世界観・宗教観やイデオロギーを存続させているとする議論を展開した［ブロック一九九四］。ブロックの議論を沖縄の歴史と現状に引きつけて考えるならば、沖縄の人々の世界観・宗教観――それは広義の「文化」の主要な部分を構成する――は、親族・祖先祭祀はもちろんのこと、本稿で取り上げたような祭り・年中行事の遂行・実践を通じて、琉球弧の島々に住む人々（さらには新たに生まれてきた人々）に継承され、存続しているのだということができる（その逆もまた「真」である）。このような視点から「沖縄文化」を見つめ直すことは、過去の歴史的な出来事や諸政策、あるいは社会・経済状況の下で祭り・年中行事が実施されてきたこと、そしてこうした祭り・年中行事の現状と将来における変化／存続を考える上で、極めて示唆的な意味をもっていると考える。

〔主要参考文献〕
赤嶺政信『歴史のなかの久高島―家・門中と祭祀世界』慶友社　二〇一四年
池宮正治「エイサーの歴史」沖縄市企画部平和文化振興課（編）『エイサー三六〇度　歴史と現在』：二四―三五．那覇出版社　一九九八年
稲福みき子「民俗宗教と地域社会――信仰世界の変容」沖縄国際大学公開講座委員会（編）『世変わりの後で復帰四〇年を考える』：二二三―二五〇．東洋企画　二〇一三年
沖縄県教育庁文化課（編）『沖縄の綱引き習俗調査報告書』（沖縄県文化財調査報告書一四三集）沖縄県教育委員会　二〇〇四年
沖縄市企画部平和文化振興課（編）『エイサー三六〇度　歴史と現在』那覇出版社　一九九八年
宜保榮治郎『エイサー――沖縄の盆踊り』那覇出版社　一九九七年
久万田晋『沖縄の民俗芸能論――神祭り、臼太鼓からエイサーまで』ボーダーインク　二〇一一年
白鳥芳郎・秋山一（編）『沖縄船漕ぎ祭祀の民族学的研究』勉誠社　一九九五年
新城敏男「宗教（2）　仏教の伝播と信仰」宮良高弘（編）『八重山の社会と文化』：一七三―二一四．木耳社　一九七三年
津波高志『沖縄社会民俗学ノート』第一書房　一九九〇年
那覇大綱挽三十周年記念誌編集委員会（編）『那覇大綱挽――ギネス認定世界一の大綱』那覇大綱挽保存会　二〇〇一年
比嘉政夫『沖縄民俗学の方法――民間の祭りと村落構造』新泉社　一九八二年
ブロック、M.『祝福から暴力へ――儀礼における歴史とイデオロギー』（田辺繁治・秋津元輝訳）法政大学出版局　一九九四年（原著　一九八六）
平敷令治『沖縄の祭祀と信仰』第一書房　一九九〇年
真栄田義見・三隅治雄・源武雄（編）『沖縄文化史辞典』東京堂出版　一九七二年
渡邊欣雄『沖縄の祭礼――東村民俗誌』第一書房　一九八七年

column

親族・門中

石垣　直

現代の沖縄では、両親を「オ（ッ）トー」（父）・「オ（ッ）カー」（母）、祖父母を「オジー」（祖父）・「オバー」（祖母）と呼ぶことが多い。しかし、これらはかなり「日本（大和）語」化した言葉である。階層や地域ごとに違いはあるものの、かつては「シュー」・「ターリー」（父）、「アンマー」・「アヤー」（母）、「タンメー」・「ウシュメー」・「プープー」（祖父）、「ンメー」・「ハーメー」・「パーパー」（祖母）などが用いられた。同様に、現代の沖縄で使用されている「シンセキ」（親戚・親類）という言葉も、もとは「ハロージ」（パロージ）・「ウェーカ」・「マガラ」・「ウトゥザ」など多様であった。

こうした歴史的な変化はあるが、かつての沖縄の親族語彙も大和のそれと同様に、文化人類学の親族研究でいうところの「エスキモー型」に分類される。世代は分けるが父方／母方を明確に区別せず、兄弟姉妹と従兄弟姉妹を別の名称で呼ぶタイプである（厳密には「交差イトコ」と「平行イトコ」に同一名称を用いるという規定もあるが、ここでは説明を省略する）。たしかに、「ハラ」と呼ばれる親族集団のメンバーシップや御嶽（ウタキ。聖地）を中心とする村落祭祀を司る神役の継承方法などをみると、「ヒキ」（ピキ）などと呼ばれる関係の辿り方が、父方・父系に傾斜している事例が多くみられることも事実である。しかしそうは言っても、父系血縁を重視し父方／母方を峻別する漢族の親族語彙や親族制度と比較するならば、沖縄・大和の親族語彙は、元来は「双方・双系的」要素が顕著である。

他方で、沖縄の民俗や文化に関心をもつ人なら、沖縄島とくに中南部にみられる父系で繋がる親族集団、すなわち「ムンチュウ」（門中）あるいは「イチムン」（一門）という言葉を聴いたことがあるだろう。太陽暦の四月初旬にあたる「シーミー」（清明節）の折に一族の共同墓に墓参したり、旧正月や旧暦三月・五月・六月の麦・稲関連の「ウマチー」（御祭）に際して宗家に集って祖先を祀ったりする集団である。では、もともと双方・双系的な親族語彙を基調とし、親族成員権の父系継承や位牌祭祀が必ずしも明瞭でなかった社会に、どのようにして父系・男系のメンバーシップに偏重した「一門」・「門中」が誕生したのか。実は「一門」・「門中」の誕生・制度化は、琉球王国が薩摩藩に間接支配された時代の政策と深いかかわりをもっている。

門中宗家における旧正月の祭祀（本部町・瀬底島2012年1月）

江戸幕府の切支丹禁制政策の下で日本各地に寺請制度が敷かれた頃、薩摩・島津氏の侵攻を受けた琉球では、「士族／平民」区分や士族内部での家格確定作業が進められ、首里城内に「系図座」が設置（一六八九年）された。家譜の正本と写本を王府ならびに各士族の家々で管理することで、王国内部の身分制を確立しようとしたのである。このようにして、父系血縁による「家」の継承にそれほどこだわらない日本の「同族」とは異なり、中国・漢族的に父系血縁に基づいたメンバーシップ継承を重視しつつも、同氏姓内での結婚を許容し、日本風に「本家／分家」関係を明確にし、「名乗頭（ナヌイガシラ）」（例えば、朝、盛、安、政、信、用、永など）で帰属集団を区分していく、沖縄の「一門」・「門中」制度が確立されていったのである。

この制度は本来、琉球王国の支配層である「サムレー」(士族)層にのみ認められたものであった。しかしそれは、王国が明治政府の「琉球処分」(一八七二〜一八七九年)によって倒される前後から、規範的な首里・那覇の士族文化として、農村部の人々にも受容されていった。また、①非長男による家督継承、②兄弟位牌の並置、③女性を元祖とする分岐、④父系血縁を共有しない他系メンバーによる家督継承などの禁止をうたった「一門」・「門中」の諸制度が旧平民・農民層へ普及・受容され固定化していく際には、首里・那覇から農村へ流れてきた(「屋取」集落の)士族系の人々、さらには「ユタ」などの霊的職能者の「ハンジ」(判示)が強い影響を与えた。

このようにしてみてくると、現代を生きる私たちが自明だと考える民俗文化も、当該社会のもつ特性を基調としながらも、個々の時代の諸政策の影響を受けつつ形成されてきたものであることが分かる。「民俗」は教科書や博物館に記載・保管・陳列されるものではない。それはまさに、歴史的に蓄積されてきた私たちの生活そのものなのである。

〔参考文献〕
小熊　誠「門中と祖先祭祀」古家信平他『日本の民俗一二　南島の暮らし』:九三―一九四.吉川弘文館　二〇〇九年
田名真之『沖縄近世史の諸相』ひるぎ社　一九九二年
比嘉政夫『沖縄の門中と村落祭祀』三一書房　一九八三年

ウシオーラセー（闘牛）

宮城邦治

はじめに

闘牛といえば、スペインの闘牛を思い浮かべる人が多いのではなかろうか。ウシと人間が戦うあの闘牛である。ところが沖縄や徳之島で行われている闘牛は、ウシとウシの戦いで闘志をなくして逃走した方が負けとなる、いわばウシの格闘技である。それではウシは何故戦うのだろうか。群れで生活する多くの野生動物では群れのメンバーの間で、戦いによって決められたそれぞれの順位があり、その順位が群れを安定させている。家畜化の歴史が長いウシでも順位を決めるための闘争心が残っており、そのような闘争本能を利用して娯楽化したものが闘牛である。

1　牛闘から闘牛

沖縄のウシに関する記録では、『琉球国由来記』(一七一三年)の「生類門」の中で「是和漢ノ間ヨリ来ル物ナラン」という記述があり、中国や日本から持ち込まれたものであることがわかる。また、「遊戯門」では綱引きや闘鶏などの一九の遊びが列挙されているが、闘牛に関する記述が見当たらないことから、沖縄(琉球)では少なくとも一八世紀初頭まではウシ同士を戦わせる闘牛はなかったようである。

それでは闘牛はいつの頃から始まったのであろうか。一九〇七年の琉球新報には、「牛闘」に関する記述があり、「本県には、古来牛を角闘せしむる習慣ありて　云々」という記事がある。一九一一年の同紙にも「牛闘見物」という記事が寄せられており、牛闘には「うしあわせ」というルビがふられているが、これは「貝合わせ」などのように競い合わせることに由来する。しかし、一九一四年以降の新聞では闘牛の表記に代わり、今日まで闘牛の呼称が使用されている。『沖縄県史　第六巻文化二』(一九七五年)には「明治の始め頃、牛佐事がいて鉦をたたき、人を集めて原っぱでケンカをさせた　云々」という記述があり、沖縄の闘牛は一八七〇年代頃に始まったと推察される。

その頃の沖縄は農村社会で、県庁が率先して農産物の生産奨励をしており、農民は害虫駆除のアブシバレー（畦払い、虫送り）や農産物のでき具合を競うハルヤマスーブ（畑勝負）の際の娯楽としてウシオーラセー（闘牛）を楽しんでいた。明治の中期には多くの集落で、土盛をしたすり鉢型の闘牛場（ウシナー、ウシモー）も作られ、集落対抗のカッシン（合戦）も頻繁に行われるようになり、大正、昭和にかけてウシオーラセーは農村娯楽として人々を魅了した。集落の中には闘牛に熱中しすぎて農事奨励を怠り、行政から叱責されることもあった。一九三五年の大阪毎日新聞には「闘牛に熱中し働かぬ農村」という記事があり、沖縄県農務課が厳しく啓蒙した旨が記述されている。

一方、時局が大きく戦争へと傾いていくと沖縄からも若者が海外の戦地へ派兵され、遺族も出始めると、農村娯楽の闘牛は一転、戦争と深く関わるようになった。一九四〇年（昭和一五年）の沖縄日報には「出征軍人遺家族慰安闘牛大会」の広告があり、闘牛の闘争心と娯楽性が戦意を鼓舞するものとして利用されるようになる。

2　復活した闘牛

闘牛は平時と戦時にあっても人々を一喜一憂させる農村娯楽であった。「鉄の暴風」とも呼ばれ二〇万余の命を奪った沖縄戦。人々の顔から戦争の疲弊が消え、少しばかり笑顔が戻った頃、沖縄の人々を魅了したウシオーラセーは突然にやって来た。終戦からわずか一年、一九四六年五月、石川市（現うるま市）の東恩納闘牛場に朝早くから詰めかけた三〇〇〇人余の観衆は明るい喜びの笑顔に満ち溢れていた。復活したウシオーラセーは数組の対戦が終わったところで、米軍警察によって中断されたが、人々に生きる希望と復興へのエネルギーを醸成させるものとなった。その日を契機として、時と場所を代えながらも米軍の許可を得ない小規模の闘牛大会が、愛好家によって行われるが、一年後の読谷村での大会は米軍の横槍もなく黙認される。

終戦間もない一九四五年八月には米軍管理下の石川市でガリ版印刷の「うるま新報」が発刊されるが、四年後の一九四九年一〇月二一日の紙上では早くも闘牛大会の案内広告が初めて掲載されている。終戦後に登場した猛牛たちは疲弊から立ちあがろうとする人々を鼓舞するに相応しく、ミニコミ的な新聞ながらも沖縄の人々を闘牛大会に誘うには十分であった。「うるま新報」が一九五一年に「琉球新報」へと紙面も充実すると、闘牛大会も北部地域から南部地域まで広く行われ、大会そのものも時代を反映して「赤十字社基金募集闘牛大会」「校舎建築資金募集闘牛大会」などが開催されるようになる。闘牛は人々を慰撫するだけの娯楽ではなく、社会貢献にも寄与するものとなる。

県内各地で独自に組織され分散していた闘牛組合は、一九六一年に沖縄県闘牛連合会が結成されると、その傘下へと収斂され、闘牛大会は興行的要素が強まっていく。当時、群雄割拠していた猛牛の中から真の沖縄全島一を決めようと、一九六二年一一月四日に旧美里村（現沖縄市）の松本闘牛場で行われた第一回全島闘牛大会には万余の大観衆が詰めかけ、一三組二六頭の激突に大観衆は一喜一憂した。琉球新報紙は「午前九時半の開会までには闘牛場は足の踏み場もないほど人で埋まり、午後五時の大会終了までの八時間にわたって、息もつかせぬ激戦に観衆は熱狂した」と報じ、闘牛ブームの到来を予感させている。

この大会で王座に輝いた「宇堅トラムクー」に、初陣ながら挑戦した「荒岩号」が巨体と大角を使った荒技で王座を奪うと、闘牛ファンの目はたちまち「荒岩号」に釘付けとなった。次々と現れるライバルを一蹴し、もはや敵無しとなった「荒岩号」には二頭掛けという試練が待っていた。二頭掛けとは二頭の牛と間髪を入れずに戦わせることで、初戦に勝ったにせよ、次に現れる牛とはスタミナ、戦意において大きなハンディを負うことになる。さすがの「荒岩号」も前王座の「宇堅トラムクー」を退けたものの、二番手の「グラマン」との長期戦で敗れ、王座陥落の憂き目に遭う。しかし、一九六三年一二月の大会では「グラマン」を力でねじ込み、再び沖縄一の王座を奪い取った。

3　空前の人気となった闘牛

この時期、群星のごとく猛牛が登場し、沖縄闘牛は空前の人気娯楽となった。また、四国は愛媛県宇和島市や鹿児島県徳之島からも次々と闘牛が購入され、沖縄闘牛の人気に拍車をかけるようになる。中でも若武者「ゆかり号」は三戦目には敗れたものの、その後は破竹の一三連勝を重ねており、一撃で相手牛を仕留める荒技で闘牛ファンを魅了していた。

その「ゆかり号」が満を持した一九六四年二月一六日に沖縄全島一「荒岩号」の牙城に挑戦、わずか二分三〇秒で撃破し新王座に就くと闘牛ファンは一気にヒートアップした。並み居るライバル牛を次々と撃破し連勝街道を邁進すると、闘牛ファンの間では娘や孫に「ゆかり」の名前を付けることが流行し、社会現象として注目された。六年間で連勝を四一と伸ばし、二七度の王座防衛を果たした「ゆかり号」は一九六八年二月一八日、自らの勇退を記念する大会で、徳之島から遠来の「鮫島号」の挑戦を受ける。上昇気流に乗る挑戦牛と円熟期を過ぎた王座の対決は、二〇分余の激戦の末に勝負の女神が「鮫島号」に微笑むと、万余の闘牛ファンは呆然としながら落涙した。敗戦から一年後、不世出の名牛「ゆかり号」は静かに沖縄闘牛界から去っていった。しかし、「ゆかり号」の名は未だに沖縄の闘牛ファンの脳裏に焼き付いており、一九六〇年代の沖縄は闘牛に慰撫され励まされたと、言っても過言ではなかろう。

4 復帰後の第二次闘牛ブーム

激動する国際社会の中、沖縄は二七年の米軍民政府の支配下を脱し、一九七二年に日本本土への復帰が実現する。これまでの牧歌的な社会は多様な価値観と市場社会の現実に晒されるようになる。戦後の沖縄の人々にとって三大娯楽であった沖縄芝居（ウチナーシバイ）と映画、そして闘牛は、ヤマト世の大きな波に飲み込まれながら呻吟していた。戦後の復興の中で沖縄の人々を笑いと涙で鼓舞した沖縄芝居の劇団は、その多くが人々の前から姿を消し、街中の娯楽スポットであった映画館も一つ一つと閉館に追い込まれていった。沖縄の本土復帰以降、価値観と趣味の多様化は沖縄の人々の日常を大きく変えるエポックであった。そんな中、気を吐いたのは沖縄の庶民文化であるウシオーラセーであった。沖縄の祖国復帰の公的な記念行事である「若夏国体」

にさきがけ、沖縄県闘牛連合会はその年の一二月二日と三日に復帰記念全国闘牛大会を開催している。会場は記念大会に合わせて新設されたコザ市営沖縄観光闘牛場（現沖縄市営闘牛場）で、遠くは新潟県山古志村（現長岡市）、東京都八丈島、愛媛県宇和島市、島根県隠岐島、鹿児島県徳之島などから人気実力牛が参戦し、万余の大観衆は全国の猛牛の激闘に欣喜雀躍したのである。

大会を機にこれまで細々と繋がっていた各県の闘牛関係者との交流が盛んになり、八〇年代になると新潟県や鹿児島県徳之島などから闘牛用の若牛の購入が盛んに行われるようになった。特に、越後闘牛で活躍する赤牛の南部牛は、体躯が大きくなることから、沖縄、徳之島の闘牛関係者は生産地である岩手県久慈市周辺まで赴き、将来の全島一（横綱牛）への夢を託して、生後二、三年の幼牛を買い求めることがあった。事実、沖縄や徳之島で活躍する南部牛も多く、「南部のアカは強い」という赤牛伝説が生まれた。その頃の大会では出場する二〇頭の内半数以上を赤牛が占めることも多かった。牛主の期待に違わず「上原鉄平号」「前鉄筋一号」「神風ニーズ」など全島一に登り詰めた赤牛も輩出した。

日本経済が世界中を席捲した九〇年前後には、沖縄ではほぼ毎週闘牛大会が行われ、さながら第二次闘牛ブームといわれるほどであった。また、闘牛の盛んな県外の闘牛関係者との交流が対抗戦で行われることもたびたびであった。一九九六年一一月四日には徳之島闘牛界に君臨していた巨漢の荒技牛「佐平号（大昌）」と沖縄闘牛界で活躍していた「二代目荒岩号（隆羽）」が、真の日本一を決めるべく四国宇和島市で対決、全国の闘牛ファンの期待の大一番は九分一一秒の大激闘の末に「二代目荒岩号」が勝利をおさめ、晴れて日本一の栄誉に輝き、二四勝無敗のまま引退した。徳之島と沖縄の猛牛が、四国は宇和島で角付き合わせる、そして、猛牛の激闘に一喜一憂する人々がいる。闘牛はそれほどまでに人々を大いに惹きつける、いわば庶民娯楽といえるのではないだろうか。

大観衆でにぎわう闘牛大会

　そんな闘牛の牛主たちの夢は一番強い牛を持つことであり、そのためには県外に牛を求めることも多い。現役の牛を求める牛主もいれば、幼牛を求め、自らの世話で将来に期待を掛ける牛主もいる。現在、闘牛は岩手県久慈市（旧山形村）、新潟県の小千谷市と長岡市、島根県の隠岐島、愛媛県宇和島市、鹿児島県の徳之島、沖縄県内で行われているが、これらの地域の行政は、闘牛の振興と地域間の交流を目的に、「全国闘牛サミット協議会」を組織しており、持ち回りで「闘牛サミット」を開催している。「闘牛サミット」はいわば、闘牛関係者の情報交換と交流の場となっており、そのために闘牛のトレードなども盛んに行われている。特に、沖縄と徳之島は地理的に近いこともあり、また歴史的にも密接な関わりがあることから、強い牛や候補牛を求めて往来する闘牛関係者も多い。

沖縄の大会でデビューし、その才能を認められた若牛が徳之島にトレードされ、数年後に徳之島闘牛界のスター牛となり、やがて全島一の猛牛として君臨したこともある。その逆に、徳之島では不運にもチャンピオンになれなかった牛が、沖縄にトレードされ大きく花開いたこともたびたびである。闘牛関係者は、牛は戦う舞台（闘牛場）、毎日の飼育法や鍛錬の違いによっても、牛の才能や力が大きく変わるという。だからこそ、牛主たちは自分の眼力を信じて、たとえ負けた牛であっても自分であれば、その牛を変えることができる、という信念のもとに、日々の飼育や鍛錬に勤しむのである。

5　闘牛継承のエネルギーとは

沖縄においておよそ二百年前から農村娯楽として行われてきた闘牛は、戦時にあっては出征兵士や遺家族を慰労し、戦後は疲弊と絶望の縁にいた沖縄の人々に大いなる勇気を与えてきた。戦後が時間の彼方となり、社会構造や人々の価値観が変容する中にあっても、闘牛は今日まで継承されてきた。人々に闘牛を継承させてきたエネルギーとは一体何だったのだろうか?

闘牛という、いわば真剣勝負の中で自分の牛が強い、否、自分が育てた牛が強いということを人々に知らしめることが誇りであり名誉であるという意識は、多くの牛飼(闘牛のオーナーや調教師など)に共通している。強い牛を持つこと、全島一の牛を持つこと、それはすべての牛主に共通する思いである。そう思えば、人々は牛と自分を一体化させているとも言える。その思いが地域や世代、知人、友人を結びつけ、闘牛を継承する大きなエネルギーとなっているのではないだろうか。

人牛一体の闘い

古くは沖縄でも人々は自家の屋号を使って闘牛大会に牛を参戦させてきた。それは我が家と自分の名誉をかける戦いでもあったのだろう。どこどこの家の牛は強い、弱いと言う声は、直接に家と自分への評価となる。勝ちと負けしかない勝負の世界だからこそ、人々はその臨場感の中で闘牛への思いを強くするのだろう。沖縄以上に闘牛熱の高い徳之島では、今でも牛のリングネームに自分の名前を付けることが多い。自分の姓で○○牛の応援幟を立てての入場、頭に巻いた応援タオルにもくっきりと自分の名前が印字されている。大会の取り組み表には、その牛主の住む集落名や地域名が書かれており、牛主は自らと集落や地域の名誉をかけて戦いに望んでいることが一目でわかる。闘牛（大会）は牛主達だけのものではない。牛の応援に駆けつける多くの闘牛ファンがいる。それは多くの場合、友人や集落の知人であり、職場の仲間であることが多い。闘牛は単に牛の戦いと言うだけでなく、人々や地域を結びつける大きな役割も持っているのである。

6　なぜ牛は戦うのか

さて、闘牛の話しを初めに戻そう。何故、牛は戦うのか？それは牛の生態から推察することができる。元来群れで生活をしていた牛の先祖は、群れの中での自分の位置を日々の小競り合いを通して確認している。このような小競り合いは無益な争いを回避するための「知恵」であると同時に、繁殖期になると自分の遺伝子を残すためには熾烈な戦いとなる。家畜化された牛の中にもそのような本能は残っているため、牛の繁殖農家では生後三ヶ月前後で雄の子牛は去勢し、闘争本能を減退させている。闘牛は去勢を免れた雄の子牛を四〜五年ほど育て、その間に運動や稽古を重ね専用に仕立てた牛である。いわば、肉用牛になるか、闘牛になるかは生後数ヶ月で、その運命が決まるのである。闘牛はいわば牛の闘争本能を利用した娯楽である。

牛の闘争本能を利用した闘牛は、日本では沖縄や徳之島だけでなく、島根や新潟、岩手、愛媛などでも行われているが、隣国韓国でも高麗時代から農村娯楽として行われてきた。今日でも慶州北道の清道郡や慶州南道の金海、晋洲などでは「民俗闘牛」として人気のイベントとなっている。中国の雲南省や貴州省の少数民族の間では水牛を使った闘牛があり、大地を揺るがす牛の戦いに豊作を祈願するという。また、ベトナムやミャンマーなどの農村でも地元のコブ牛を使った闘牛が行われており、東南ア

土手のない徳之島の闘牛場

ジアから東アジアにかけての稲作農耕地域では闘牛が散見される。

アジアの外に目を向けると、旧ユーゴスラビアのセルビア共和国でも闘牛が行われており、畑地や郊外の広場に仮設された闘牛場では、猛牛の戦いに一喜一憂し狂喜乱舞する人々がいる。また、スイスでもイタリアに隣接するヴァレー州で闘牛が行われているが、彼の地の闘牛は他の地域の闘牛とは異なり、雌牛による「女王たちの戦い」である。春の到来とともに開催される闘牛は、地元の人々だけでなく、国外からの観光客もワインとチーズを片手に楽しんでいるようである。

闘牛はまた小説のテーマとしても活かされており、国民的な作家である故井上靖氏はその名も『闘牛』で、一九五〇年に芥川賞を受賞している。沖縄在住の作家で一九九九年に『豚の報い』で芥川賞を受賞した又吉栄喜氏も、二〇代の頃には闘牛を題材にした小説「カーニバル闘牛大会」「牛を見ないハーニー」「島袋君の闘牛」「闘牛場のハーニー」などの四部作を発表している。ノンフィクション作家の小林照幸氏の『闘牛の島』は徳之島の名牛「実熊号」を題材にした作品で、闘牛ファンの間で広く読まれている。

人々はどうして闘牛に魅了されるのであろうか。その答えは闘牛大会にあり、闘牛場ではディープな沖縄が見つかるだろう。

〔参考資料〕

井上　靖『闘牛』新潮文庫　一九五〇年
富川盛博『沖縄の闘牛』月刊沖縄社　一九六六年
前宮清好『沖縄の闘牛』石川製パン所　一九七二年
松田幸治『徳之島の闘牛』南国出版　一九八二年
謝花勝一『ウシ国沖縄・闘牛物語』ひるぎ社　一九八九年
沖縄タイムス社『闘牛・沖縄ガイドブック』沖縄タイムス社　一九九二年
小林照幸『闘牛の島』新潮社　一九九七年
広井忠男『日本の闘牛』高志書院　一九九八年

column

天然記念物

宮城邦治

鹿児島県の屋久島・種子島から台湾までの約一二〇〇キロメートルの間に位置する琉球列島は、亜熱帯性気候と地史的な特性から日本本土とは異なる生物種が多く見られる。中でも行政的には鹿児島県に属する奄美諸島から沖縄県八重山諸島の島々は、生物地理学的には「東洋区」に属し、特異な生物が生息・分布することで知られている。奄美諸島の幾つかの島嶼ではアマミノクロウサギやルリカケス、ケナガネズミなどの固有種が生息しており、他の動植物と相まって独自の生態系を作り上げている。これらの多くの固有種や島嶼の自然を象徴する植物群落や地形・地質など学術的に重要な場所などは、文化財保護法により天然記念物に指定されているものがある。

沖縄県でも西表島(いりおもてじま)のイリオモテヤマネコ、沖縄島北部地域のノグチゲラ、八重山諸島のカンムリワシ、尖閣諸島での生息が確認されているアホウドリなどが国指定の特別天然記念物となっている。また、国指定天然記念物では沖縄島北部の山地森林に生息するほ乳類オキナワトゲネズミとケナガネズミ、鳥類ではヤンバルクイナ、昆虫類ではヤンバルテナガコガネがそれぞれ指定されており、大東諸島のダイトウオオコウモリ、古くは沖縄県内に広く生息していたが、今日では沖縄本島近海で数頭が確認されている海生ほ乳類のジュゴンも国指定の天然記念物であり、絶滅危惧種にも指定されている。は虫類では宮古諸島や八重山諸島に生息するキシノウエトカゲ、石垣島と西表島に生息するヤエヤマセマルハコガメ、沖縄島、久米島、渡嘉敷島に生息するリュウキュウヤマガメ。また、海浜で遊ぶ観光客の目にとまることも多いオカヤドカリ類の六種もすべて国指定天然記念物となっている。

沖縄県の特異な自然や文化の中には保護育成を図るべきものも多く、その重要性を考慮して県では独自に天然記念物に指定しているものがある。島々の成り立ちを語る生き証人とも言えるヤモリの仲間のトカゲモドキ類の四亜種をはじめ、イボイモリ、キクザトサワヘビ、渓流性の大型カエルのイシカワガエル、ナミエガエル、ホルストガエルなどは限られた島嶼に生息する固有種である。指定の新しいところでは、ゲンジボタルの仲間で久米島だけに生息するクメジマボタルが一九九四年に指定され、特異な地史を有する宮古島の淡水性甲殻類で固有種のミヤコサワガニは二〇一〇年に指定されている。

山の人気者リュウキュウヤマガメ

県の天然記念物行政を垣間見ると、琉球政府時代の一九五五年には今帰仁村(なきじんそん)の「天底のシマチスジノリ」が、東南アジアに近縁を持つコノハチョウ、フタオチョウが一九六九年に、それぞれ天然記念物指定がなされており、文化財行政に携わった先達の先見性を知ることができる。

沖縄県は歴史的にも文化的にも中国や東南アジアとの関わりが深いことから、彼の地から導入されたと思われる家畜類も多く、古くは農耕用の役畜であった在来馬の宮古馬、数千年前の貝塚遺跡などから出土する家畜犬の子孫と言われている琉球犬、鳴禽としてその鳴き声が重宝されたチャーンも沖縄県の天然記念物に指定されており、多くの愛好家によって、保存と種族維持が行われている。

沖縄空手の変遷

新垣勝弘

はじめに

沖縄県は空手発祥の地である。現在、空手・古武道人口は、一八五カ国と地域に普及発展してきており、その愛好者は約五〇〇〇万人を超すほどに普及している。世界の人々に沖縄空手・古武道をすぐれた護身術・スポーツ、更には健康を維持する手段として受け入れられたことは、一昔前までは、誰しもが予想できなかったことであろう。

現在、沖縄伝統空手はもとよりスポーツ空手も著しく発展し、各地で様々な空手道・

古武道演武大会が催されている。二〇二〇年開催の東京オリンピックにスポーツ空手が、公認されれば、空手人口はさらに増加していくに違いない。

1 中国武術の影響

伝統空手・古武道は武術である。沖縄空手を含む『世界武道格闘技』を研究したクリス・クルデリ（Chris Crudelli）氏によれば、武術は相手を倒すための攻撃法と身を守るための防御法がある。更に、健康促進、自己確立、精神修養、競技、娯楽などのためにも行われる。武術には武器を用いるものと素手で行うものがある。武術の種類は非常に多くしかも世界中に存在している。大まかに分類するならば、伝統武術、スポーツ格闘技、そして武器を使う武術である。

伝統武術は戦場における軍事訓練から発生した。その技術は敵を殺すか戦闘不能にすることだけを目的としている。一方、スポーツ格闘技は、生命の危険を及ぼすことではなくスポーツ競技として行える練習体系が作られている。(1)

私たちの祖先は、生きていくため本能的に、武術を発展させるための種をまいたことは疑う余地はない。インドでは少なくとも五〇〇〇年前に武術が行われていた。インドが世界の交易における中心地であったのと同じく世界の武術の中心地でもあった

（1） クリス・クルデリ著、川成洋フル・コム［共訳］『世界武道格闘技大百科』東邦出版 一〇頁

が、武術発祥の地とする説は多いが、厳密にただしいとは言えないと考えられる。

中国武術を代表する武術と言えば少林拳である。中国少林武術の発達は、達磨大師が西暦四四〇年前後に幼いころから仏教の教育を受け、インド武術を起源に持つカラリッパヤットウを修行した。後年、彼は中国に渡り禅を広めた。河南省嵩山の少林寺を訪れた達磨大師は、初めは入門を拒否されたため、言い伝えに従い、近くにある洞窟に入って全く口を利くことなく九年間座禅を続けた。その姿を見た少林寺の僧は、達磨大師を迎え入れることにした。達磨大師は禅の教義を与えたほか、体を動かすことなく瞑想ばかり行い、肉体の強さと活力を失い病弱になっていた僧たちを強くするため、武術ヨガの練習方法を教えた。後に中国古典のヨガの動きに近い『易筋経』と体操のような動きをする『洗髄経』これらは気功を実用的に学べる手引書であり、少林拳の原型となったと記述されている。南派少林武術は沖縄の伝統武術に大きな影響を与えたと思われる。[2]

沖縄武術は、一四世紀、沖縄本島に北山(ほくざん)、中山(ちゅうざん)、南山(なんざん)の三大勢力が成立、一三七二年、中山王察度(さっと)(沖縄県浦添市を中心に成立)の下に明王朝(中国の王朝で一三六八年成立)の使者が来島し、朝貢を促した。これに応えた察度が入貢したことにより、その後、五〇〇年に及ぶ琉中関係が始まった。三山抗争は、尚巴志(しょうはし)によって統一された。首里に王城を築き那覇を港とした琉球王国を成立させ、活発な中継貿易が展開されるようになった。中国・東南アジア・朝鮮・日本などの帆船が所せましと帆を浮かべていた

(2) 前掲書 一三頁

のである。琉球は南海の恵まれた場所に位置していて、外国から優れた文物を取り寄せたり、中国や日本とは深い友好関係を保ち、東アジアの中心的な役割をもつ王国として、大交易時代を形成したのである。琉球王国は当時の繁栄ぶりと勇壮果敢海洋民族としての気概が見られたのである[3]。

一五世紀から一六世紀にかけて倭寇と呼ばれる海賊が盛んに出没し、貿易船や海浜の村々を襲うことが頻繁に起こった。また、航海途中にも襲撃されるケースもあった。それ故身の安全を確保するため武器の携帯や護身術として武術である空手・古武道は重要な意味をもったのである。そういう意味では、貿易の仕事上、生活上、更に海賊や悪事を働く人から身を守るのに、武術は必要不可欠なものであったと考えられる。

2　空手発祥の地

沖縄の伝統空手は、武道性を基盤としたものである。したがって昔から伝えられてきた話や歴史書の中で断片的な記録を参考に推論を補足しながら、まとめざるを得ないのである。

その歴史は古く、記録として比較的明確に図柄（沖縄県立博物館・美術館）でわかっているのは、一八〇〇年頃までは空手の仕草をしている者が存在している。それ以前

（3）高宮城繁・新里克彦・仲本政博編著『沖縄空手古武道辞典』柏書房　五六頁

のものは諸説あり、冊封・朝貢関係が成立する一四世紀後半には中国の武官や商人、琉球への移住者を介して中国武術との交流があったものと推測される。その過程で琉球は学問・武芸・祭祀・建築・生活様式等々いろいろな分野で中国の影響を受けた。後に「空手」となった沖縄の「唐手（トウーディー）」や「手（ティー）」もそうだった[4]。

高宮城氏によれば、琉球と中国の交易開始から、琉球最後の国王尚泰の冊封時までの間に中国拳法が導入され、琉球古伝の「手」と融合同化し琉球化された武術が、明治以降の古伝「唐手」であったことは明白であると述べている。琉球王府の役人とか

（4）金城裕著『唐手から空手へ』日本武道館　一九五頁

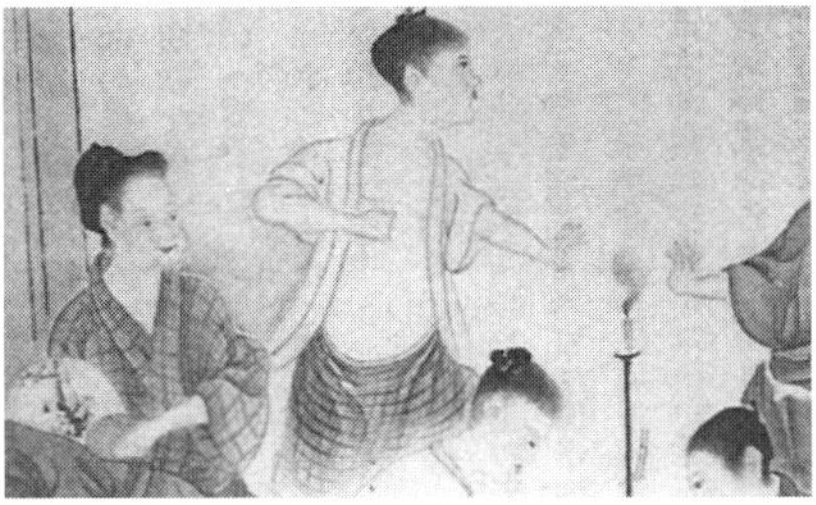
婚礼酒宴の図、部分（沖縄県立博物館・美術館蔵）空手のかまえをしている。（金城裕著『唐手から空手へ』日本武道館195頁、図3.14より）

尚真王（前掲書134頁）

旧首里城（前掲書117頁）

留学生を含め多くの人が中国へ渡り、空手を習い琉球へ持ち帰ったことも容易に想像される。

沖縄の空手が、独自のものか、あるいは外国から導入されたのか、あるいは沖縄に存在した武術と中国から入ってきた武術とが融合し、今日の沖縄空手になったのかを解明するには、これといった明確な資料としての記録が少ない。

比較的よく知られているのは、武器を持たない格闘術として空手が発展した背景に、琉球王であった尚真王（一四七七～一五二六）の治世下で行われた禁武政策、そして一六〇九年による島津藩によって禁武政策が施されたことである。それにより徒手空拳の寸鉄の武器も必要とせぬ「手(ティー)」という武術は薩摩の過酷な圧政に対する反抗と相俟って、その後約二五〇年間門外不出の武術として士族の間に受け継がれることになる。

秘密の武術であり、その技の伝授は隠密裏になされたものであった。それ故、当時の空手は一般の庶民には縁遠い存在であった。ただ、この件に関しては諸説あると言われている。

今日の空手は伝承してきた多くの人々によっておこなわれ、一九世紀末には沖縄格闘術のひとつに加えられた。その理由として、唐手は元々万人が身につける環境にはなかったことである。「唐手」の時代には、師匠が武才的に優秀な高弟のみ伝授され、若き適任者がいなければ、唐手の技は引き継がれず、遂に師匠一代をもって空しく湮滅せしめるという。その結果、伝わらないものも多かったということである。[5]

3　第二次世界大戦前から日本復帰までの空手の普及

第二次世界大戦前のアメリカでは、沖縄空手の達人が奇妙な動作で行う驚異的な妙技が熱狂的に受け入れられた。伝統的な超人が、真実、正義、名誉のために戦うという話は一般の媒体でも取り上げられ、アメリカ人の精神を揺さぶり、武術に興味を駆り立てた。[6]

太平洋戦争の終結によって、日本は軍国主義国家体制が崩壊し、民主国家としての道を歩き始めた。しかし、その最終戦における沖縄戦は、非戦闘員の住民を巻き込んだ地上戦という凄惨な状況を生じさせ、二四万人を上回る戦死者（一〇数万人が沖縄住民）を出し、物的にもすべて灰燼に帰した。沖縄空手の逸材も一九四四年に本部朝基（行年七四歳）新里仁安（同四四歳）一九四五年には喜屋武朝徳（同七五歳）花城長茂（同七六歳）らが戦後の発展を見ず帰らぬ人となり、沖縄における空手家という人財を失うこととなった。

沖縄の施政権は米軍の統治下となったが、廃墟の中にあっても空手家達は、空き地を整備し、空手の稽古を再開した。稽古を続けるには厳しい環境下にあったが、空手・

（5）長嶺将真著『史実と伝統を守る　沖縄の空手道』新人物往来社　三七頁

（6）前掲書　クリス・クルデリ著　二〇二頁

古武道は大衆化する時代へと変遷していった。経済復興が進むにつれ、町道場は増え、そこを基盤として全県下へ普及していった。在沖米軍人、軍属への普及で彼らを通して海外への普及も活発となった。

日本本土においては、関東、関西の都市部を中心に沖縄出身者やその弟子達が厳しい環境の中で、道場を開き学校における空手道部を拠点にして普及が再開された。流会派の組織化が進み全国的な規模の統一組織の結成や各種競技団体の結成と大会が開催されるようになった。新たな指導者の海外雄飛も進み、沖縄空手は日本文化として世界中に普及した。[7]

(7) 前掲書　高宮城繁・新里克彦・仲本政博編著　六八〇頁

4　体育教科としての「唐手」(空手)の始まり

空手が体育の教科に加えられるようになったのは、糸洲安恒(いとすあんこう)の努力によるものである。糸洲安恒は、一八三二年首里儀保の士族の家庭に生まれた。少年の頃は体が弱く臆病であったので、父は体力向上と覇気を養うため、幼少の頃から松村宗棍(まつむらそうこん)に「首里手」の指導を受けさせた。和漢学に長じ首里王府の書記官を勤めた。廃藩置県(明治一二年)後、明治三四年四月初めて首里尋常小学校に体操科の一部として「唐手」が取り入れられた時、その指導を行った。これが近代的空手普及の第一歩である。

糸洲安恒（『沖縄空手古武道辞典』、柏書房より）

糸洲は修業の大切さのポイントとして日常的に修練することの大切さを説いた。また、空手修行が体力の養成に最適であるとともに、社会的にも有用な人材の育成に大いに役立つとした。

学校教育の果たす役割を重視し、小学校から空手を指導すべきことを強調している。また、士族が伝承し、門外不出とされてきた武術唐手を万人の空手へ、一方では学校体育としての空手の普及発展を図るべく活動している。

更に、空手をより多くの人が親しめるようにと、初心者向けに平安初段から五段までの型を創案した。内歩進も従来の初段に加えて、新しく二段、三段を考案したとも言われている。[8] 糸洲の貢献は空手の発展にとって非常に大きなものであった。

5 沖縄空手の本土への普及

大正から昭和の初期にかけて、船越義珍や摩文仁賢和、遠山寛賢、上地寛文、宮城長順らによって、空手が本土に紹介された。また、大日本武徳会への加入によって、

（8） 前掲書 三八九頁

宮城長順上京記念　1927年
前列左より宮城長順・船越義珍（松濤館開祖）。後列左より、小西康裕（神道自然流開祖）・斎藤某（『沖縄空手古武道辞典』、柏書房より）

「日本武道」としての権威付けが行われ、軍国主義台頭によって、尚武の精神高揚と結びついていった。先の加納治五郎や皇族、軍人、沖縄研究者の来県の際には、沖縄独特の武術として演武の披露、解説等を盛んに行った。また、本土への伝承を契機に、日本本土においては、一九三〇年に、沖縄においては、一九三六年に「唐手（からて）」が「空手（からて）」と名称の変更が行われ、日本武道としての位置づけを定着させた。[9]

（9）新垣清著『沖縄空手道の歴史』原書房　六七五頁

(1) 船越義珍氏（旧姓冨名腰）

本土へ空手を普及させた人物として掲げられるのが、船越義珍氏（旧姓冨名腰）である。船越は一八六八年沖縄の首里に生まれ、安里安恒、糸洲安恒両師範に「唐手」の指導を受けた。初め沖縄で教鞭を取るかたわら生徒に「唐手」（現在の空手）の指導に当たったが、大正一一年（一九二二）上京以来、慶大、早大、一高、その他の大学を中心に空手の普及を努めた。宮中で天覧演武を行ったこともある。昭和一四年

（一九三九）東京雑司ヶ谷に「松濤館」道場を完成させ、「空手に先手なし」を鉄則とした空手道を本土に普及、本土における「空手の父」として仰がれ空手一代の生涯を終えた。[10]

(2) 宮城長順氏

船越に続き空手を本土へ普及させた人物が宮城長順氏である。明治二一年（一八八八年）沖縄県那覇市に生まれ、東恩納寛量（ひがおんなかんりょう）（一八五三年～一九一五年）に師事し、後に中国福建省で中国拳法を研鑽、帰国後、沖縄県警察練習所、那覇市立商業高校、沖縄県立師範学校、沖縄県民修練所、後に京都帝国大学、関西大学、立命館大学の空手部師範を歴任、その後、太平洋戦争が勃発、沖縄戦に続き日本の敗戦で沖縄空手界の活動は完全に止まってしまった。しかし戦後の混乱の中でも疎開先の浦添町の警察学校で空手指導を始め、後に那覇に戻り空手教師として警察官に指導した。「剛柔流」と名乗り宗祖となった。さらに、昭和九年（一九三四年）空手の普及に努め、昭和一二年（一九三七年）ハワイの新聞社に招かれ一年間空手指導を行った。[11] 後に日本武徳会より「教師号」を受けた。空手が沖縄に定着し、沖縄では多くの流派が誕生してきた。昭和初期から終戦まで、沖縄においては、空手の大家の交流が頻繁に行われ、海外への指導が進んでいった。沖縄空手の源流を求めて、宮城長順は中国（福州、上海）を訪ねた。

(10) 前掲書　金城　裕著　三一頁

(11) 玉野十四雄著『宮城長順の沖縄空手に空手を学ぶ』ＢＡＢジャパン　四八頁

(3) 本部朝基氏

空手を本土の人々に普及させる大きなきっかけを作った人物の中に本部朝基氏がいる。尚質王六男・尚弘信本部王子朝平を始祖とする本部家九代本部朝真の三男（王子に次ぐ身分）として首里赤平に生まれ、本部御殿（ウドン）（王子や按司の邸宅を御殿と呼び同時にそこに住む王族の敬称にも使われた）に伝わる秘伝「御殿手（ウドンティー）」は正式に学んでいないが、門前の見習いで自己鍛錬によって武技を極め、まれにみる武の域に達した。一九二一年京都で拳闘大会を見て、飛び入りし、巨漢の外国人ロシアのジョージ・ジャンケトル（ボクサー）を一瞬にして倒した逸話が、当時の雑誌「キング」に掲載されその名を馳せた。[12]

本部は一二歳の時、糸洲安恒に唐手を学び一七歳の頃には那覇の歓楽街で掛け試しを重ねながら自らの武力をつけていった。本部の自己鍛錬法は、巻藁（まきわら）や鎖石（サーシ）も用いたが、そのほか四指を曲げ第二関節を鋭くして相手の喉や顎（あご）を突く拳法を考案した。それを「鶏口拳」といい一本突きを得意とした。本部は一九二二年関西に移り、「琉球武術唐手」道場を開き門弟を養成し、東洋大学では学生の指導に当たった。

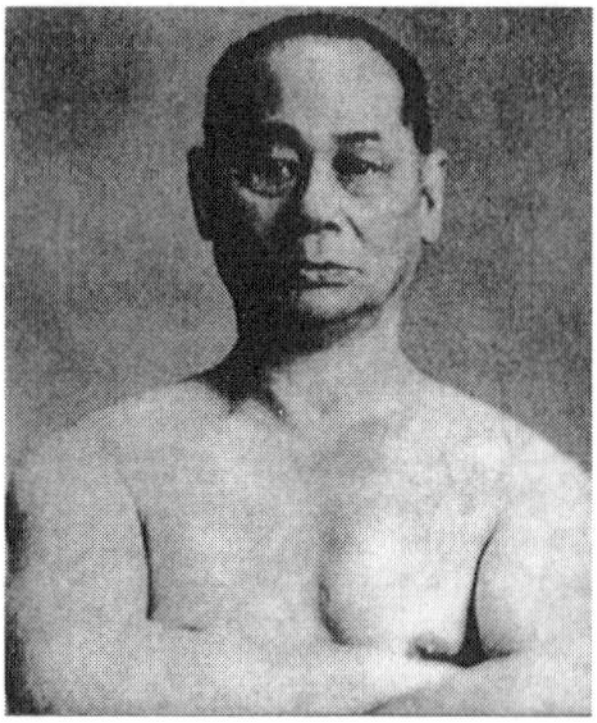

本部朝基（岩井虎伯著『本部朝基と琉球カラテ』愛隆堂 表紙より）

（12） 岩井虎伯著『本部朝基と琉球カラテ』愛隆堂 一九二頁

6　海外への普及

屋部憲通（やぶけんつう）と宮城長順は、ハワイ、米国本土の沖縄出身移民者とのかかわりの中で、ハワイに招かれ海外への普及活動、指導に出向いて行くなど国際化が見られるようになる。明治三〇年代以降、沖縄は他府県と比較して毎年多数移民を送り出し、人口に対する出移民数も圧倒的に多かった。行先は南北アメリカ大陸を中心に二一カ国（地域）にも及んだ。空手を嗜んだ者の中には、移民先でも稽古を続け、道場を開き沖縄空手を普及していった者もいた。海外における空手普及はそうした人々のたゆまぬ努力によるものである。

元々沖縄の武術は「唐手」として知られていたが、昭和の初期頃から、唐手は無手の武術であるから「空手」という文字で表記すべきであると言うことが言われるようになった。そして昭和一一年（一九三六）一一月仲宗根源和氏の提言を琉球新報の大田朝敷社長（一八六五―一九五三）が採り上げることになり、これに応じて県当局と当時の空手界の実力者、宮城長順、（一八八八―一九五三）、花城長茂、本部朝基、喜屋武朝徳の諸先生方が協議会を持ち、その席上で本場沖縄においても正式に「空手」と表記することが決まった。

戦後、昭和三一年（一九五六）五月沖縄空手道連盟が組織され、昭和三五年から初めて、公認の称号及び段級審査が行われるようになり、海外の道場でも日本と同じ方法で段級審査が行われるようになった。昭和四二年（一九六七）二月に、更に組織が強化され、「全沖縄空手道連盟」に発展して現在に至っている。

まとめ

これまで多くの武術家が空手の歴史を紐解く努力をしてきた。空手・古武道はその歴史的背景により、記録された文献資料が乏しいことと同時に、過去には門外不出の時代があり、広く万民のものではなかった。従って、歴史資料の中から今後もその発展の歴史をたどることは容易なことではない。

沖縄の空手・古武道には、沖縄独自の「手（ティー）」なるものと、中国に唐手を学びに行き、中国拳法をもち帰り普及されたものや、沖縄の「手」に取り込まれたり、中国の武人の沖縄への訪問の際に、沖縄の武士階級へ伝授されたものなどがある。更には、沖縄の武人が新しい空手の型や武技を考え出して作ったものなどがあり、そうした様々な要因によって、沖縄独特の空手に変えられてきたと思われる。今日空手は、万人のものとなっており、誰でも習いたければ、町道場の門をたたき習うことができるように

1　相手が中段突きできたものを左手で受け反撃する姿勢

2　相手が上段突きで顔面攻撃してきた手を上段に受けて攻撃に入る。

3　棒で顔面を突いてきたものをトンファーで受け反撃に転じる

なった。そのことは、武士の間でしか嗜むことができなかった空手が民衆のものとなったことの証である。

沖縄空手の国際化が始まったのは、昭和の初期頃からといわれており、現在、空手の「本場」とか「メッカ」として多くの外国の空手愛好家が、沖縄の本場の空手を習うために、各流派の道場を訪れている。沖縄県にとって、空手は無形文化財として大きな役割をはたしている。

歴史的に見ても、数多くの沖縄人が空手を学び、発展させ、人材育成に大いに役立たせ、継承していることが分かる。

〔参考文献〕
冨名腰義珍著『琉球拳法　唐手』榕樹書林
仲本政博著『沖縄伝統古武道―その型と応用―』文武館
沖縄空手道連盟「第三〇回記念空手道・古武道演武大会」資料
宮城篤正著『唐手の歴史』ひるぎ社
佐久田繁著『空手名人列伝』月刊沖縄社

4　相手が中段で突いてきたものを左手で受け、右手の肘を相手のみぞ内に攻撃反撃する

5　空手の練習仲間

column

顕彰碑と碑文

新垣勝弘

沖縄県には、空手の発展のために一流一派を起こし沖縄が空手の発祥の地として、世界に知られるようになった歴史的人物が多い。その中でも特に活躍した人物たちが顕彰碑と碑文が沖縄県の各地に建立されている。その地が以下の地図に示された場所である。

松村宗棍先生の墓石は真嘉比の墓地内に存在する。彼は沖縄空手・首里手の始祖、首里山川に生まれ、幼少の頃より、武芸に勝れ文武一如の精進の結果知勇兼備の成人として一世にその名を轟かせた。琉球王府尚円王統の十七代尚灝、第十八代尚育、第十九代尚泰王、三代（一八〇〇年代から一八七〇年代）に亘り王府の御側守役として仕えた人物である。

糸洲安恒先生の墓石は那覇市真嘉比墓地内に存在する、道光一一年（一八三一）首里儀保に生まれ、大正四年（一九一四）三月山川にて八五歳で逝去されたのであるが、その間奥義を極めた空手道の普及に尽力され特に門外不出の斯道を学校体育として指導普及し、今日のごとき隆盛に至らしめたその功績は実に偉大である。

松茂良興作先生（一八二九〜一八九八）は泊村に生まれた。聡明なる先生は天分に恵まれた武人と強健なる小躰を生かし、若年にして泊空手の師宇久嘉隆、照屋規蔵両師匠に師事数年後に武人として頭角を現した。義侠心が厚くある時薩摩の侍が抜刀して泊の農民に罵詈乱暴するところを押えた人物である。

東恩納寛量先生の墓は、那覇市松山公園内に所在している。南派少林拳術白鶴拳を一五年間修業し一八八九年那覇に唐手道場を開く。これは唐手道場として最も古いものである。

宮城長順先生の墓も松山公園内に存在する。師は東恩納寛量先生に師事し中国福建省に拳術を研究し一九三〇年、剛柔流空手道の始祖となり、日本における最初の流派名となった。

喜屋武朝徳先生は近代沖縄が生んだ傑出した空手道の名人である通称「チャンミーグヮー」として知らぬ者なき武名を天下に轟かせた。幼少の頃、父から空手道の手ほどきを受けた先生は、明治三年首里の名家に生まれ東京で過ごし、在京中（現二松学舎大学）で漢学を学んだ。帰郷後、首里手や泊手の達人たちから師事を受け、更に修練を積み空手道の大家となった。五尺足らずの小兵ながら、技は鍛え抜かれた力強さと飛鳥の如き早技であった。墓地は嘉手納町中央公民館敷地内に建立されている。

船越義珍先生の顕彰碑は沖縄県体育協会の近くにある。空手道松濤館流祖、那覇市首里に生まれ、唐手を安里安恒、糸洲安恒両氏に学び三十有余年教壇に立ちながら沖縄唐手有志会と広く交わり、沖縄尚部会を開き沖縄唐手研究会に参じ、首里城で昭和天皇御前演武を指揮するなど、唐手の普及と統一に力を尽くした。大正一一年（一九二二）体育展覧会で本土に初めて唐手を紹介、以来本土にあって請われて師範となり、指導を行う傍ら教書を著し、唐手を空手に後に空手道と改める。空手の空は般若心経に依り、道は修業を意図する。昭和三二年（一九五七）四月二六日、八八歳にして終わるまで、誘掖（ゆうてき）して倦（う）まず、後に人々は先生を「近代空手道」の父として称した。

顕彰碑と碑文の地図　(地図は、『沖縄空手古武道辞典』、柏書房より引用)

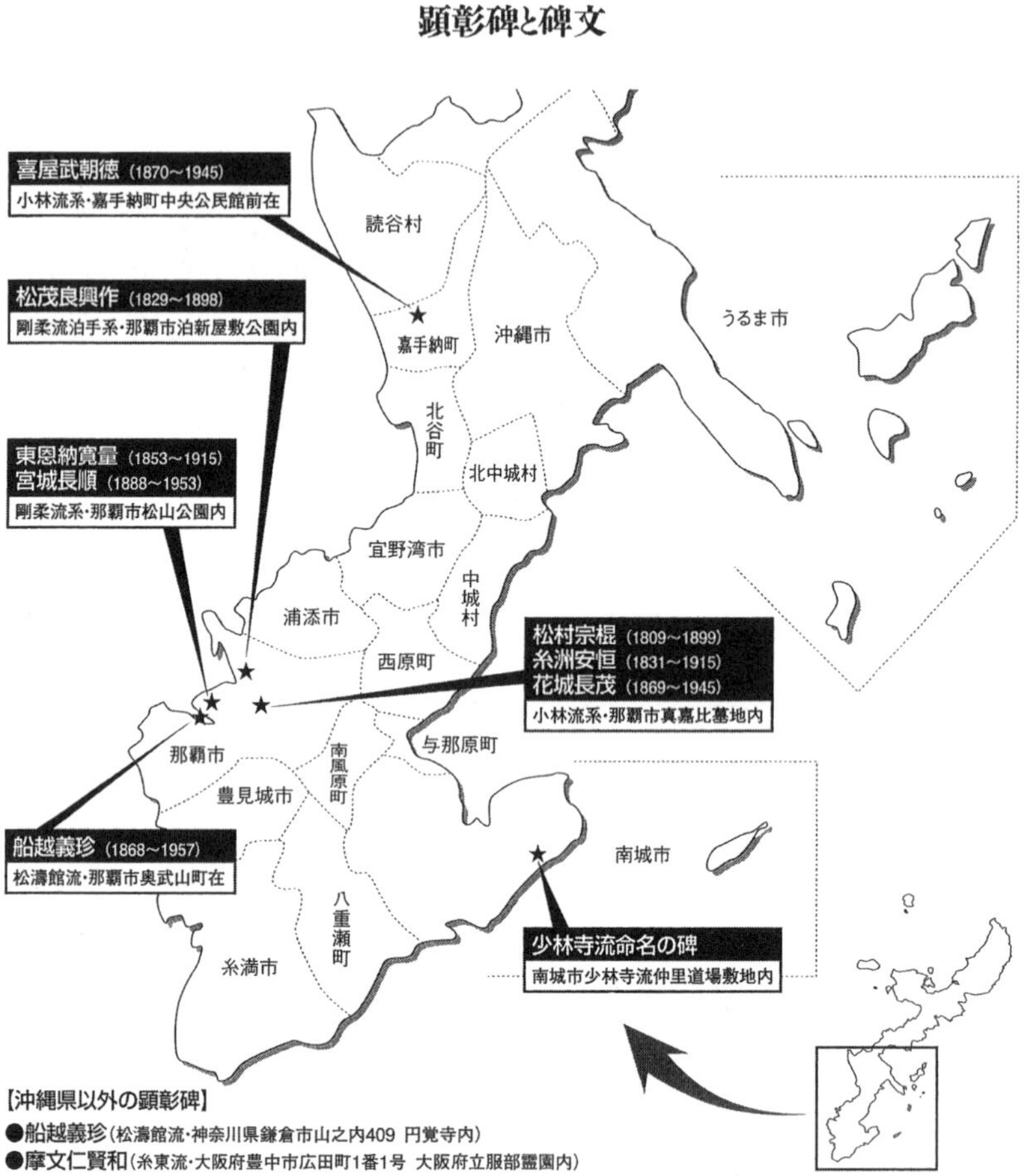
顕彰碑と碑文
喜屋武朝徳 (1870〜1945)
小林流系・嘉手納町中央公民館前在
松茂良興作 (1829〜1898)
剛柔流泊手系・那覇市泊新屋敷公園内
東恩納寛量 (1853〜1915)
宮城長順 (1888〜1953)
剛柔流系・那覇市松山公園内
松村宗棍 (1809〜1899)
糸洲安恒 (1831〜1915)
花城長茂 (1869〜1945)
小林流系・那覇市真嘉比墓地内
船越義珍 (1868〜1957)
松濤館流・那覇市奥武山町在
少林寺流命名の碑
南城市少林寺流仲里道場敷地内
読谷村
嘉手納町
沖縄市
うるま市
北谷町
北中城村
宜野湾市
中城村
浦添市
西原町
与那原町
那覇市
南風原町
豊見城市
八重瀬町
糸満市
南城市
【沖縄県以外の顕彰碑】
●船越義珍(松濤館流・神奈川県鎌倉市山之内409 円覚寺内)
●摩文仁賢和(糸東流・大阪府豊中市広田町1番1号 大阪府立服部霊園内)

沖縄でのスポーツ

名嘉座元一

はじめに

沖縄県を訪れる観光客数は、二〇一四年度で初めて七〇〇万人を超えた。円安効果もあって、中国、台湾を中心として外国人観光客も増大している。観光客にとって、沖縄の魅力は豊かな自然と独自の伝統文化など多様な観光資源の存在である。また、健康長寿・癒しの島としてのイメージも沖縄の魅力である。これらに加え、県が力を入れているのが、スポーツアイランドとしての沖縄である。今や、プロ野球キャンプを始めとしてサッカー、陸上競技など様々なスポーツのキャンプ地として定着している。さらに、那覇マラソンなどのスポーツイベント、琉球キングス、FC琉球といった地元密着型のプロスポーツ団体もあり、まさにスポーツアイランドに相応しい活況を呈している。

このような現状を踏まえ、県では二〇一三年にスポーツ推進計画を策定し、本格的にスポーツ振興に取り組んでいる。その中ではスポーツ振興を図る目的として、県民の健康度の向上はもちろん、スポーツを通した交流、観光への寄与も明記されている。本章では以上の背景を踏まえて、沖縄のスポーツツーリズムの現状について紹介していく。

1　沖縄県の観光とスポーツ振興策

「二一世紀ビジョン」におけるスポーツ観光振興策やそれにもとづく県のスポーツ振興策について述べる。その中でスポーツツーリズムの概念と観光におけるその位置づけについて述べる。

(1)　スポーツツーリズムとは

プロスポーツの観戦者やスポーツイベントの参加者と開催地周辺の観光とを融合さ

せ、交流人口の拡大や地域経済への波及効果などを目指す取り組みのことである。国が立ち上げたスポーツツーリズム推進連携組織が作成した、「スポーツツーリズム推進基本方針」（二〇一一年）においては、「スポーツを通して新しい旅行の魅力を創りだし、我が国の多種多様な地域観光資源を顕在化させ、訪日旅行・国内観光の活性化を図るもの」と記されている。政府の「日本再生戦略」でも、「世界の多くの人々を地域に呼び込む社会」の重要施策の代表例として明示されている。このように、スポーツツーリズムはスポーツを通した地域振興策の一つと考えることができる。

(2) 二一世紀ビジョンと沖縄県スポーツ推進計画

二一世紀ビジョンではスポーツを振興する目標として、「本県の特性である地理的・自然的条件とスポーツ資源を有効に活かした「スポーツアイランド沖縄」の形成とともに、国際的な沖縄観光ブランドの確立や世界との交流ネットワーク構築を目指すものである。」としている。また、本計画の性格として沖縄県内で展開されるスポーツの普及・発展を目的としていること、「するスポーツ」、「観るスポーツ」、「支えるスポーツ」等のスポーツの多様な展開を通じて、まちづくりや地域活性化、スポーツ分野の産業振興や雇用創出を図るとしている。

このような計画の背景には、スポーツを通した観光振興、地域活性化が狙いとしてあるがスポーツによる県民の健康の維持・増進も目的の一つである。というのも、人口増加率は全国一高く、六五歳以上の高齢化率は全国一低い、しかしながら、平均寿命は二〇一〇年で男性七九・四年、女性は八七・〇二年であるが、男性は一九八五年では第一位であったものが、二〇〇五年では一気に二五位に、二〇一〇年では三〇位と転落傾向にある。これは、沖縄県の平均寿命も延びているのだが、全国がそれ以上の伸びであるためである（平成二二年都道府県別生命表の概況　厚生労働省）。

また、メタボリックシンドローム該当者・予備軍ともに全国ワースト一位となり（健康おきなわ21（第二次）二〇一四年三月）、肥満県となっている。この原因としては、米軍の占領期の影響を受け、「食の欧米化」が進み、外食文化が根付いていること、車社会であり歩く機会が少なく、そのため運動不足になっていること等が指摘されている。

このように、沖縄は健康長寿の県というイメージがあるが、実際は県民の健康度は年を追うごとに悪化していることから、健康長寿を取り戻そうという県の方針が、健康スポーツアイランド構想の背景にある。

2　スポーツツーリズムの現状

本節では、沖縄県におけるスポーツツーリズムの現状について概観する。

⑴　スポーツコンベンションの概要

沖縄県スポーツコンベンション振興協議会によるスポーツコンベンション開催実績によると、県内では多種多様な種目のスポーツの試合や合宿、練習などが行われており、その総数は五七八件に上る。キャンプ・合宿・自主トレは、県や市町村の活発な誘致活動もあり年々増加している。また、二〇一五年からスポーツコミッション沖縄が設立され、コンベンションビューローを始めとする県とスポーツ関連団体の連携により、合宿、大会等の誘致を行い、沖縄におけるスポーツ振興を強力に進めようとしている。

⑵　スポーツカレンダー

表1は、沖縄で開催される主なスポーツイベント、大会等の概要を示したものである。一二月から二月にかけては、暖かい沖縄でのプロ・アマの合宿・自主トレが多い。特にプロ野球キャンプは、九球団が春季キャンプを行っている。また、韓国プロ球団も三星ライオンズを始めとして四球団がキャンプを行っている。その他プロサッカー、陸上競技の合宿も行われている。三月には、女子プロゴルフのツアー開幕試合としてダイキンオーキッドレディスゴルフトーナメントが開催される。国内外のトッププレーヤーが参加することもあり、全国中継もされ、注目度は高い。四月は全日本トライアスロン宮古島大会があり、海外選手も多数参加する国際的な大会として知ら

表 1　スポーツカレンダー

1月	美ら島オキナワ Century Run、海洋博公園全国トリムマラソン、プロ野球自主トレなど
2月	プロ野球キャンプ・オープン戦、サッカーキャンプ（横浜 FC など）
3月	ダイキンオーキッドレディスゴルフトーナメント、なんぶトリムマラソンなど
4月	全日本トライアスロン宮古島大会、サッカー（FC 琉球）、バスケットボール（琉球ゴールデンキングス）公式試合開始
5月	石垣島トライアスロンなど
6～9月	プロ野球公式戦、サッカー公式戦、バスケットボール公式戦、など
10月	伊平屋ムーンライトマラソン、いぜな88トライアスロン大会　など
11月	ツール・ド・おきなわ、尚巴志ハーフマラソン in NANJO　など
12月	NAHA マラソン、陸上競技合宿など

出所：Sports Islands OKINAWA
（http://www.okinawasportsisland.jp/）

れている。一〇月から一二月にかけては、マラソン大会が多く開催される時期となっている。一〇月のマラソン大会としては、満月の夜に島を走る伊平屋ムーンライトマラソンがユニークである。一一月は、やんばるの山を駆け抜けるツール・ド・おきなわがある。開催数は二六回目を数え、国際ロードレースとしても認定され秋のスポーツビックイベントとして定着している。一二月には、県内外から三万人のランナーが走る県内最大規模のマラソン大会であるＮＡＨＡマラソン大会の開催がある。

このように年間を通して、プロ球団の合宿や自主トレ、公式試合、マラソン等のスポーツイベントが開催されており、スポーツを通した交流は県内のスポーツ競技や選手に刺激を与えたり直接的な技術の向上に大きく貢献している。また、観光にも大きく寄与している。

⑶　スポーツツーリズムの分野

県内で行われているスポーツ分野は、「沖縄県スポーツ推進計画」にあるスポーツアイランドＯＫＩＮＡＷＡ構想を踏まえると、以下のように示すことができる。

①キャンプ

プロ野球、サッカーなどのキャンプ・自主トレ、社会人・学生の合宿など。上述したスポーツカレンダーにあるように、公式試合等のない一二月から二月がシーズンとなる。県、市町村も練習場の整備を行い、様々な競技の誘致を競っており、件数も年々増加している。

②県内のプロチーム、クラブチーム

県内でプロチームとしてよく知られているのは、バスケットボールの「琉球ゴールデンキングス」とサッカーの「ＦＣ琉球」がある。両チームの詳細については後述するが、琉球キングスはｂｊリーグに所属し、三回の優勝を果たすなど毎年優勝を争う強豪チームであり、県民からの人気も高い。ＦＣ琉球はまだＪ３ランクであるが、Ｊ２昇格が当面の目標である。また、知名度は低いが、国内初のプロビーチサッカーチームとして、「ソーマプライア」があり、沖縄をビーチサッカーのメッカとすべく、試合や地域貢献で活動している。

クラブチームとしては、ハンドボールの「琉球コラソン」がある。沖縄はハンドボールが盛んであり、競技人口も多く、中学・高校にも全国大会で上位に入る強豪チームが存在している。コラソンとは、スペイン語で「心」「ハート」「魂」を意味し、二〇〇七年にチームが結成され、二〇〇八年には日本リーグに参加している。まだ優勝はないが二〇一四年にはプレーオフに進出するなど徐々に力をつけてきている。

これらのチームはいずれも地域密着型を重視しており、サポーターとの交流や県内の子供たちに対する指導などを積極的に行い、地域のスポーツの発展のために多様な活動を行っている。

③国際・国内大会など

県内では、マラソンを始めとして様々な競技の大会が年間を通して開催されている。競技としてはマラソン大会の開催が多く、年間一八大会（二〇一四年実績）が開催されている。時期的には一二月から二月にかけての冬季の開催が多い。また、トライアスロン（五件）、サイクリングも七件開催されている。ゴルフは女子プロゴルフの国内ツアーの開幕を告げる試合として注目度の高いダイキンオーキッドレディズゴルフトーナメントがある。プロの試合としては、琉球ゴールデンキングス、ＦＣ琉球のホーム開催試合、プロ野球公式戦などがある。

3　代表的なスポーツツーリズム

ここでは前節で紹介した県内のスポーツツーリズムについて、その歴史や観客・参加者の推移、見どころなどを紹介する。

(1)　プロ野球キャンプ

沖縄には現在、日本のプロ野球一二球団中九球団が春期キャンプを行っている。キャンプは主に二月に行われるが、この時期の沖縄は、比較的温暖で、練習をするのに最適な気候であるのがキャンプ地としての人気の要因であろう。ちなみに、プロ野球のキャンプ地は、宮崎県と沖縄県に集中している。キャンプ地の条件としては、温暖であること、施設が充実していることである。沖縄は二月の平均気温が一五度以上であり、温暖ではあるが高知県や宮崎県に比べると降水量が多いのがマイナス要因であるが、雨天でも練習できる施設等を整備することによって、多くの球

表2　2月の平均気温などの比較

	沖縄県	宮崎県	高知県
平均気温（℃）	17.1	8.6	7.5
最高気温（℃）	19.8	13.8	12.9
最低気温（℃）	14.8	3.4	2.7
降水量（mm）	119.7	90.8	106.3

資料：気象庁

団を誘致することができた。
プロ野球キャンプの歴史をみると、最初にキャンプを行ったのが日ハムであった。一九七八年に日ハム投手陣が初めて名護でキャンプを行ったことをきっかけに、一九八一年には本格的なキャンプ地として、これまでのキャンプ地であった高知県から移動してきた。そしてその年のシーズンでは念願のリーグ優勝を達成したのである。

各球団のキャンプ地を紹介すると、図一のようになる。那覇市では、二〇一一年から巨人軍が沖縄セルラースタジアム那覇でキャンプを行っている。中南部では、ヤクルト（浦添市）、横浜ＤｅＮＡ（宜野湾市）、広島カープ（沖縄市）、中日（北谷町）がキャンプを行っており、北部では、日ハム（名護市）、阪神タイガース（宜野座村）、離島では、久米島で楽天、石垣市ではロッテがキャンプを行っている。ただ、残念ながら、今年からオリックスが宮古島から撤退している。

沖縄でキャンプを見学する大きな魅力は、キャンプ地同士がとても近いということであろう。巨人軍のキャンプ地である沖縄セルラースタジアム那覇は那覇空港から車で一〇分、それ以外の中南部では空港から一時間以内の距離にある。そのため、贔屓チームの見学だけでなく、ライバルチームなどのキャンプ地巡りができるのも魅力である。また、中日のキャンプ地である北谷球場周辺には観光客や地元の人にも人気の商業地であるアメリカンビレッジ（コラム参照）があり、ショッピングや飲食などが楽しめる観光スポットとなっている。

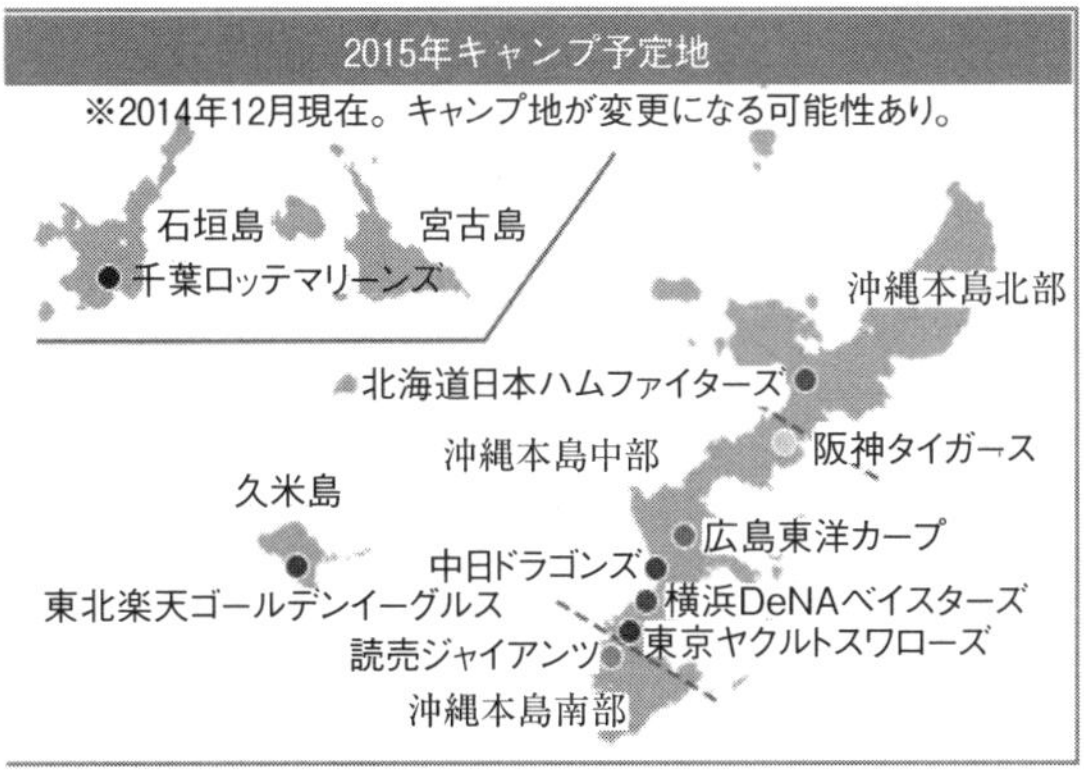

県内のプロ野球キャンプ地

出所：たびらい沖縄 HP より

このように沖縄はプロ野球キャンプのメッカとなっているが、県内に与える経済的影響はどの程度なのであろうか。プロ野球キャンプの経済効果が、りゅうぎん総合研究所から発表されており、それによると、二〇一四年は一〇球団合わせて約一一〇〇人の球団関係者、報道関係者等が一九〇〇人、観客数は延べ三一万九五〇〇人（オープン戦含む）となっている。その内、県外からの観客は約五万一〇〇〇人と推計されている。

経済効果の算出に当たっては、県外からの見学者、滞在者等の支出額、県民の飲食やグッズ購入、などが直接効果となり、総額で五一億八〇〇〇万円となる。これが、県内の産業に波及していくことになり総額で八八億八〇〇〇万円の効果をもたらしている。これを球団別にみると、最も大きいのが巨人軍で二一億六五〇〇万円、次いで阪神一四億四一〇〇万円である。このようにプロ野球キャンプは、県経済にも十分な効果を与えていると推計されている。

沖縄セルラースタジアム（写真提供：那覇市）

(2) 県内で開催される主要な競技

①NAHAマラソン

NAHAマラソンは、県内のマラソン大会では最も人気が高く、二〇一四年では約四万人を超えるエントリーがあった。実際に参加したランナーは約三万人近く、国内では東京マラソンに次いで規模の大きな大会である。第二八回から日本陸連の公認マラソン大会になった。そのため、二〇一四年大会では、公務員ランナーで有名な川内氏も参加し、大会記録を一〇分以上も縮めた。なお、公認マラソンとしては中部で開催されるおきなわマラソン（参加人数は一万四〇〇〇人を超え、NAHAマラソンに次いで人気が高い）が最初である。このように人気の高いNAHAマラソンであるが、道路等交通キャパのネックによりこれ以上の規模拡大は難しいようだ。

参加者の内訳をみると、二〇一四年大会では県外から一万二〇〇〇人、県内からが一万八〇〇〇人となっている。また、台湾からも約八〇〇人の参加者があり、中国からの参加者も増えてきており、海外での認知度も高くなっているようである。なお、台湾で開催されている高雄国際マラソンは那覇マラソンを参考にしている。

那覇マラソンの魅力は、沿道の人たちの声援と差し入れであるとの参加者の声が多い。沿道からもらうバナナやサーターアンダギーなど食べ過ぎて走れなくなるランナーもいるようだ。このような温かい声援など、アットホームな雰囲気があり、リピーター比率も高く、概ね五割程度とみられている。ランナーの中には那覇マラソンの初

NAHAマラソン（写真提供：NAHAマラソン協会）

回から連続で三〇回も参加している人もいる。

一九九六年アトランタ五輪で銅メダル、二〇〇〇年シドニー五輪で銀メダルの偉業を達成した、ケニア出身のワイナイナ選手も走って楽しいとコメントしており、初参加以降連続して参加して走っている。

県外客の参加スタイルとしては、仲間同士や家族で参加する人たちも多い。大会開催日は日曜日であるが、典型的なパターンとしては、土曜日に来沖、マラソンをした後、日曜に帰る、一泊二日型か、翌日観光をするような二泊三日型が多い。当日は、モノレールも臨時便を出して対応し、土曜日は那覇市内のホテルは満杯状態になる。主催者である那覇市は、県外から多くの人が参加しているので、マラソン終了後、ジョガー交流会を行っている。今回の参加者は三〇〇人程度だが、今後はもっと増やしたいとしている。

②宮古島トライアスロン

宮古島で毎年四月に開催される大会で、水泳三km、自転車一三六km、マラソン四二・一九五km　総距離二〇〇kmを超えるレースである。日本でも屈指のロングディスタンスコースとなっている。国内で開催されている多くのトライアスロン大会の中でも、人気の高いレースとして知られている。第一回は一九八五年四月二十八日に開催され、出場選手は二四一人であった。二〇一四年の第三〇回大会では、一五三一人となっている。また、第一回大会では外国人の参加は十一人であったが、その後増え

宮古島トライアスロン大会
(http://www.miyako-net.ne.jp~strong/)

続け、ピーク時には約八〇人となり、ウクライナや、ドイツ、アメリカなど多様な国籍の選手が参加している。

二〇一二年大会について経済効果が推計されている（おきぎん経済研究所）。二〇一二年では参加選手の家族に加え、マスコミ関係者二五六人やボランティア約五〇〇〇人などを合わせて参加総数は約七〇〇〇人余りであった。大会前後の数日間は、宮古島の宿泊施設（ホテルや民宿）がトライアスロンの参加者のため満室状態となった。その経済効果は、総額で約一億七四〇〇万円、宮古島市内総生産額の〇・一七％に相当すると推計されている。

なお、本トライアスロン大会の参加者に密着したドキュメンタリー映画[1]もあり、関心のある方は見ていただきたい。

③ツールドおきなわ

ツールドおきなわは沖縄本島北部（やんばる）を舞台にしたサイクル競技大会である。大会ではいくつかのレースがあるが、この中で男子チャンピオンレースは、国内最長のロードレースで全長二〇〇㎞のやんばる路で国内外の強豪選手がチームレースを繰り広げる。この他に、女子国際ロードレース（一〇〇㎞）、ジュニア国際ロードレース（一四〇㎞）も同時に開催されている。また、市民レースや本島を二日間で一周するコースもあり、自転車好きの人なら気軽に参加できる部門もある。緑豊かなやんばるの道を駆け抜けるのが魅力である。

（1）「それでも挑戦する敗者のいないレース！宮古島トライアスロン」公式ホームページhttp://miyakojima triathlon.com/

第一回は一九八九年に開催され、大会参加者は一〇〇〇人であった。その後、参加人数も増加し、二〇一四年の二五回大会では四五〇〇人以上が参加するビッグイベントとなっている。

受け入れ態勢も万全であり、那覇空港から歓迎ムードが溢れ、自転車の搬送から受け取りまですべてスムーズに処理できる体制がとられている。また、名護市のメイン会場では英語と中国語などの通訳ボランティアスタッフも配置され、海外からの選手への対応も配慮されている。レース後には交流パーティが開かれ、アグー豚の丸焼きなどがふるまわれ、レース後の楽しみも大きい。

(3) 県内のプロチーム

①琉球ゴールデンキングス

琉球ゴールデンキングスは、二〇〇七年に創設されたプロバスケットボールチームである。bjリーグに所属し、初年度こそ最下位に沈んだが、翌年以降、ウェスタンカンファレンスで一位となったのが五シーズン、プレーオフは初年度以外毎シーズン進出しており、bjリーグ優勝三回と常に優勝を狙えるチームとしての地位を保っている。

このようなプロチームが沖縄で設立された背景には、もともと沖縄県のバスケットボール熱が高く、例えば中学校のバスケットボール部員数は中学男子一〇〇人当たり一一・五人と全国平均の六・六八人に比べ倍近く、全国の中でも第一位の鳥取県に次いで、第二位となっている（二〇一〇年、日本体育連盟）。また、県出身者の活躍も人気の要因として挙げられる。もともとバスケットボールの関心が高いことから、バスケットボールをプレーする若者が多く、選手層が厚いことが優秀なプレイヤーを輩出する要因となっている。今シーズンから県内初の高卒入団となる津山尚太はキングスの次世代のプレイヤーとして期待されているだけでなく日本のバスケットボールを担う選手としても期待されている。このように県出身者が活躍すれば、チームの人気も高まり、若者のあこがれとなり、さらに優秀な選手を集めることができるような好循環が生まれている。

ところで、球団運営はどのようになっているのであろうか。主な収入源としては、チケット代収入とスポンサー料である。収入を増大させるためには観客増が不可欠である。一試合当たりの平均観客数は三〇〇〇人を超え、bjリーグの中で最も多い動員数（二〇一四—一五シーズン）である。ホームゲームでは常に立ち見が出る程で、さらにプレーオフ進出によって、試合数が増えればそれだけチームの収入が増えることになるので、常に好成績をキープし試合数を増やすことが収入増の条件である。

bjリーグの試合は、沖縄の観光のオフシーズンとなる冬場に開催されていることから、オフシーズン対策としても沖縄県にとって大きな効果となろう。ちなみに、二〇一一年シーズンでは県外から約九〇〇〇人の観客があった。

②ＦＣ琉球

ＦＣ琉球は、二〇〇三年に沖縄初のＪリーグ参加を目指し、サッカークラブとして創設された。

二〇〇四年には、元日本代表・与那城ジョージ氏の監督就任やＪリーグ経験者などの入団があり戦力的にも充実していく。二〇〇六年には九州リーグ昇格。同年準優勝、そして、Ｊリーグ参戦を果たす。二〇〇七年には日本代表監督を務めたフィリップ・トルシエ氏が総監督に就任。二〇一〇年にはホームグラウンドである沖縄県総合運動公園陸上競技場が改修され、Ｊリーグ規格のサッカー場となる。二〇一三年一一月、日本プロサッカーリーグ（Ｊリーグ）理事会でＪリーグへの入会が承認され、二〇一四年からＪ３リーグ参加が決定した。二〇一四年の成績は九位であった（ＦＣ琉球公式ウェブサイトより）。

ＦＣ琉球のホームは沖縄県総合運動公園陸上競技場であり、一九八七年に開催された海邦国体の主会場として整備された。沖縄市の東海岸に位置し、陸上競技場を始めとする六つのスポーツ施設があり、公園にはオートキャンプ場などがある。二〇一五年には、沖縄振興一括交付金を活用し、約三五億円をかけ、全国初のＬＥＤ屋外照明も新設されるなど、Ｊ２基準に適合する競技場に改修された。

また、スポーツ観光誘客促進事業の一環として、ＦＣ琉球を対象に、アウェーツーリズム推進のための調査が行われた。これは、ＦＣ琉球の対戦チームのサポーター（アウェイサポーター）を沖縄に誘客しようとする試みである。アウェイツーリズムは目的型観光の一つであり、沖縄で開催されるプロスポーツの試合に相手チームのファンを呼び込み、沖縄観光需要の喚起につながるとしている（平成二五年度　スポーツ観光誘客促進事業　プロスポーツFC琉球公式戦活用プロモーション事業　事業報告書）。

このような試みを地域と連携して継続的に行うことで、アウェイツーリズムという沖縄観光の新たな魅力が増え、多様な魅力をもった観光地の形成に寄与するものと考えられる。

おわりに

スポーツアイランドとしての沖縄の魅力は、まだ語りつくせない。ここで紹介できなかった競技やイベントも数多くある。空手は沖縄から世界に広がり、海外の空手家のあこがれの聖地ともなっている。新しいスポーツイベントもあり、国頭（くにがみ）では、森の中を走ったり歩いたりする「国頭（くにがみ）トレイルランニング」、久米島の島内を自転車で走る「シュガーライド久米島」、世界中から、企業や団体、サークル仲間が集まり、チームをつくり、ゴルフ、ビーチバレー、など一五種類のスポーツ競技を通して交流を図る「沖縄コーポレートゲームズ」など新しいスポーツイベントも次々と開催されている。スポーツを通した観光は、沖縄の魅力をさらに広げ、沖縄観光の発展に大いに寄与するものと期待する。

〔参考文献〕
沖縄県文化観光スポーツ部『スポーツツーリズム戦略推進事業実施報告書』二〇一四年
りゅうぎん総合研究所『沖縄県内における二〇一四年プロ野球春季キャンプの経済効果』二〇一四年
沖縄県『健康沖縄21（第二次）』二〇一四年
沖縄県『スポーツ観光誘客促進事業・プロスポーツ琉球ゴールデンキングス公式戦活用プロモーション事業　実施報告』二〇一四年
沖縄観光コンベンションビューロー・スポーツアイランド沖縄（http://www.okinawasportsisland.jp/）
プロ野球沖縄キャンプ攻略ガイド（2014 http://sports.okinawastory.jp/camp2014/）
沖縄観光コンベンションビューロー・スポーツコミッション沖縄（http://www.ocvb.or.jp/）
琉球ゴールデンキングス公式ホームページ（http://www.okinawa-basketball.jp/）
FC琉球公式ウェブサイト（http://www.fcryukyu.com/）
NAHAマラソン大会公式サイト（http://www.naha-marathon.jp/）
宮古島トライアスロン大会公式サイト（http://www.miyako-net.ne.jp/~strong/）
ツール・ド・おきなわホームページ（http://www.tour-de-okinawa.jp/index.html）

column

美浜アメリカンビレッジ

名嘉座元一

美浜アメリカンビレッジは、本島中部の北谷町にあるリゾート型のショッピングエリアである。那覇からは、約十六キロの距離と、車で三〇～四〇分の近さである。一六、七haの商業・業務地域と一五〇〇台収容の公共駐車場を備えたエリアである。敷地内には、シネマコンプレックス、大型ショッピングセンター、ボウリング場、レストラン、輸入雑貨店、立体映像シアター、レコーディングスタジオ、ライブハウス、ランドマークとしての大型観覧車、ホテル、温泉施設（ちゅらーゆ）等が立地している。また、ビーチ（サンセット・ビーチ）も隣接しており、まさに、ホテル・ショッピング・アミューズメントが複合した都市型リゾート商業集積地といえるものである。年間約八〇〇万人を超える来客数があり、地元の若者や観光客にも人気で沖縄を代表する観光スポットとなっている。また、近年は中国、香港、台湾から多くの観光客も訪れ、国際色溢れる街となっている。

そもそもアメリカンビレッジは、一九八一年に返還された軍用地（ハンビー飛行場、メイモスカラー射撃場）の跡地利用をきっかけに計画されたものである。跡地の有効利用を図るため、四九haの海浜埋め立てを行い、その埋立地を開発したのが現在のアメリカンビレッジである。総工費五一億円をかけ、埋め立てが完了したのが一九八七年であり、まさにバブル最盛期であった。しかし、土地開発を進めるころにはバブルも弾け、土地開発を委託したディベロッパーが倒産したため、計画は一旦頓挫し、三年間も手つかずの状態が続いた。そのため、直接、町が中心となり計画を進めざるを得なくなった。役場内にプロジェクトチームをつくり、街づくりのコンセプトづくりから企業誘致まで行った。街づくりのテーマは「安くて」、「近くで」、「楽しみのある」街、日帰りできるリゾートタウンとして開発を進めることになった。バブルがはじけるという不運に合い、困難な事業であったものの、現在の成功を見れば、しっかりしたコンセプト作りが成功の要因のひとつであろう。多くの先進地も視察し、モデル地域としてはアメリカのサンディエゴを参考にし、ホテル、商業とエンタティメントを融合した街づくりを目指した。また、成功の要因として、一五〇〇台の公共駐車場を中心に整備したことも大きいと考えられる。駐車場用地は当初計画では町役場を移転することになっていたが、前述したようにディベロッパーの撤退により計画全体を見直す中で、駐車場にする案が持ち上がり、議会の猛反対を押し切り、整備に至った。沖縄

大型観覧車

デポアイランド概観

デポアイランド内

は車社会であるので、商業施設には駐車場は欠かせない。無料の駐車場とすることで、さまざまな商業施設やビーチ等周辺施設の間を回遊することが可能になり、来客者に回遊の楽しみを提供できる。これがアメリカンビレッジの魅力ともなっている。県内ではこのような面的広がりを持った商業集積は他にない。また、街自体が進化しているのも魅力である。当初立地していた国の保養宿泊施設国民年金健康センターを地元企業が二九億円で買い取り、三五億円をかけた商業施設デポアイランドが二〇一〇年にオープンした。衣料・雑貨、飲食店、ライブハウス、美術館など六〇店舗が入居するテーマパーク型商業施設であり、美浜に新たな魅力を加えた。デポアイランドを中心として、フジテレビの人気番組の収録も何度か行われるなど、全国的にも知られるようになった。また、二〇一四年には、世界的にホテルチェーンを展開しているヒルトンホテル（三四六室）が営業を開始し、都市型リゾートタウンとしてのイメージに箔がついた。宿泊施設については、八〇メートルの高さを誇るザ・ビーチタワー（二八〇室）ベッセルホテルカンパーナ沖縄（一六一室）などがあり、総数で一三〇〇室を提供するエリアとなっている。今後は二つのホテル建設の計画があること、さらに、北谷町が事業を手掛けるフィッシャリーナ地区とも連携し、名実ともにウオーターフロントの都市型観光地として成長が期待できる。

（注）フジテレビ「逃走中」番組ホームページ http://www.fujitv.co.jp/tosochu/next.html

［参考文献］
北谷町『美浜タウンリゾート・アメリカンビレッジ　完成報告書』二〇〇四年
株式会社　企業サポート沖縄『ＦＯＲＵＭ　ＯＫＩＮＡＷＡ』創刊号　二〇一四年

第3部

琉球王国の世界

沖縄を掘る
―旧石器時代の人骨ザックザック―

上原　靜

はじめに

近年、沖縄県で日本人のルーツを知る上で貴重な化石人骨が、相次いで発見されている。この化石人骨は縄文時代以前の人類最古の旧石器時代に属する古人類で、まちがいなくこの琉球列島の島々に渡来していたことを明らかにしている。彼らは何処からやってきた人々で、どんな暮らしをしていたのであろうか。また、我々現代人とどのように繋がるのであろうか。現在、上記の問題に迫る発見が相次いでいる。

1　沖縄県に多数発見される化石人骨

一万年以前の旧石器時代に属する遺跡は、日本全国では約四五〇〇余件を数え、広く分布している。ただ、それを残した人々の人骨は遺跡数に比較すると全国合わせても一五カ所と少ない。本州では静岡県浜北市の浜北人（はまきたじん）の一カ所のみで、その他はすべてが沖縄諸島に集中している。この差の理由は人骨に伴う土壌が関係しているようだ。日本本土が主として火山灰からなる酸性土壌であったため、有機物や骨が溶解、分解されやすく、残りにくいことによる。他方、沖縄地方は島自体が石灰岩が風化したアルカリ性土壌のため、骨を分解することなく、また、出土場所が洞穴や岩の割れ目という環境のため化石化を早める条件を有していたのである。

現在沖縄県で発見されている化石人骨は、沖縄本島を中心に、周辺離島の伊江島、久米島、

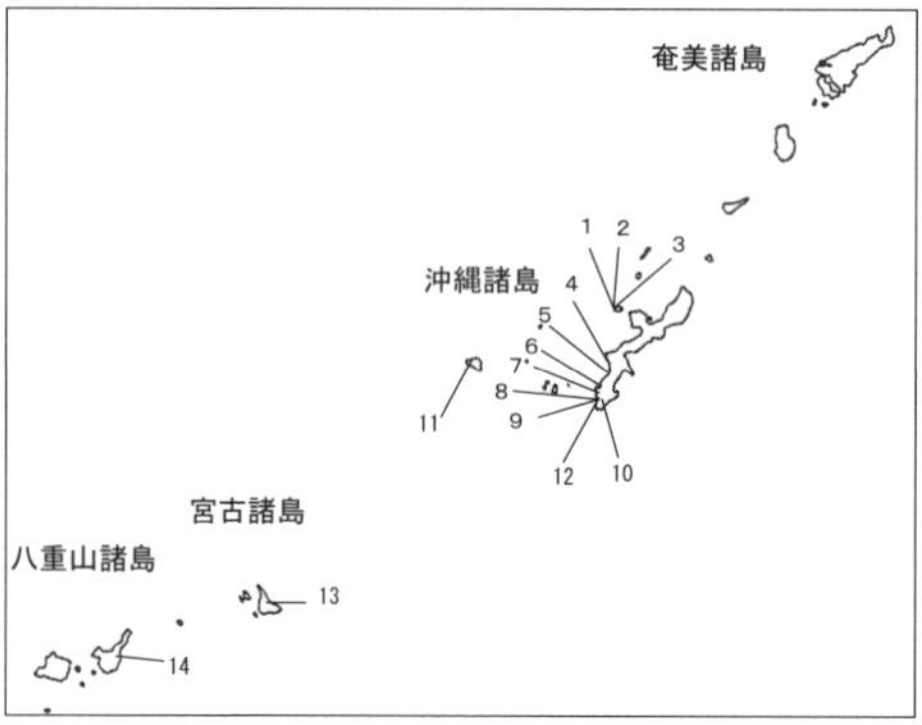

図1　琉球列島の旧石器遺跡

	遺跡名	所在地	立地
1	カダ原洞穴遺跡	伊江島	石灰岩段丘崖
2	ゴヘズ洞穴遺跡	伊江島	石灰岩台地
3	イヌガ洞穴遺跡	伊江島	石灰岩台地
4	桃原洞穴遺跡	北谷町	石灰岩洞穴
5	大山洞窟遺跡	宜野湾市	石灰岩丘陵
6	山下町第一洞穴遺跡	那覇市	石灰岩丘陵
7	識名原 A･B 地点	那覇市	石灰岩丘陵
8	末吉町 A･B 地点	那覇市	石灰岩丘陵
9	嵩下原第一洞穴遺跡	那覇市	台地断崖面
10	港川遺跡	八重瀬町	石灰岩フィッシャー
11	下地原洞穴遺跡	久米島町	石灰岩鍾乳澗
12	サキタリ洞穴遺跡	南城市	石灰岩鍾乳洞
13	ピンザァブ洞遺跡	宮古島市	石灰岩鍾乳澗
14	竿根田原遺跡	石垣市	石灰岩鍾乳洞

表1　琉球列島の旧石器遺跡

さらに先島諸島の宮古島、石垣島に分布している（表1）。これら遺跡の立地は先にもふれたが石灰岩鐘乳洞や崖、割れ目などにあり、絶滅したリュウキュウジカ、リュウキュウムカシキヨンなどの哺乳類やは虫類、両生類、鳥類、魚類などが発見されている。これまで確認された化石人骨は、成人、子供、幼児と幅広くみられるが、とりわけ一万八〇〇〇年前の八重瀬町港川遺跡から発見された化石人骨は、日本列島出土の更新世人類のなかで最も完全に近く、東アジアの現生人類を代表する極めて重要な資料となっている。

2　人類の渡来した道

そこで古人類はどのようにしてこの島嶼地域にやって来たのであろうか。近年の地質学研究の成果によると、琉球列島は古い地質時代に二度大陸と陸橋で結ばれるようだ。一回目は新第三紀の中新世、いまから約一〇〇〇万年前で、南は台湾をへて中国大陸南部に、北は九州から本州へと続く。この頃、トリロフォドン象が渡ってきているようだ。第二回目の陸橋は更新世中期の一五〇万年前に形成されている。これが大陸とむすぶ最後の陸橋で、以後島嶼化し、大陸に接続することはなかったとされる。当時、トカラ海峡はすでに成立しており、最後の陸橋は先島から台湾をへて、大陸南

写真1　カダ原洞穴遺跡

部とだけつながっていた。現在、沖縄県内で各地で発見されるゾウやシカなどの化石は、この最後の陸橋を渡ってきたようである。

中国大陸には一五〇万年前ころ、すでに元謀原人（げんぼうげんじん）という古人類がいたようだから、その末裔が東シナ海沿岸にもいたとすると、その一部が台湾や先島経由で琉球諸島に入ってくる可能性が十分に考えられる。

ところで、陸橋が形成されるのは前記の二回だけであり、以後、氷河期の海水面変動などにより、多少今日より陸域が拡大されることはあっても、今日と大差はなく、ほぼ現状に近い島嶼環境ができあがっていた。そのことから、古人類は陸橋ではなく、海路を利用したであろうとの考え方が大きくなっている。しかし、古生物学界には二万年前後には陸橋を想定する見解も存在する。

古人類がいたころの沖縄の古気候は現在より三〜六度低かったようだから森林植生も今日とはかなり違っていて温帯性のものが主体を占めていた。自然景観も現在の本州のような豊かな四季があり、また海岸線は今より約一二〇m下がり、陸域は拡大し、伊江島や久米島など周辺離島が沖縄島と一つになっていたことが推定される。

写真２　山下町第一洞穴

3　東南アジアと関わる新人段階の人

年代的に沖縄県の化石人骨で最も古い遺跡を示すのは、山下町第一洞穴の約三万二〇〇〇年前で、最も新しいものでサキタリ洞の一万二〇〇〇年前である。したがって現時点で確認されている化石人は、ヒトの進化段階の猿人、原人、旧人、新人の最後の新人（ホモサピエンス）に属する。形質的な特徴としては、先にも紹介した港川人で、その身体は低身長（一五〇〜一五五㎝）で、脚腰が頑丈の割に上半身が華奢な姿が復元されている。また、歯は著しく磨滅していることなどから粗末な食物を食べ、歯を酷使した環境が認められる。さらに、脛骨のレントゲン写真では、ハリス線と呼ばれる横線が多くみられ、病気や栄養失調によって成長が一時的に止まっていることがわかった。旧石器時代に狭い沖縄で厳しい狩猟生活をしていたことが推測される。他に港川人骨には歯が二本だけ抜けた下顎骨が認められ、縄文時代に見られる風習的抜歯に近似していることから、世界最古の抜歯（成人式や出身集団を表すための儀礼）事例と評価されている。

以上の形質的な諸特徴が明らかにされ、その渡来先を考える糸口として、周辺地域の化石人骨との比較研究も行われている。それによると港川人は、インドネシアジャ

写真3　港川遺跡

ワ島のワジャク人や中国の柳江人に似ていることが指摘されている。いずれも新人段階の人々である。なお、新人は六～一〇万年前にアフリカを出て世界中に拡散するという「現代人アフリカ起源説」の考え方に準じると、港川人の先祖たちもおそらく六万年前以降にアフリカからやってきた。その東へのルートはわかってないが、アジアに進出した一派の人々は南アジアを廻りながら、インドネシア、フィリピンなどから沖縄を通り北上してきた人々との関わりが考えられている。その北上の手段として氷河期で繋がった陸地があり、また、筏などの海路でやってきたものと考えられている。

4 遺伝学研究の成果

近年ミトコンドリアＤＮＡという遺伝学からの研究も盛んに行われている。その接近方法は現代から過去へ迫るもので、日本人の遺伝的な系統はアイヌ（北海道）と沖縄（沖縄県）が縄文人（新石器時代人）タイプで、本州・四国・九州は縄文人と弥生系渡来人との混血とみられることが、東京大学などのゲノム（全遺伝情報）解析で分かった。約一〇〇年前に提唱された「アイヌ沖縄同系説」を裏付けている。日本人の成り立ちについてドイツ人医師のベルツは一九一一年、身体的特徴の共通性からアイヌと琉球は同系統と指摘した。人類学者の埴原和郎は一九九一年に「二重構造説」を提唱し、本州などでは弥生時代以降に中国や朝鮮半島からの渡来人と先住民の縄文人が混血したが、アイヌや琉球は遠いため混血が少なく、縄文型の系統が残ったとした。そして、先の研究結果はこれらの仮説を高い精度で裏付け、日本人の起源を探る上で貴重な報告となっている。仮説はこれまでもＤＮＡの分析結果などで支持されてきたが、はっきりしていなかった。上記の研究結果から、アイヌと琉球が遺伝的に最も近縁で、本州などは韓国と琉球の中間ということになる。そしてアイヌは個人差が大きく、北海道以北の別の民族との混血が起きたとみられることも分かった。

また、沖縄諸島地域内に絞ったＤＮＡ研究も行われている。琉球大学の研究によるもので、現在の琉球列島に住む人々は、遺伝的に台湾や大陸の人々とつながりがなく、日本本土により近いという研究成果が発表されている。また、沖縄本島から宮古、八重山諸島へ人々が移住した時期をコンピューターで計算した結果、古くても

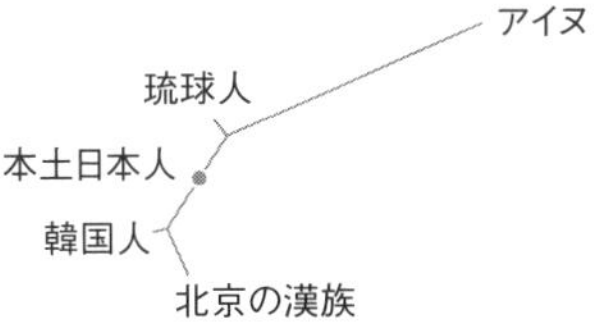

図２　系図

図３　港川人（国立科学博物館による復元、朝日新聞2010年６月28日掲載）

一万年前以降と推定されている。一方、旧石器人骨の宮古島のピンザアブ洞穴人（二万六〇〇〇年前）や石垣島の白保竿根田原（しらほさおねたばる）洞穴人（二万年前）は、現代の宮古、八重山の人々の主要な祖先ではないと結論付けている。また、琉球諸島内でみると、沖縄諸島と宮古諸島の集団は遺伝的な距離が比較的離れており、八重山諸島の集団が中間に位置していることも報告している。

これまで、骨や一部ＤＮＡの分析から、現代の琉球列島の人々は中国や台湾より日本本土の人々と近いとする研究成果が発表されてきたが、同大学の初めて全ゲノムを網羅した解析によっても同様の結果が導かれたわけである。

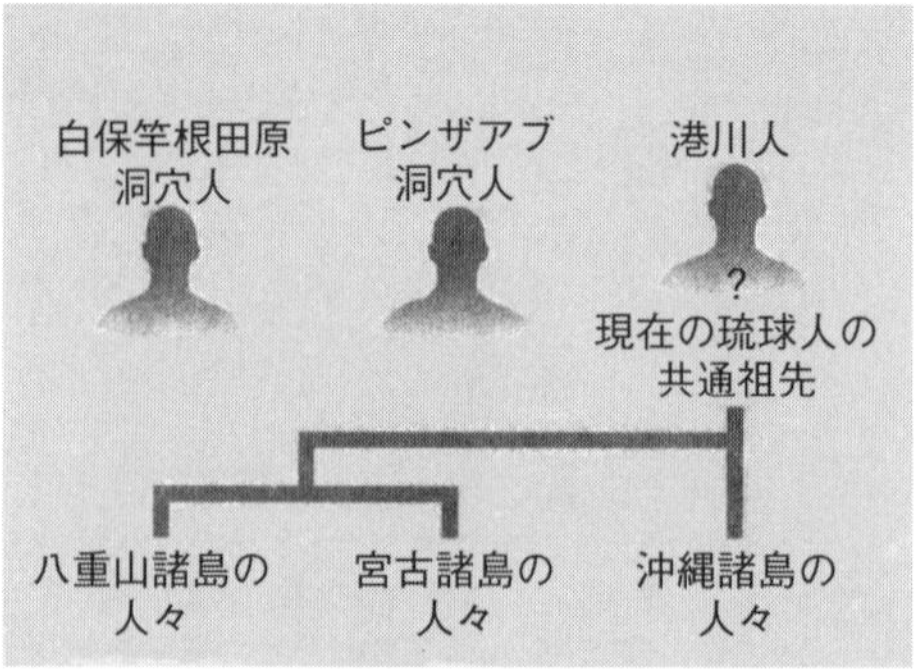

図４　琉球列島の人々の成り立ち

このように現在の琉球列島の人々と台湾先住民は別系統の集団で、地理的に近接する八重山諸島の人々も台湾先住民との間に直接の遺伝的つながりがないということになる。一方、港川人については「琉球列島の人々と漢族が分岐した年代が縄文時代（新石器時代）以降であると推定されたことから、沖縄諸島の人々の主要な祖先ではない可能性が高いと思われる」と推測し、今後さらなる精査が必要と課題を上げている。

写真４　サキタリ洞穴遺跡

5 旧石器時代の生活文化

旧石器時代は人類史上最古の時代で、打製石器を主とする文化である。沖縄県の遺跡から出土する人工遺物はその多くが鹿の遺骨角に加工したもので、僅かに石器が伴う。ところが石器は旧石器時代に特有な打製石器ではなく、山下町第一洞穴遺跡やガタバル半洞穴で出土した礫器や石弾で、類例も少ないこともあり一般的に評価が低い扱いになっている。他方、骨製品は豊富で角製品と骨製品に大別され、前者は角の先端を斧刃状にしたものと、角座の部分を円盤状にしたもので、いずれも出土量が僅少である。後者は管状骨の端部が二叉、三叉状に抉り込んだもの、間接部分に孔が穿たれたものに分けられている。これらの出土状況の理解として、近年まで沖縄諸島では打製石器の代わりに、シカ化石などの骨を利用した「叉状骨器」を用いた「骨角器文化」が沖縄の文化的特質と考えられていた。

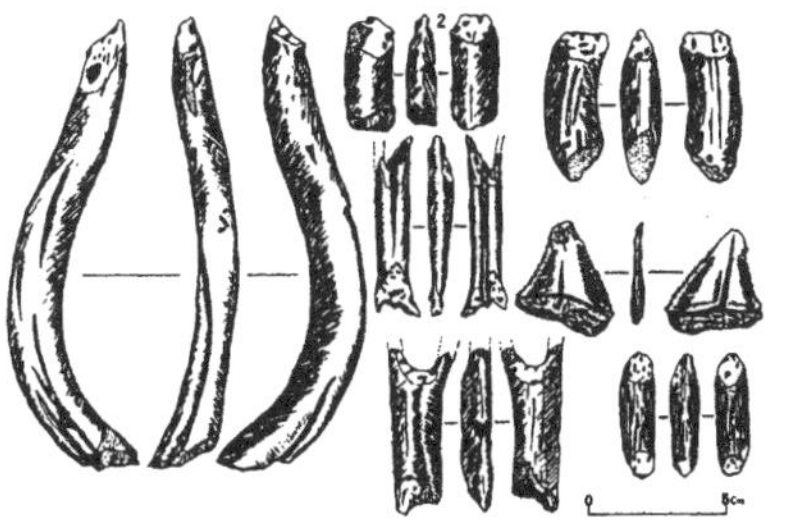

図5　山下町第一洞穴出土の鹿化石骨「製品」

　しかし、一九七五年の伊江島ゴヘズ洞穴の調査以降、叉

写真5　礫器　山下町第一洞穴

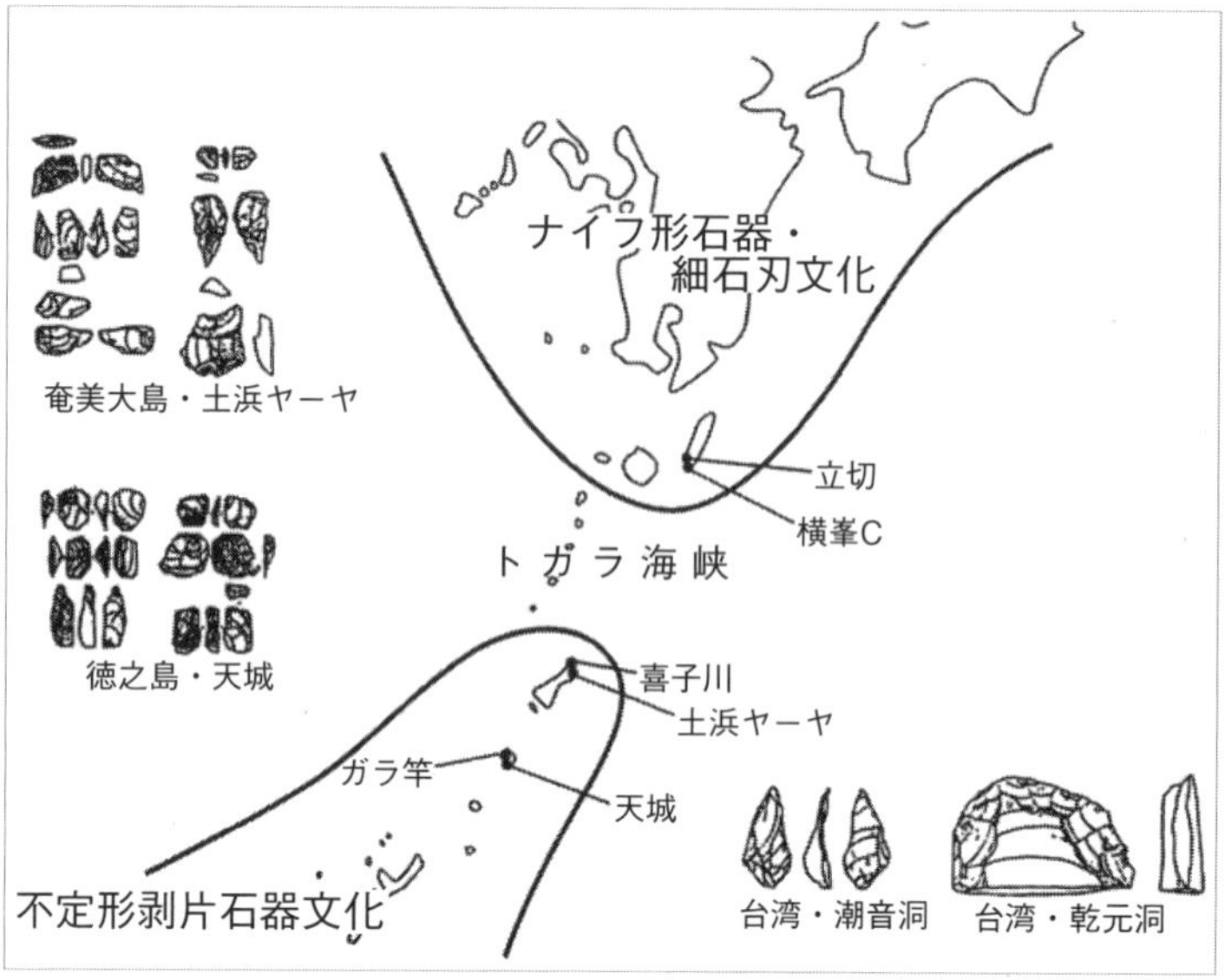

図6　琉球弧を画する二大石器文化圏

状骨などの鹿角器は人工品ではなく、「叉状骨器」に似た鹿による咬傷痕であるとする「疑骨器(ぎこっき)」説が提起され、また、一九九〇年に馬毛島で鹿がある環境下において骨器を囓る(かじる)という生態観察により、「疑骨器」ができることが報告された。これらのことから沖縄の骨角文化を否定する見解が有力になっている。

なお、沖縄諸島では本格的な打製石器が確認されていないが、隣接する北の奄美諸島と、南に隣接している台湾では、それぞれ旧石器時代の打製石器が出土している。地理的に両地域に挟まれた沖縄諸

写真6　1万4千年前(1万2千年BP)の人骨(上段)と石英製石器(下段)I層出土(左上の長さ1.9cm)

島の環境と石器そのものの状況から今後、沖縄諸島でも両地域と同様な石器がみつかるのではないかと予想されてはいた。そして、ついに二〇一〇年に沖縄本島の南部の南城市サキタリ洞穴遺跡から、子供の犬歯とともに、僅かな量であるが石英製の打製石器や、貝製品の人工遺物が発見され注目された。この遺跡の調査は今なお継続されていて、今後も追加資料が期待される。いずれにしてもこれまでの琉球列島の旧石器研究で、奄美諸島の打製石器には日本本土の旧石器文化に伴うナイフ形石器・細石刃（さいせきじん）がみられないが、磨製石斧（せきふ）や剥片（はくへん）切断技術については本土の系統として認識されている。つまり、奄美諸島地域は南の台湾以南に続く不定型剥片石器文化と北の定型剥片石器文化圏の境界という見解が提示されている。いずれにしてもサキタリ洞穴からは石器とともに新たな文化要素としての貝製品が出土しており、日本人のルーツとともに日本列島における地域の多様な文化展開を窺わせる資料の発見が続きそうである。

〔参考文献〕

沖縄県教育委員会『沖縄県史』各論編2　考古　二〇〇三年
高宮廣衞『先史古代の沖縄』南島文化叢書12　第一書房　一九九一年
具志頭村教育委員会『港川フイッシャー遺跡』二〇〇二年
沖縄県立博物館・美術館『サキタリ洞遺跡発掘調査概報報告書Ⅱ』二〇一五年
小田静夫「琉球弧の考古学—南西諸島におけるヒト・モノの交流史—」（『地域の多様性と考古学—東南アジアとその周辺』所収）　雄山閣　二〇〇七年

column

御嶽

狩俣恵一

琉球のグスクは、本土のお城に相当するものであるが、首里城及び今帰仁（なきじん）グスクをはじめ、各地のグスクには聖地（御嶽＝ウタキ）があった。そのことから、琉球王国のグスク（城）は聖地から発達したと言われるほどで、そこが本土のお城とは大きく異なるところである。

琉球王国の象徴である首里城とその城下町について、金武良章（一九〇八〜一九九三）は『御冠船夜話』で、「実は、森が多くて、森と森との間に点在している人家は十分に陽の光を浴びていました。風通しもいい。」と述べ、「人のつくったもの、お城の建物、石段、高い城壁、その城下を縫うようにつながる石畳の道、道の両側につづく石垣がこいの「御殿（ウドゥン）」「殿内（トゥンチ）」をはじめ士族の家々など、すべてが月日の流れと降りそそぐ陽の光に洗いざらされて朽ちたようになっている」と、語っている。

そこから想像される首里城は、神宮（かみみや）のような森の中にあった。鬱蒼とした森、静寂な森の中で虫の声や鳥の声を聴きながら細い坂道をのぼって、ウナー（御庭）へ出て、首里城を仰ぎ見たのであろう。森の中、細い坂道という圧縮した空間をのぼりつめたところのウナーは、大きく広く感じられ、正殿はかぎりなく荘厳に見えたことであろう。観光客の賑わいと車の騒音、それに木々が生い茂っていない現在の首里城とは大きく異なっていたと思われる。

池宮正治は『琉球史文化論』で、「首里城は儀礼と祭祀の場であった」と述べ、「城内では正月から大晦日まで様々な催しがあった。その時おもろ主取以下数人が宜野湾の大山から出てきておもろを歌ったし、聞得大君（日本の「斎宮」にあたる）以下首里大君などがやはり儀礼や祭祀にオタカベやクェーナを歌っている」と述べている。

行政庁と聖地の機能を併せ持ったグスク（首里城）に対して、ひたすら信仰の場であったのがウタキ（御嶽）である。御嶽は、ムイ・グスク・ウガン・オン・ヤマ・ワー・スク・オボツ山などと言われるが、〈王府祭祀の御嶽〉と〈村落祭祀の御嶽〉に大別される。王府の御嶽では、太陽が昇る東の久高島を遥拝するセーファー（斎場）御嶽が著名であり、世界遺産にも登録されている。

竹富島久間原御嶽の豊年祭（撮影：大塚勝久氏）

また、『女官双紙』には、首里城の十御嶽を記している。それらを整理すると、赤田御門（美福門）近くにあった御嶽、御内原（正殿の裏側にあたる一帯、国王及び王家やそれに仕える女官たちが生活する場所で、男子禁制）の北側中門（淑順門）近くにあった二つの御嶽、御内原に入る北門（右掖門）近くにあった二つの御嶽、最も神聖な京の内にある四つの御嶽、そして琉球王国第一の首里森御嶽である。王府祭祀の最高神女は、聞得大君で、その下に君・ノロが置かれた。

地方の御嶽祭祀は、首里平等・真和志平等・西平等の三平等に分けられた。そして、「首里大あむしられ」の南風原・国頭・伊平屋等の十二の間切、「真壁大あむしられ」の真和志・久米島・宮古・八重山等の十六の間切、「儀保大あむしられ」の浦添・今帰仁・粟国・慶良間島等の十五の間切があった。

薩摩が侵攻する以前の古琉球の時代は、聞得大君を頂点とする神女たちは大きな力を持っていた。琉球の歴史書『中山世鑑』は、一四七七年の尚宣王即位のとき、「天神のキミテズリが現れて新王の祝福を拒絶したため、失望した新王は王位を譲った」と記している。聞得大君を頂点とする当時の神女たちが、国王の即位をはじめ政治を左右する大きな力があったことを示すエピソードである。

しかし、その後、摂政の羽地朝秀（在任一六六六〜一六七三）によって、聞得大君をはじめとする神女たちの政治力は弱められ、行政庁の役人による火の神の管理が強化された。琉球王府の火の神は、間切番所（役所）や久米島・宮古・八重山の蔵元（役所）で祀られ、村番所でも祀られた。そして、間切からの通達が各村番所を経由して、各村に伝えられて御嶽祭祀が行われた。

一八七九年、琉球王府の解体と同時に、中央の祭祀組織が消滅したため、セーファー（斎場）御嶽・首里城の御嶽・間切番所・村番所などの火の神は司祭者を失い、王府祭祀は喪失した。地方役所の火の神は見捨てられることもあったが、御嶽の神となって崇敬されることもあった。また、地方の御嶽には、火の神とは異なるその村の祖神を祀ることも多く、それらの神々は村の氏神的な存在として今も祭祀を継続している。

沖縄の御嶽は、明治政府及び沖縄県令によって、神社化の試みもされた。首里城も沖縄神社と称されたことがあり、地方の御嶽に鳥居が設けられているのも、その名残である。しかし、御嶽は琉球王府や村の信仰として根付いており、神社とは似て非なるものである。それゆえ、村の御嶽として存続し、今でも祭祀が執り行われ、芸能が奉納されている。

※御殿・殿内は、王族や上層士族の邸宅である。

グスク
——奄美・沖縄のグスクを歩く——

上原　靜

はじめに

グスクは南西諸島の奄美諸島から宮古・八重山諸島にかけて分布する遺跡である。正確な数は不明ながらおよそ三〇〇件を数えるといわれる。沖縄では石灰岩の発達する地域で丘陵頂部や海岸の突出部などに石塁を築き、また、非石灰岩地帯では堀切りや土塁をめぐらしている。遺跡内からは生活跡を示す陶磁器や獣魚骨類などが多数出土し、さらに近世村落の拝所（御嶽（うたき））として聖域になっている例も多い。そのことからグスクの性格をめぐっては城塞、防御集落、聖域など諸説ある。

写真１　勝連城跡（沖縄本島うるま市）

このグスクが所在する島嶼は花輪のように一つに連なるが、島の地勢やグスク形成以前の先史文化の差異、九州からの文化的影響の度合いなどによりその形態や内容にバリエーションをもつ。沖縄考古学ではこの遺跡が営まれる時代（文化）をグスク時代と称している。時代の開始期や終末期の年代についての見解は一致していないが、おおよそ一二世紀後半から一五、一六世紀頃までの間だとする。ちょうど、日本本土の平安時代末から室町時代、安土桃山時代に相当する。

活動拠点が漁撈・採集に適した海岸砂丘地から石灰岩丘陵地に移り、ウシやウマなどの家畜を使用して、米、麦、粟などの穀物類を生産するようになる。この食料獲得の方法を手に入れることと、周辺地域との交流・交易を展開することにより、人口の増加と首長の成長を促し、さらには按司（あじ）と称する権力者が登場するまでになる。その拠点がグスクである。各地に出現した按司はさらに世の主を目指して、勢力圏の統廃合を繰り返し、やがて琉球王国を築くまでになる。まさにグスク時代はその国家形成段階の時代である。

写真２　座喜味城跡（沖縄本島読谷村）

1　グスクの呼称と語源

グスクの呼称は各諸島や島内でも共通語的に使用されているわけではない。沖縄本島では「グスク」、「グシク」などと呼ばれ、地理的に沖縄本島に近い北の島嶼は同様であるが、さらに北に位置する奄美大島地域までになると事情が異なる。ことに奄美大島内の北域では遺跡そのものがあるが形態が本土の中世城館的で、また、呼称すら残っていないところもある。他方真逆の、沖縄本島の南方に広がる宮古諸島ではグスクという遺跡は「野城（ぬぐすく）」一件のみで、「城」、「ツヅ（頂）」、「御嶽」と記される。また、形態が集落に類似することで「ムラ」「フン」「スマ」などと呼称してもいる。続いてさらに南の八重山地域では「スク」、「シュク」と称する。いずれにしてもグスク遺跡として認識されるものの、時の流れによる忘却か、往時の遺跡の性格が反映しているのか、

写真 3　座喜味城跡 城門（沖縄本島読谷村）

呼称がないものも存在し、一口にグスクと称しても学問的抽象化段階になると、名称ひとつ取っても議論が分かれる。

なお、沖縄地方のグスクの語源については、言語学的研究が大戦前からすでに行われている。グスクの「グ」と「スク」が言語上で分けられ、前者のグは①「御」の敬語、②「石」のご、③石の美称、④「大」のグという見解がある。また、後者のスクについては①日本語、朝鮮語にもある「シキ」(磯城)、つまり垣で囲まれた所とする考えや、②「塞」のソコ、③「宿」のスク、④朝鮮語のスキ＝「村」、敷地、場所のスク、⑤「城」の和訓のシキなどの見解が示されている。いずれにしても、遺跡に立つとそれぞれ外観から捉えた表現であることが知られる。

2 グスク研究

グスクの研究は民俗学、地理学、歴史学、言語学、考古学、建築学、土木工学、文化財保護など多様な科学からの接近がある。

ことに民俗地理学の仲松弥秀による、グスクを従来の城とみなす見解を否定し、聖域説を掲げた点は学会の大きなエポックとなっている。この見解は考古学における集落説や城塞説と真っ向から対立し、隣接分野研究も含めて、いわゆるグスク論争へと発展した。国分直一はグスクは水の便が悪く居住に不適として仲松説に賛同。やがて歴史学者の高良倉吉は仲松説と嵩元政秀の防御集落説との対立点を融合したグスク・モデルを提示した。つまり、グスクは時間軸でみると聖域、集落、館、城塞などの要素が発展的に構成されたものであるとする。また、考古学者の友寄英一郎は「当初は墓、聖域としてのグスクが集落としてのグスクを経て、支配者の居城としてのグスクや特殊なグスクへと展開していった」という新たなグスクモデルを提示したことで、論争が落ち着きをみた。

写真4　首里城跡 歓会門

前述のようにグスクの性格・解釈論が一九六〇〜七〇年代にあり、学会の主要な課題と争点になったが、一九七〇年代後半からグスク時代や文化内容を究明する研究へと推移していく。高宮廣衛は発掘調査の資料をもとに、「城時代」という時代呼称の提案と出土遺物に基づく前期〜後期の三期編年を発表した。なお、時代の呼称は定着したが、後にグスク時代とカタカナ表記に変更され今日に至る。編年的検討は継承され、嵩元政秀は出土遺物にグスク遺構を加えて考察し、初期・中期・後期の三時期に区分。また、當眞嗣一は社会構成史的に成立期・発展期・成熟期・衰退期の四時期で捉えた。その後、安里進により経済的発展期、政治的発展期と大きく把握する案が示され、また、構築技術から前・中・後・晩期の四期に区分するなど、新たな資料の発見とともにその評価と整理が続いている。

土木工学の方面では、小川博三によるグスクの平面形、石造構造物、石積み技法に関する研究がおこなわれ、また、上間清により平面プラン、城壁構造、石積技法、遺構の研究、アーチ門などの構築技術と基準寸法の抽出研究がなされている。

一九八〇～九〇年代に入ると、とくに城郭的研究が盛んになってきた。そのなかで地理学から籠瀬良明により、曲線を描くグスクの石積を「波状堤」と定義し、季節風などの対応を考慮した造形であると新たな考察が提示されている。他方、考古学の方面では、當眞嗣一は具体的な現地踏査の必要性を訴え、とくに図化から城郭としての意義が読み取れることを示した。また、名嘉正八郎、知念勇は石積み以外に、堀切りと称する防御施設の存在を指摘している。石積み城郭について、先の當眞同様に村田修三はグスクの平面プランから、城壁の形態が中国の土木技術の「ゆがみ」として理解する見解を提示した。さらに、研究は細分化し、北垣総一郎の「馬面（ばめん）」の変遷研究、千田嘉博の張り出し施設の分類、木全敬三の張り出し施設が「甕城（おうじょう）」であることが指摘された。関連して當眞嗣一の石積みを三類十型式の分類した編年研究があげられる。近年では山本正昭による、グスクの虎口（こぐち）（出入り口）や縄張（なわばり）から単郭から複郭への発

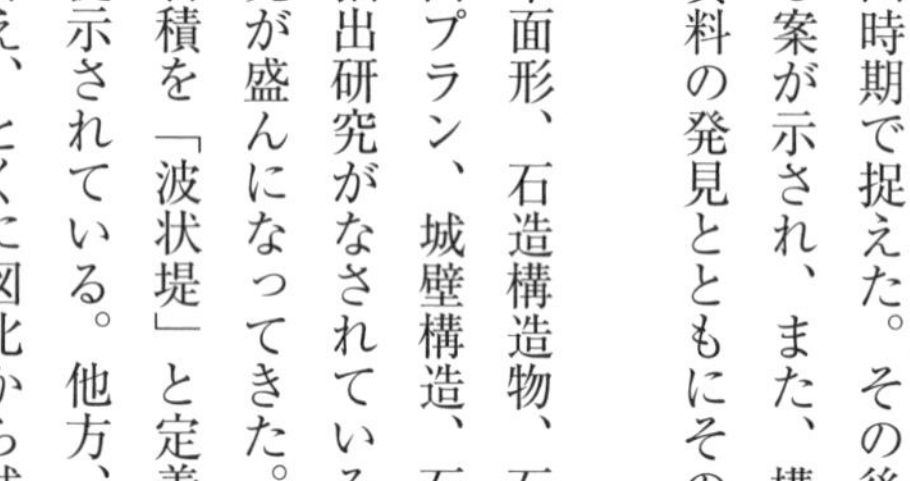
写真５　馬面　糸数城跡（沖縄本島南城市）

展過程があらためて示されたり、宮城弘樹を加えてグスクと集落のあり方についての議論が展開されている。

3 先史時代の終末期とグスク時代

近年はグスクが形成される以前の様子が、先史時代後半から末期遺跡の発掘調査から少しずつ窺えるようになってきた。

まず、先史時代末期の様相については、高宮廣衞は中国は唐の通貨、「開元通宝」が南西諸島や韓国、台湾など周辺地域の遺跡（七〜八世紀）から出土することを検討し、従来の装飾的解釈を改め通貨そのものとし、その価値を知るものが、後の首長に成長していくものと考えた。これを受けるように木下尚子は「開元通宝」と大型のヤコウガイを関連づけ交易の存在と内容に迫る研究をしている。また、池田榮史は徳之島でカムィヤキの生産古窯が多数発見されたことで、これまでの薩摩半島から波照間島、与那国島までカムィヤキが及ぶ状況に基づいて一一世紀に海運、集配の組織だった集団が存在したことを指摘している。さらに安里進は長崎産の滑石製石鍋（一一世紀）、を模倣した広底土器の出現を根拠に狩猟採集から農耕生産へ移行したと解釈し、一〇世紀代から生産経済時代、一三世紀以降は政治的時代と歴史区分している。いずれにしてもこの段階は石積みのグスクは認められない。現在ことに注目されている遺跡が喜界島の城久（ぐすく）遺跡群である。古代から中世（八世紀末から一四世紀）に掛けての集落遺跡で、大和政権の経営拠点遺跡ではなかったかと推測されている。つまりは先史時代（末段階）において、この喜界島だけが文化的に発展していたことになり、グスク時代の幕開け前は極端に地域差があったことを語っている。

4　グスク時代の文化

その後、一二世紀段階からグスク時代として定義している。生産経済を支えた背景の一つが鉄器の普及である。各地のグスクから鎌や鍬などの農具や刀子（とうす）、鋏などの工作具、鉄鍋、武器武具などの多種多様な金属器類が出土する。また、これらの鉄器類の整形加工を証する鞴（ふいご）の羽口（はぐち）、鉄滓（てつさい）、鍛冶遺構も各地で発見されている。沖縄では金属鉱物そのものは産しないため、明らかに輸入品であるが、権力者が鉄を掌握し、生産性を高めるため、配下に分配し支配権の強化をはかっていく姿は、よく歴史に伝えられるところである。

また、遺跡からはカムィヤキ、滑石製石鍋、陶磁器、古瓦、銭貨など中国、日本、朝鮮、東南アジアなどから伝わった文物が多数出土する。これら出土遺物からこの時

写真6　カムィヤキ（奄美博物館蔵）

代の前半期は、主として奄美諸島や日本本土との私的な貿易がおこなわれている。

つぎの後半期は交易の発展期にあたる。この頃、按司の統廃合が進み、沖縄本島では北部、中部、南部と三地域にまとまるようになる。文献史学でいうところの三山鼎立時代である。北山の拠点が今帰仁城、中山の拠点が浦添城（後に首里城）で、南山が島添城（あるいは島尻城）で、それぞれが王を名をなのり朝貢による公式交易をおこなうようになった。この盛んな海外との交流・交易は、北の奄美諸島から、南の宮古・八重山諸島までを含めた地域が共通する琉球文化圏を形成するまでになる。グスク時代の終盤には、沖縄本島南部の佐敷からでた尚巴志がまず浦添で起ち、続いて北山を撃ち、さらに南山を滅ぼして沖縄を統一する。さらにこの統一の動きは、周辺離島へと進行し、やがて琉球文化圏が名実ともに琉球王国として成立するに至るのである。

5　各地にみるグスクの様相

奄美諸島～宮古・八重山諸島地域に分布するグスクの様相を概観しみよう。先にもふれたが、各島嶼内のグスクはそれぞれ個性的である。

○奄美のグスク

奄美諸島では約一四〇件存在する。①グスク、城などといった名称をもつ所や、②

写真７　城久遺跡（奄美喜界島）

小字または俗称をもつ所、③呼称がすでになく、地上の遺構がみられる所、④支配者や見張り代的な伝承が残っている所など多様である。ことに徳之島以南の沖永良部島、世論島には石灰岩の石積みが多くみられ、徳之島から以北の奄美大島では掘切りを中心とするグスクが多い。徳之島は石積みと掘り切りの両方みられる混在地域といえよう。當眞嗣一がグスクを概括的に石から成るグスクと、土からから成るグスクに分けたが、まさに奄美地域は後者の土から成るグスクを顕著にみせる地域である。

○沖縄本島のグスク

沖縄諸島は土塁や掘り切りを有するグスクもみられるが、むしろ僅少で、石積みグスクの圧倒的に多い、石造技術の発達した地域である。沖縄本島および周辺離島のグスクは約二二三件を数える。ほとんど石に加工を加えない野面積み（のづらづみ）、打割加工した石積みでも北部地域では古生層石灰岩という平面的に割れる石を利用した整層積み、また、中南部地域では新しい琉球石灰岩を鏨（たがね）や小槌で加工しかみ合わせた相方積み（あいかたづみ）や布積み（ぬのづみ）などがある。また火山系の地質を有する久米島では北部系と中南部系の両者が分布する。

○宮古のグスク

宮古島諸島は地形的に低平な島嶼で、僅かな丘や平地に存在する。外観が屋敷の石積みのようで、概して石積みは低く圧倒的に野面の自然石を用いている。縄張（平場）の平面形は一つ単純な囲いのものから、それらが幾つも連なるものまであるが、定型

写真 8　今帰仁城跡
（沖縄本島）

的なものではない。現在約七〇件の報告がある。また、近年は一三世紀以前のグスク初期段階の遺跡も確認され、そのスタートが奄美、沖縄ともかわらない文化内容をもって形成されることがわかってきた。

○八重山のグスク

起伏に富む島嶼で約二〇〇件の報告がある。石灰岩丘陵や平地に立地する。宮古諸島と同様に石積みは低く、屋敷囲い的で、一様に遺跡全体を囲むものが一般的である。遺跡内からは陶磁器類、玉、農耕具や工具の鉄製品が出土し、武器に関しては極めて僅少の状況にある。また、遺構として掘建柱建物、排水溝跡、炉跡、石敷遺構など居住空間がみられ、全体として集落の様相を有する。この石垣には防御的性格がみられるが、その対象は島内ではなく島外の侵入者を意識したものではないかという意見もある。

〔引用参考文献〕
沖縄県教育委員会『グスク―グスク分布調査報告書（Ⅱ）―宮古諸島―』一九九〇年
沖縄県教育委員会『沖縄県史』各論編2　考古　二〇〇三年
沖縄県教育委員会『新沖縄県史』各論編　古琉球　二〇一〇年
當眞嗣一『琉球グスク研究』琉球書房　二〇一二年

写真9　フルスト原遺跡（石垣島）

column

世界遺産

上原　靜

世界遺産（正式にはユネスコ世界遺産）は、一九七二年、世界遺産条約により世界的な値打ちを有する貴重な文化財を、加盟国が協調して保護していく目的から生まれた。とくに政治的（戦争）、経済的（貧困）事情で破壊の危機にある文化財を救おうとの理念からである。日本は一九九二年に条約に批准している。やや遅きに失する感があるが、これは世界に誇りうる「文化財保護法」が有ったことと、多額の拠出金が期待されていたことも、その背景にあったようだ。ところで、年々世界遺産の登録件数は増加している。それは、加盟国からの申請が単に多くなっただけではなく、法的枠組が増えたことにもよる。つまり、世界に展開する人類の多様な文化が改めて鑑みられたことで、これまでの「文化遺産」「自然遺産」「複合遺産」に、新たに「文化的産業遺産」「文化的景観遺産」「世界無形文化遺産」などの条約が制定されたのである。

「文化遺産」は沖縄のグスクおよび関連遺産群、日本の姫路城、中国の故宮（紫禁城）、カンボジアのアンコール・ワットなど多数ある。これらは建造物や景観と一体となった構造物、遺跡などが中心になる。また、「自然遺産」は日本の白神山地、アメリカのグランドキャニオン国立公園などである。これらは、まさに地球の歴史、生物の多様性、さらに美的景観上優れたものなどが選定されている。「複合遺産」は前の文化遺産と自然遺産をまさに合わせたもので、実際には両遺産のハッキリした区別がつきにくく、双方の基準を満たしているものになる。遺産例としては、ペルーのマチュ・ピチュなどがある。

新しい枠組みとしての「文化的産業遺産」は、都市や町の発展に大きく貢献した産業・技術関連で、富岡製紙工場と絹産業遺産群、ドイツのフェルクリンゲン製鉄所などがある。また、日本の次期登録候補として、「明治日本の産業革命遺産」があげられる。鉄鋼業、技術遺産などにスポットをあて、ものづくりの大切さを訴える。紀元前に古代ローマ人が残した産業遺跡から二〇世紀のオランダの蒸気揚水ポンプ場まで、産業分類では、農業、林業、鉱業、工業、商業まで、それに、干拓、運河、鉄道、橋梁などの土木・建設技術遺産まで多角的に取り上げられる。今後、この方面も多くなるものとみられる。

識名園（那覇市）

組踊（二童敵討）

「文化的景観遺産」は、住人がその土地の景観と特別な関係を築いているものである。遺産例として石見銀山遺跡とその文化的景観、ニュージーランドのトンガリロ国立公園などがある。

「世界無形文化遺産」は、伝統音楽や舞踊、遊戯、神話、儀式、すぐれた手工芸技術などを対象としている。日本では能楽、和紙、和食など二二件ある。

○琉球地方の特徴を表す世界遺産

沖縄県には世界文化遺産「沖縄のグスクおよび関連遺産群」と世界無形文化遺産「組踊」の二件の遺産がある。前者は琉球が統一国家へ動き出した一四世紀から、王権が確立した一八世紀末にかけて出現した遺跡で、今帰仁城跡、座喜味城跡、中城城跡、勝連城跡のグスク群や、王国の政治・外交・祭祀に関係する首里城跡、園比屋武御嶽石門、玉陵、識名園、斎場御嶽などの計九件からなる。従来の単独の遺産や、近接して存在する遺産に対して、距離的に離れ、複数同時に登録される例としては数少ない特徴を有する。

もう一つの世界無形文化遺産の「組踊」は、琉球王国時代、中国から派遣された冊封使を歓待するため創られた沖縄の伝統舞踊である。せりふ・音楽・所作・舞踊によって構成された歌舞劇で、近世日本の芸能や中国戯曲の影響を受けている。演目に「執心鐘入」「二童敵討」「銘苅子」など多数あり、忠、孝、王府に関連するテーマが取り上げられている。

近年はこの「組踊」に続いて「琉球料理、泡盛など」沖縄の発酵食品を推薦する動きがある。いずれにしても世界遺産への登録は喜ばしいことではあるが、一方で遺産の保護、保全の責任を担っていることを忘れてはならない。

〔参考文献〕
『ユネスコ世界遺産年報（二〇〇三）』日本ユネスコ協会連盟編集　二〇〇三年
『はじめての組踊り』ユネスコ無形文化遺産代表一覧表記載記念事業〈組踊りへの招待〉沖縄県教育委員会　二〇一一年

首里城

田名真之

はじめに

首里城は、琉球王国の王城である。それはまた王国の種々の儀礼が行われる宮殿であり、王国の行政を掌る政庁であり、王や王妃をはじめ多くの人々の居住する場でもあった。

正殿（せいでん）を中心に北殿（ほくでん）、南殿（なんでん）など政治や儀式に関わる表の世界と、正殿の二階から黄金殿（こがねでん）、その後方の世添殿（よそいでん）など御内原（ウーチバル）と称される内の世界が存在し、さらに俗である政治の世界と御内原に含まれる聖なる信仰の場（京（きょう）の内（うち））が共存していた。さて、その首

写真１　首里城図（沖縄県立図書館蔵）

里城の朱塗りの正殿は、日本のお城とは全く異なる建物にみえる。確かに基壇の上に築かれた正殿は、龍や獅子によって飾り立てられるなど、中国の紫禁城や韓国の景福宮を想起させるが、正面中央に取り付けられた唐破風（からはふう）の向拝（こうはい）は日本建築そのものである。細部では琉球の建築様式が取り入れられており、中、日、琉の様式を巧みに組み合わせた建築物なのである。

正殿前の広場、御庭（ウナー）には塼（せん）でストライプ模様が描かれている。これは御庭での儀式の際に、諸臣が位階に準じて整列するための目印であるし、正殿から奉神門（ほうしんもん）へと向かう一直線の塼敷の道は、浮道と称され、儀式その他での国王専用の道とされていた。なお、奉神門には門が三つあるが、中央の門は国王の専用で、他には中国皇帝の使者である冊封使らが用いたが、琉球の諸士は左右の脇門を用いることとされていた。現在中央の門が御庭へ入場する際の通用門となっており、皆が国王や冊封使となった時代ということになろうか。

1　龍柱のことども

正殿の前に屹立する一対の龍柱は、その造形から琉球の石彫の傑作とも評されているが、琉球独自のもので、類例は知られていない。建物の柱に取り付いた龍や描かれた龍、木製や石彫などは中国でも韓国でもみられるが、建物から離れて自立する龍柱とは、どこで着想をえたのだろうか。現在の龍柱は中国の青石を用いて製作されているが、沖縄戦で破壊された龍柱―残存する一部が沖縄県立博物館・美術館に収蔵されている―は沖縄産の微粒砂岩（ニービヌフニ）でできている。一五〇八年に時の王尚真が正殿に青石の欄干を設けた際に、初めて龍柱を設置したとされていて、その時の龍柱は青石製であったとされているが、発掘で出土しておらず、確認はできてない。ただ青石製だと中国で製作された可能性が高いが、その後、王城の火災などで被

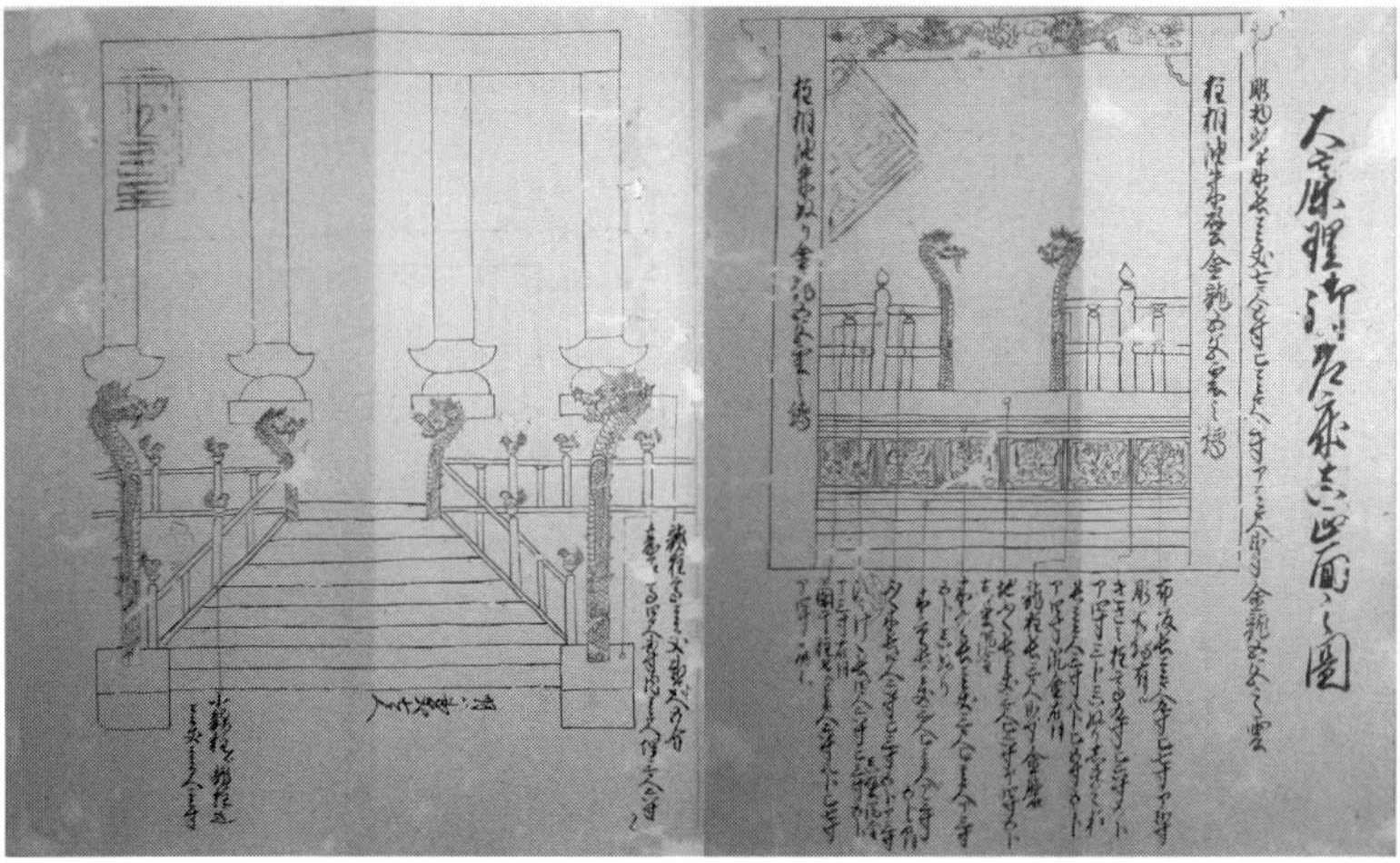

図1　百浦添御普請絵図帳（那覇市歴史博物館蔵）

害に遭い、一六七一年に再建した際には地元の微粒砂岩で琉球の石工が作製したということになる。一七一五年に損壊を受けて再度微粒砂岩で作製したものが、戦前までの龍柱であったとされている。ところで一九九二年の日本復帰二〇周年の記念事業として首里城の復元が取り組まれた際、いつの時代の首里城を復元するのかが議論され、その結果、一七六八年に解体修理した際の資料が残る首里城を復元すると結論づけられた。となると、龍柱は微粒砂岩での復元となるはずであったが、残念なことに現在、龍柱を彫れるほどの大きな微粒砂岩の骨（塊）は見つからない、産しないので、やむなく中国産の青石を用いたという経緯がある。

2　首里城正殿の焼失と再建

首里城は、有史以来四度の建て替えが知られているが、最初に城が築かれたのはいつのことなのか、分かっていない。一四世紀末の察度の時代に「高ヨサウリ」という高楼を首里の地に建てたとする記事が正史の『中山世鑑』などに登場するが、発掘での確認はできていない。一四二七年の「安国山樹華木之記」碑に王城の北に花木を植えたとあり、その時王城の建物が存在していたであろうことが推測される。第一尚氏の尚巴志の時代である。その後、一四五三年に王位継承争いの戦いで王城が焼失したという。五代目の尚金福の子の志魯と金福の弟の布里が王位をめぐって争いともに斃れるが、王城も焼失してしまった。それで金福の末弟の尚泰久が六代目の王位に即いている。この争いには尚泰久の陰謀説もあって、実際のところ、どうだったのか分からないが、正殿跡の発掘調査で、最も下層の基壇が炎に焼かれた痕跡のあることから、志魯、布里の事件の際の基壇かとも推測されている。発掘された基壇跡は四つ確認されており、その一部は現在正殿一階の廊下部分にアクリル板を敷いて覗けるようになっている。さて、志魯、布里の際か否かは措くとして、首里城の発掘調査の際、瓦片が多く出土したという貴重な情報がある。これは一五世紀半ば頃の首里城

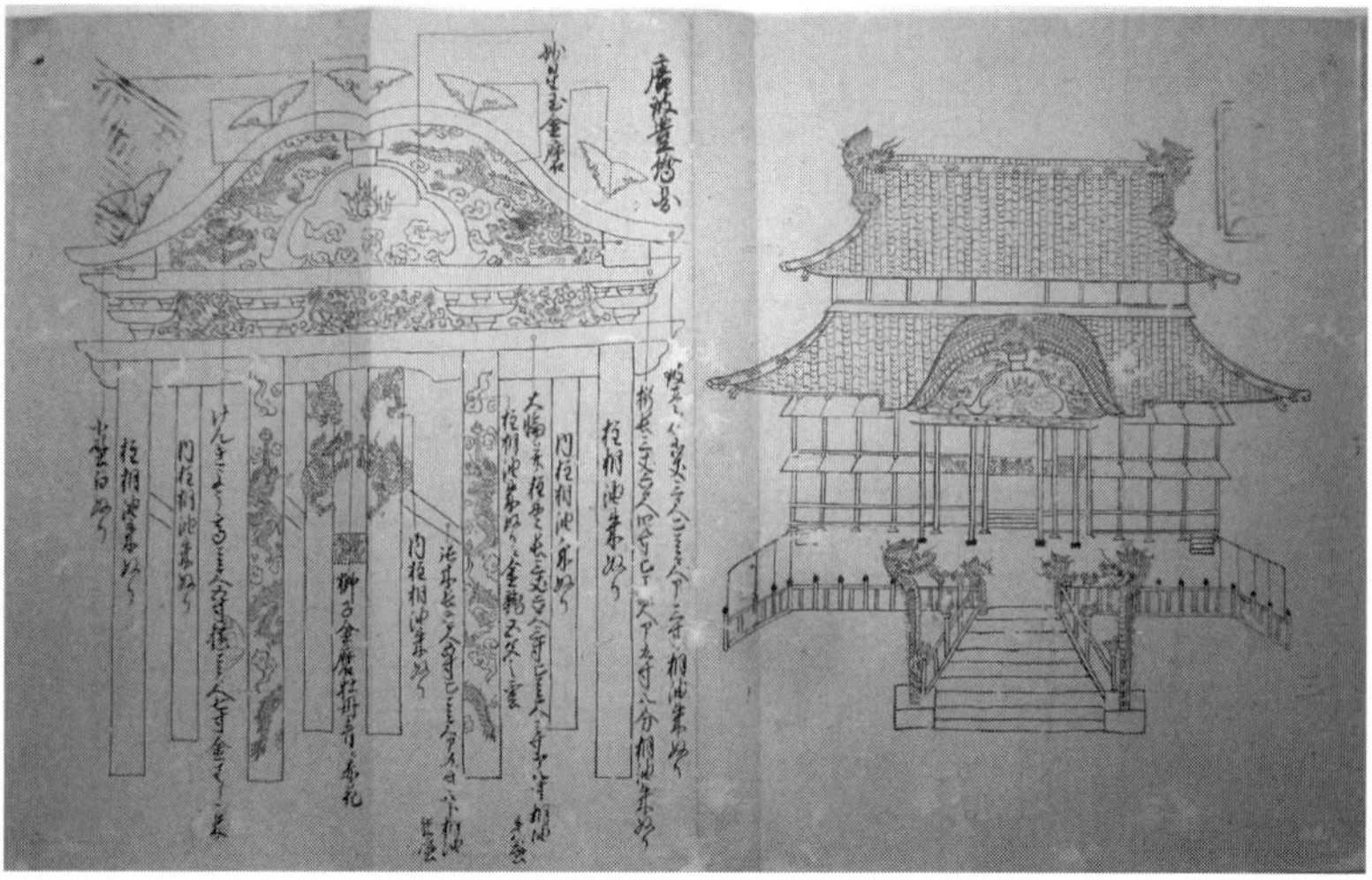

図２　百浦添御普請絵図帳（那覇市歴史博物館蔵）

正殿は瓦葺きであった可能性が高い、ということを示している。一四〜一五世紀の浦添城や勝連城などで高麗瓦や大和瓦が出土しており、有力なグスクの主要な建物には瓦が用いられていたことが分かっており、首里城での大和瓦の出土はある意味当然であろう。

その後王城は早くに再建されたようで、漂流民の記録などにも王城はしばしば登場している。次に王城の焼失が記録されるのは、一六六〇年である。尚賢の末年のことで、再建は尚貞代の一六七一年である。一〇年以上かかっての再建は材料の木材の入手に手まどったことなどが原因であった。久米島などから取りよせたほか、薩摩からも購入して漸く再建にこぎつけていた。この間の一六六三年に冊封使が来琉しており、冊封の儀式はじめ諸儀礼は、王城外の別邸の大美御殿（ウフンミウドゥン）で行われていた。この時の再建で、首里城は従来の板葺きから瓦葺きとなったという。一五世紀の首里城が瓦葺きで、その後の首里城は板葺きの時代があったことになる。それがいつからのことなのかは不明である。この逆行の理由については、正殿の規模が大きくなりすぎたせいではないかとする説がある。重い瓦を載せる建物は相当頑丈に作らねばならないのであり、こぢんまりした建物ならまだしも、規模が大きくなると、その分瓦も大量に載せることとなり、それを支える建物を築けなかったのではないか、というのである。一五～一六世紀、寺社仏閣では瓦葺きが存しており、規模の問題だったのか否か不明である。ともあれ、この時の再建で、首里城は瓦屋根の上に大きな五彩の竜頭を載せて、飾り立てられた。

写真 2　首里城正殿（写真提供：首里城公園）

一七〇九年の火災では正殿の他に北殿も

写真３　歓会門（写真提供：首里城公園）

写真４　瑞泉門（写真提供：首里城公園）

南殿も焼け落ちている。一七一五年に至って再建なったが、この時、書院再建のために薩摩から木材を買い入れていたが、正殿の再建に際しては、島津吉貴が一万九五二五本の木材を提供していた。

この首里城再建の経験は王府首脳に用木の育成を強く迫るものとなった。王城の再建を自前でなしえない状況を変えるべく、強力に杣山（そまやま）政策を展開していく。各間切・村に杣山の管理育成の義務を負わせたのである。おりから民間の木材需要も飛躍的に高まっていた。町方の人口増による家造り、船造り等である。三司官（さんしかん）の蔡温（さいおん）は「林政八書」でもって杣山事業を推進していた。

一七一五年に建てられた首里城はその後、二〇〜三〇年に一度の小修理、五〇〜

六〇年に一度の解体修理を通じて明治の琉球処分を迎えた。処分後、軍隊の駐屯するところとなり、荒廃の一途をたどり、その後首里市に払い下げられたものの、大正末には、倒壊の危機で取り壊し止む無しとなった。しかし、鎌倉芳太郎の奔走と恩師の伊東忠太の働きもあり、正殿は新たに設けられた沖縄神社の拝殿として特別保護建造物（後の国宝）に指定され、国費で解体修理が行われた。こうして往時の姿を取り戻した首里城であったが、一九四五年四～六月の沖縄戦で見るも無惨に破壊され焼失した。

一九五一年、その跡地に米国は琉球大学を開学させた。琉球大学は沖縄初の高等教育の場として、多くの人材を輩出した。日本復帰が具体的なスケジュールに上り始めた頃から、首里城復元を求める声があがり、復帰の翌年の一九七三年に「首里城復元期成会」が発足した。運動は大きな広がりをみせ、やがて復帰二〇周年の記念事業として、国、県、那覇市が協力して取り組むこととなり、一九九二年一一月、戦火で失われてから四七年目にして、復元に至った。

3　苅銘御嶽の移設

南殿の裏手の書院から近習詰所を右に折れると国王のプライベート空間である奥

写真５　首里杜御嶽（写真提供：首里城公園）

書院（しょいん）がある。そこからキノコ状の石筍を横目に庭の石段を登ると、二階殿の二階の庭へと繋がっている。奥書院と二階殿の間の狭い空間に、苅銘御嶽がある。奥書院の座敷の障子を開ければ、目と鼻の先に御嶽はある。御嶽の窮屈な佇まいに違和感を口にする研究者がいた。

沖縄の御嶽は、天上あるいは海上の神が天下（あもり）する依り代である大石や樹木の周囲に石垣を設けて聖域とする。石垣を廻らさない御嶽や石門、祠をしつらえた御嶽もあるが、重要な要素として、御嶽の前面には祭祀を行う空間が必須である。そうした点で、苅銘御嶽は、斜面に張り付いた形状もさることながら、前面の空間がいかにも窮屈なのである。

ところで首里城内には一〇の御嶽があって「首里十嶽」と称される。広福門を通って「下の御庭」に入ると、目に飛び込んでくるのが「きょうの内（うち）の前の御庭の首里の御いべ」の御嶽の「首里杜御嶽（しゅりもりうたき）」である。白砂が広がる庭の中に石垣に囲まれ石門を備えて鎮座している。最も格式の高い御嶽である。城内の南側一帯を占める聖域の「京（きょう）の内」に「真玉城（まだまぐすく）の玉のみやの御いべ」など四つの御嶽がある（特定されずに不明の御嶽もある)。「御内原」に二つの御嶽があり、「まもの内の御嶽」とあと一つが「みもの内の御嶽」でこれが件の苅銘御嶽である。美福門の手前右側に「赤田門のあかるいの御嶽」があり、もう二カ所の御嶽は「寄内」にあったが、「寄内」が城内のどこを指すのか特定できていない。北側の内郭と外郭の城壁に囲われた部分かとも推測されているが、不明である。

さて、「首里杜御嶽」などの他の十嶽は、規模の大小はありながらも、概ね前面に空間を伴った平場に存している。苅銘御嶽の佇まいはいよいよ普通でないとなる。でも何故との疑問は、「苅銘御嶽を移設した」とする文書が紹介されたことで、氷解し、納得となった。羽地家で記された「家之伝物語」(写本が知られるのみで、原本の存在は不明)にその話がでてくる。その前に羽地家と話の主役の羽地朝秀について触れておこう。

羽地家は王子を初代とする名門で、四代目に近世琉球を代表する政治家である羽地朝秀がいる。羽地朝秀は、一六六六年から一六七三年の間、摂政として首里王府の中枢にいて、諸改革に取り組んだことで知られている。島津氏の琉球侵攻(一六〇九年)から半世紀を経た琉球国は、未だに古い慣習や因習がはびこり、諸制度の近世的改革も遅々として進まない中にあった。島津氏は年貢や中国との貿易などに関することについては、多くの布達を出していたが、それ以外については内政干渉せず、王府に任せていた。摂政に任じられた羽地朝秀は、使命感をもって諸制度の改革に着手する。

名門旧家の特権を制限し、因習に満ちた諸儀礼を改変、廃止し、身分秩序の整備などを行った。島津侵攻前の古い体制の琉球（古琉球）を新しい体制の琉球（近世琉球）へと導いたのである。羽地朝秀から六〇～七〇年後の一八世紀前半のもう一人の近世琉球を代表する政治家である三司官（摂政とともに王府政治を担う三人の大臣）の蔡温は、羽地朝秀の功績を「国を新たに作って（国王に）差し上げたほど」と評している。

　その羽地朝秀の業績の一つが「荊銘御嶽」の移設であった。理由は王と王妃の食事にあった。王と王妃の居室の「黄金殿」は北側が正殿と繋がり、南は鈴引きの間、近習詰所をへて書院と繋がる建物である。城内には二つの厨房があり、「料理座」は儀式など非日常での料理を賄うところで、日常的な食事は「大台所（ウフデージュ）」が担当していた。王と王妃の食事も「大台所」の役割であった。しかし、「大台所」は南側の内郭の外にあり、美福門を通って運ばれてくる間に食事は冷めてしまう。このことを問題視し、王や王妃に温かい食事を提供するために、専用の厨房を設けるべきとした羽地朝秀が目を付けたのが、黄金御殿のすぐ東側のスペースであった。そしてそこに鎮座していたのが「荊銘御嶽」であった。羽地朝秀は御嶽を移動させて、そこに厨房の「寄満（ユインチ）」を設けるべしとした。諸臣は御嶽を動かすなどとんでもない、きっと祟りがある！と猛反対したが、羽地朝秀は、御嶽に遷ってもらうのであってなくすといっているわけではない、王と王妃の食事に関わることであり、御嶽の神もきっと分かってくれるはず、それでも祟りというのであれば、私羽地が祟りを引き受けると、皆を説得した。

こうして「苅銘御嶽」は近くの傾斜地に移され、跡地に「寄満」が設けられたのである。ところで、御嶽の祟りは、どうだったかというと、羽地朝秀が祟られた話は伝わっていない。祟りはなかった、御嶽の神も理解してくれた、ということになるのだろう。しかし、ある人に言わせると、祟りは強い人―心身共に強い人、羽地朝秀はその合理性から言っても強い人の代表的な人物であろう―には向かわず、周囲の弱い人に向かうという。となれば、羽地朝秀のせいで祟られた人物がいなかったとは言い切れないかもしれない。

ところで、このエピソードは、御嶽を動かすことが可能か否かを示した事例として興味深い。神聖な御嶽を動かすなどとんでもない、と一般的には考えられていて、実際多くの御嶽が昔のまま、多分に何百年も同じ場所に鎮座してきたはずである。しかし、一方

写真6　苅銘御嶽

で止むに止まれぬ事情で多くの御嶽が移動を余儀なくされてきた。沖縄戦での山河の変容もさることながら、戦後から日本復帰後の都市計画、市街地の再開発、区画整理事業などが御嶽の存在を脅かした。米軍基地に取り込まれたせいで守られた御嶽が返還後の開発で移動を余儀なくされるなどといった皮肉な現象もあるという。それでも、羽地朝秀同様に御嶽は移ってもらうのであって、なくしてしまう訳ではない、神様もきっと分かってくれるはず…というのである。そこには神が天下りする大石もクバの木もない代わりに、大抵の場合コンクリート製の立派な祠が設けられる。先祖代々の地域の御嶽を大事にするとの思いは受け継いでいても、この場所でなければならないとの切実な思い、聖なる空間はあまりに明るい白日の下で、人々の意識から薄れていっているのだろう。

羽地朝秀は、かつて国王の久高島参詣を止めるため、冬二月の渡海は海が荒れて危険である、国王の参詣には往還とも多くの民が使役される、経費もかかる等々の理由を挙げて、名代を送るか、城近くに遙拝所を設けてはどうかと、建議していた。結果として首里の弁が嶽に遙拝所が設けられたが、建議の中で、天竺の仏を勧請してお寺を建てて拝むと同じである、と説いていた。羽地朝秀の合理性は新たな遙拝所を建て、御嶽も動かしたのである。

首里城は現在、年間二〇〇万余の観光客が訪れる県内有数の観光施設となっている。

一九九二年のオープン後も城内の諸施設の整備や建物の復元などが進められてきたが、あと数年で整備事業は完了する予定である。この間もそうであったように、首里城は、王国文化を体現し発信してきたが、今後ともに王国の歴史文化の成果である美術工芸品や歴史資料を収集し、研究分析を通じて、広く社会に還元していく使命を帯びている。と同時に、首里城はまだまだ解き明かせていない多くの謎を秘めており、魅力的な城なのである。

column

沖縄の名前―何と読む

田名真之

沖縄の名前や地名は、変わっていて、難読地名や名前も多い云々とは、沖縄以外の人の弁で、沖縄の出身者は、名前を一度で呼んでくれない、まともに読まれたことがない云々という。日本復帰後の歴代の県知事はいずれも沖縄出身者で、初代の屋良（やら）から平良、西銘（にしめ）、大田、稲嶺、仲井真（なかいま）、翁長（おなが）と続くが、他府県にありそうな姓は稲嶺姓くらいではないか。大田は他府県だと太いの太田が普通だろうし、平良も平の一字が普通だろう。ボクシングの具志堅用高のお陰で、具志堅姓は全国区になり、安室奈美恵やＨＹの仲宗根泉、ＤＡ ＰＵＭＰのボーカルのISSA（辺土名一茶）の活躍で、安室や仲宗根、辺土名は認知されたであろうが、一昔前だと、ほとんどが難読扱いであったろう。実際、沖縄の人々は名前で苦労してきた。戦前は改姓など難しかったため、県を挙げて読み替えが提唱されていた。金城（かねぐすく）→きんじょう、かねしろ、比嘉（ひじゃ）→ひが、宮城（なーぐしく）→みやぎ、みやしろ、具志頭（ぐしちゃん）→ぐしかみ、等々である。ここでの読みが定着して概ね現在の読みとなっている。徴兵での入隊や本土出稼ぎ、進学で沖縄を離れる機会が増える中で、難読名前の問題は深刻であった。戦後は県内の多くの自治体が戦災で戸籍を焼失した関係で、新たな戸籍を調製する過程で、一族で協議して、改姓に及んだケースが多々あった。元の姓の一部を変えたり、屋号を採用したりで大和的（日本的）姓が多く誕生した。嘉手納（かでなー）の「手」を抜いて「嘉納」としたり、仲村渠（なかんだかり）の「渠」を省いて「仲村、中村」にし、安次富（あじふ）を安富などとした。また井戸（かー）

の上や大きな庭の屋号から、井上や大庭姓が、馬場の方音の「うまいー」から「馬上」で「ばじょう」姓が生まれている。

沖縄の姓の難しさは、読みと充てられた漢字が乖離している、漢字の読みが一般的でないことなどが要因として考えられる。読みも方言だと「あいうえお」が「あいういう」となることも関係する。たとえば、安室奈美恵の安室だが、「安」は基本的にすべて「あ」と読み、安慶名（あげな）、安里（あさと）、安田（あだ）、安波（あは）安富祖（あふそ）などとなる。具志堅の「堅」のつく姓も多い。久手堅（くでけん）、津堅（つけん）、宇堅（うけん）、古堅（ふるげん）、健堅（けんけん）など。これが方言だと「あいういう」の法則から、「くでぃきん、ちきん、うきん、ふるぎん、きんきん」となる。アメリカンビレッジで観光客に人気の北谷（ちゃたん）は一六世紀の資料だと「きたたん」である。「北の谷」の意である。それが「きたたん→きゃたん→ちゃたん」と変化したのである。沖縄本島の南端に喜屋武岬がある。喜屋武（きゃん）、方音は「ちゃん」である。これは島の端で地が窮まったところの意の「きやめ」から「ちゃめ→ちゃん」と変化している。国頭や具志頭も古くは「国上、具志上」と表記され、「くにかみ、ぐしかみ」であったが、「上→頭」となり、「かみ→ぎゃみ→じゃん→ちゃん」と変化した結果「くんじゃん、ぐしちゃん」となっていた。

印鑑

最後に、沖縄の「中」のつく名前は仲間、仲宗根、仲西などいずれも「にんべん」付きの「仲」となっている。唯一「中」の字が用いられているのが、「中城」であるが、これこそが「仲」の原因で、跡継ぎの王子である中城王子の存在が、「中」の字を遠慮させ、「仲」を用いさせていたのである。

沖縄の名前は、沖縄の歴史によって生み出された文化遺産であり、その背後に多くの物語を秘めているのである。

墓—死者の家、玉御殿、亀甲墓—

田名真之

1　沖縄の墓はデカイ！

沖縄の墓は基本的に家の形をしている。家族や一族の死者の家である。そこには死者の全身の骨をすべて収めた厨子甕（ずしがめ）（蓋と身で高さ六〇～八〇cm内外、胴径三〇～五〇cm内外の陶製の甕）が二〇基、三〇基と収められている。それで沖縄の墓は大きいのか、と納得できるのではないか。

沖縄の墓の特徴は、いくつも挙げられる。端的にいうと、①大きさ、②形、③機能ということになろう。大きいのは蔵骨器である厨子甕が大きいことと数が多いからで

写真 1　伊是名玉御殿全景（写真提供：伊是名村教育委員会）

写真 2　伊是名殿内墓

ある。家の形をしているのは、死者の家だからであり、その死者とは個人ではなく、家族、一族を指すのである。

沖縄の墓の不思議について、その歴史について概略していくが、まずは首里王城近くの王家の墓「玉陵（玉御殿＝たまうどぅん）」からみていこう。

2 玉陵と浦添ようどれ―石棺―

沖縄を代表する墓に、琉球国の王家（尚家）の墓である「玉陵」がある。一五〇一年に造営された石造りの墓には、歴代の王と王妃の遺骨が納められており、国指定史跡となっている。首里城へのメインのアクセス道路である綾門大道（アイジョーウフミチ）の中程、守礼門の二五〇mほど手前に位置する。破風墓（はふうばか）と称される形式の墓で、石屋根に石の垂木のある家型の墓である。東室、中室、西室の三棟が連結して建てられている。東室には王と王妃の石棺や厨子甕が三七基安置され、西室には王子、王女などの石棺や厨子甕が三二基安置されている。中室は「シルヒラシ」どころである。「シルヒラシ」は棺桶を収める所で、葬送の後、洗骨までの間、遺骸が安置された。東室の桁行一〇m、棟高七・五m、中室は七・二mと五・九m、西室は八mと六・一mとなっており、三室内の合計の面積は一〇二・八㎡となっている。墓地全体の面積は二〇八五㎡となっている。

写真 3　玉御殿（写真提供：沖縄県教育委員会）

その他に王家関連の墓として、国県の指定史跡でもある「浦添ようどれ」や「伊是名玉陵」「佐敷ようどれ」がある。さらに県市町村指定の墓に、宮古島の仲宗根豊見親の墓や那覇の宜野湾御殿の墓、伊江御殿の墓、伊是名殿内の墓などの王家の分家筋の墓があり、上級士の上里家墓（王舅達魯加祢）や辺土名家墓（玉城朝薫）、小禄墓（おろくの大やくもい）など多くの文化財に指定された墓がある。沖縄の古墓は総じて文化財的価値が高いということになる。

ここで墓の内部についてみていこう。二～四畳ほどの空間に蔵骨器である石棺（石厨子）や厨子甕が一〇数個から二〇個ほども詰め込まれている。奥まったところは一段高くなっていて、代数を経たご先祖様の厨子甕が中央に安置され、左右にそれに次ぐ古い厨子甕が並べられている。左右の壁沿いに壇を設けた墓もまままある。壇上が埋まると、次の代からは下に置かれていく。墓の入り口近くが新仏の骨壺である。

写真４　きたたんの大やくもいの石棺、1494年の銘がある。（門上秀叡・千恵子コレクション　那覇市立壺屋焼物博物館蔵）

石棺は尚円（しょうえん）（第二尚氏王統初代の国王）の石棺のように大きいものだと台座や蓋を合わせた高さが一一八cm（棺身は五〇cm）、棺身桁行六九・五cm、棺梁行五〇cmもある。一八世紀の庶民の石厨子だと、七六×四九・五×四六cmほどとなる。古琉球期の墓の石棺には中国産の青石（輝緑岩）製が一〇数基ほど確認されている。多くは二〇〜三〇㎝の台座付で、その台座も含め、蓮や神獣、僧形のレリーフが施された豪華なものである。それらの石棺は尚真王代の一五〇〇年前後に製作されたものが多いが、一四世紀後半から一五世紀前半の察度王代、第一尚氏代から用いられた可能性がある石棺も存している。尚真王代での石棺は殆どが石棺に刻字（被葬者名　銘書）されたたった一人の蔵骨器であるが、一部尚真王代を含む尚真以前の石棺は、概ね大型で銘書もなく、数人分の遺骨が収められている。「浦添ようどれ」や「伊是名玉陵」などの石棺がそれである。石棺登場以前に木製の棺桶で葬られた複数の人物の遺骨を、石棺導入時にまとめて石棺内に収めたと考えられる。尚真代以降は一人一蔵骨器が定着していったということであろう。なお、「浦添ようどれ」に関するガイダンス施設が浦添城へのアクセス道の途中にある。「浦添ようどれ」は第二尚氏の「玉陵」に先行する英祖王統の陵と島津侵入時の琉球王であった尚寧王の一族の陵からなる。双方の内部に中国からもたらされた青石（閃緑岩）の立派な石棺が計三基遺されており、ガイダンス施設では墓の内部が復元され、石棺の精巧な複製品も見ることが出来る。「玉陵」や「伊是名玉陵」では内部をみることはできないので、貴重な施設となっている。

3　厨子甕と洗骨

さて尚真以降、近世に至っても石棺は多く製作されているが、その素材は中国産の石材ではなく、地元の石灰岩である。歴代王も中央・地方の役人層も同様に石灰岩製の石棺を用いており、石棺の正面には銘書（ミガチ）が墨書され、前面や側面に僧形や蓮の色絵が施されているが、細工や仕上げには大きな差があった。

一七世紀半ばから、石棺と並行して焼き物の厨子甕が登場する。蓋と身（本体）からなり、身は口径が三〇cm内外、胴径が三〇～四〇cm、高さが五〇数cm内外である。自前で調達製作可能な石棺に対し、那覇首里の壺屋で購入するしかない厨子甕は貴重で珍重されたようである。一八世紀以降厨子甕が主流となり、石棺は次第に影が薄くなる。厨子甕は時代により、その形や加飾が変化する。当初のすっきりした素焼きのスマートなフォルムから厚手のマンガン焼き締めとなり、やがて御殿型（うどぅんがた）という家型で多彩な釉薬を用いた厨子甕も登場する。明治期にはこれでもかというほど装飾過多の厨子甕まで登場することになる。

以上、蔵骨器についてみてきたが、石厨子にしろ厨子甕にしろ相応の大きさをしているのは、故人の骨をすべて収めるための容量が必要だったからである。さらにいう

写真５　伊是名玉御殿東室内部（写真提供：伊是名村教育委員会）

と、王家などは近代にいたるまで一人一蔵骨器であるが、士や庶民の場合は、夫婦や夭逝した子が一つの厨子甕に収められることが多々ある。別々になくなっても後々一つの厨子甕に収められるのである。そこまでカウントされての厨子甕の大きさということになろう。戦後は火葬が基本となるので状況は一変するが…。

ところで沖縄の伝統的な葬方は風葬で、亡くなった人は棺桶に入れられて、墓に収められる。三〜五年を経て肉体が朽ち果て骨だけになったところで、洗い清めて遺骨のすべてを厨子甕に収める。洗骨である。洗骨は中国南部から沖縄、奄美にかけての習俗とされている。洗骨を行うのは死者の身内の女性の役割とされている。多分に連れ合いより先に旅立つ可能性の高い男共は、生前奥さん孝行してないと、洗骨してもらえないから、気をつけるように云々の俗諺もあったという。ともあれ、死後の弔い、そして洗骨を経て、死者はようやく長い眠りについたのである。

さてここで再度、墓の内部の空間について整理しておくと、まずご先祖の石厨子や厨子甕が正面奥の壇上に安置され、壇下にはその後の子孫の厨子甕が安置される。そこに身内で亡くなった人がでると、その棺桶が入れられる。墓にはそこまでの容量、広さが求められた。それでも墓の規模は際限なく広くするわけにはいかない。王家の「玉陵」は別として、王子家でも最大畳四枚、五〜六㎡程度である。そんな王子家や上級士の古い墓には墓室の一番奥に「池（いけ）」と呼ばれる石積みの小空間が設けられていることがある。この空間は、沖縄本島南部地域の門中墓に多く見られ三三年忌を終えた遺骨を厨子甕から移し入れる空間である「池」と同様の役割をもっていたと考えられる。古くは—たぶん一七世紀後半あたりまで—士層にあっても一定の年数を経た遺骨は「池」に移していたのであろう。ところが、一七世紀後半、沖縄の墓制は首里を中心に大きな変化をみせる。厨子甕で一杯になった墓を閉めて「神お墓」とし、別に新たな墓として「当世墓（トウシーバカ）」を仕立てるようになったのである。さらにその動きは次男、三男系統が別に分家墓を仕立てることにも繋がっていった。何代も前に分家し位牌が別に仕立てられ、祭祀が別となり、系図（家譜—士が本家、分家単位でまとめた戸籍と履歴の記録。王府系図座のチェック、承認を必要とした）も別仕立てとなっていた有力な分家筋は、墓も本家から分離して分家墓を仕立てたのである。こうした動きを経て首里の士層を中心に分家墓、さらに次男、三男も家族墓を仕立てることとなった。ここに至って、古墓に存した「池」は必要がなくなった。「七代たったら神を生ず」として先祖代々の墓を「神お墓」として閉じたとするが、これは物理的に墓室が一杯となったことと、「池」に対する観念の変化があって、分家墓を生み出すための理由付けであったといえるだろう。

4　墓の地域差、分類

沖縄本島南部の糸満に「幸地腹門中墓」と呼ばれる墓がある。観光ガイドブックにも写真入りで取り上げられ、民俗学の研究者や一般の観光客も訪れる名所である。この墓の最大の特徴は、その大きさにある。敷地五四〇〇㎡の中に墓が三棟あり、並んだ二棟の奥に一棟が配されている。この墓は「幸地腹」門中と「赤比儀腹」門中共同の墓であった。門中とは男性血族集団のことで、その一族の構成員が用いる共同墓を門中墓と呼んでいる。通常一門中で一つの墓を持つのだが、幸地墓のように二つの門中が共同で仕立てた墓もある。幸地墓は墓にある石碑から一七世紀末には建造されていたことが分かるが、現在見るような、三棟建ての大規模な墓が造営されたのは大正の初めのことで、両方の門中構成員が資金を出し合ったという。

さて、こうした血族の集団墓である門中墓は、沖縄本島の南部、那覇市の小禄地区から豊見城市、糸満市などに多くみられる。多くの場合、構成員が数百人、時に千人を超すケースもあるようで、墓の規模が大きいのが特徴である。また、墓室内に厨子甕がほとんどないのも特徴的である。三三年忌の済んだ遺骨は墓室内の「池」に移され、厨子甕は壊して廃棄されるからである。幸地墓の三棟の内、手前の二棟は「玉陵」の中室の機能と同様の「シルヒラシ」で、かつては洗骨までの遺骸を棺桶のまま安置するところであった。構成員が多いので二棟必要だったとのことである。数年後に洗骨して厨子甕に収めてから、奥の墓に移し、三三年たったら池に入れるとなる。

かつての首里、那覇地域や沖縄本島中部地区の墓は、門中墓ではなく家族墓である。血族集団としての門中は家譜や祖先祭祀などを通じて首里・那覇士層で成立した観念であり、実体であったが、墓に関しては当初存在していた一族の墓―門中墓的存在―は「神お墓」として閉じられ先述の当世墓や分家墓のように、一七世紀後半からは家族単位で墓を仕立てることが基本となっていた。時に友人との共同墓（寄り合い墓）も存するが、一族でということではない。那覇市おもろまちの銘苅（めかる）古墓群や浦添市の経塚（きょうづか）の墓地群（開発で消失）など、近世～戦前までの墓が時に重複しながら集中して存していた。下級士から庶民の墓が多かったが、その規模は棺桶がかろうじて収まる面積程度であった。小さくても洗骨までの間、棺桶を入れておかなくてはならないのであり、そのスペースはどうしても確保する必要があったのである。

沖縄本島北部の場合は、元々村墓で、村の構成員が集団で用いる共同墓が中心であった。今帰仁村運天の「百按司墓（ももじゃなばか）」のような一五～一六世紀の崖葬墓では海岸の崖の窪みに木棺（棺桶またそれを収めた龕）を置き、窪みの前面を石積みで塞いでいた。そうした風葬の崖葬墓が村の共同墓となっていたが、近世期以降は、有力な役人層により、門中墓を成立させていた。

5　墓の形―亀甲墓、破風墓、平葺墓

沖縄の墓の主流をなす形式は亀の甲羅を思わせる亀甲墓（かめこうばか）である。王家の墓は「玉陵」にみるような破風墓である。破風墓を簡素化したのが通常の士の平葺墓（ひらふきばか）である。亀甲墓のデザインは一七世紀の後半に中国からの漂流民であった曾得魯（そうとくろ）によってもたらされたとされる。最も古い亀甲墓は首里石嶺にある「伊江御殿家墓」で、一六八〇年代の造営とされている。その後、亀甲墓の意匠は爆発的に役人層に広がった。一七世紀初頭には成立していたと思われる首里末吉の「羽地御殿家墓」や浦添前田の「辺土名家墓」など現在は亀甲墓となっているが、元々は平葺墓的な形状の屋根をもった墓だったことが分かっている。一八世紀以降に亀甲墓に作り替えているのである。

亀甲墓は制限付きながら庶民にも造営が許されたことから、庶民にも広がっていった。本島のみならず、久米島や宮古、八重山でも役人層を中心に広がりをみせ、沖縄全域を席巻したのである。亀甲の意匠は、女性の下腹部を表したもので、死者は母の子宮に帰る、とする説を生んだが、中国福建・台湾の馬蹄形の土饅頭の墓によく似ていて、その意匠が取り込まれたであろうことは、容易に推測される。しかし、その規

写真６　伊是名玉御殿（写真提供：伊是名村教育委員会）

模や機能は全く別物である。中国の墓は基本的に個人墓であり、埋葬してその上に土を盛って、時に加飾し、前面に人物名、死亡年などを刻んだ墓石を立てる。沖縄の墓は家族墓でも門中墓でも、集団で用いるため、墓口が開け閉めできるのであり、規模もはるかに大きくなっている。亀甲の意匠だけを導入したことになるが、一七世紀の後半、琉球では国を挙げての中国ブームで多くの文物、技術が導入された。装いのみではあるが、中国風が図られたのである。亀甲墓もそうした流れに乗った導入であったろう。一八世紀の前半には、中国の墓前祭である清明祭も渡来中国人の子孫の住む那覇の久米村に導入されて那覇、首里に広まり、従来の墓前祭であった正月十六日に取って代わって行くことになる。

6　沖縄の墓の現在

現在の沖縄のお墓事情は多くの問題を抱えている。行政側は業者の墓地開発や個人の墓の建設を如何にして規制するかに頭を悩ませている。この問題の根本にあるのは、沖縄は「墓地埋葬法」を厳密に適用せず、地域の事情に大幅な配慮がなされていることにある。同法からすると、墓地は自治体や宗教法人などが整備、運営するとなるが、沖縄では王国時代以来、墓も敷地も個人の所有であり、作るのも売り買いも許されていた。とはいえ、墓の仕立ては王府の許可を要し、田畠の外れの山野であった。王国時代の墓地群は集落から見えない一山越えたあたりであったが、近代以降の開発が中南部から村はずれをなくしてしまった。個人で墓を所有するのが基本の社会であり、地方から那覇に出てきた人々は墓業者が開発した墓団地の墓を購入した。これらの墓は一坪ほどの敷地に建てられたコンクリート製の家型墓で、どこの墓団地でも同じ型である。戦後は墓に収める遺骨も火葬骨で手のひらサイズ、せいぜい小型の花瓶サイズであり、墓は面積の制限もあり小型化しているが、需要を満たすために中南部の海の見える景勝地の多くが墓地として開発されているのである。また一定の制限をクリアすれば、市街地でも自分の土地に墓を仕立てるのを止めることができないのである。そうした現状に危機感を抱く自治体は多く、那覇市や浦添市、宜野湾市など、まずは墓地建築禁止地区の設定を行おうとしている。さらに市営墓地の整備や市営の納骨堂、合葬施設の建設に取り組み、あるいは検討している。市民の多くも無秩序な墓の建設や手入れもされない墓の存在を前に自治体の取り組みを基本的に支持しているが、墓行政の前途はまだまだ多難である。

沖縄の墓は、その葬制、墓制の歴史の証人であり、時代、地域により意匠や規模も変化があり、文化的遺産として高い価値を有している。那覇市識名の墓地群はユネスコの世界遺産登録も夢ではないと思われるのだが、環境整備のハードルは高そうである。

写真 7　那覇市識名の墓地群

column

シーサー

田名真之

シーサーとは獅子、つまりライオンのことで、沖縄には中国から伝わったとされている。「シーシ」が本来の唱えであるが、今では、すっかり俗称の「シーサー」にとって変わられている。

そのシーサーが今、沖縄中に溢れている。那覇空港でも出迎えの石獅子がいるし、国際通りにも、那覇市役所にも、デパートのパレット久茂地（くもじ）や、蔡温（さいおん）スクエアーの前庭にも巨大な石獅子が鎮座している。国際通りの土産物店には、二〇～三〇㎝から四～五㎝の陶製のシーサーが、所狭しと並んでいる。伝統的な形態の物から逆立ちしたシーサーや笑ってるシーサー等々、作り手も多彩で、各々オリジナリティを発揮している。ストラップのシーサー、その他シーサーをデザインした小物類もわんさかである。住宅街でも瓦葺き住宅なら、屋根獅子がおり、コンクリートの住宅だと門柱に陶製のシーサーが睨みを効かせている。沖縄は世界で一番、シーサーが住んでいると言って間違いないだろう。

では沖縄に獅子が登場するのはいつのことだろう。首里城の正門である歓会門（かんかいもん）築造の際の一四七七年に門前に据えられたとされる一対の石獅子が、事例としては最も古いとされている。ついで一四九八年の円覚寺放生橋（えんかくじほうじょうばし）の勾欄親柱の石獅子や一五〇一年の王陵の玉御殿（たまうどぅん）（玉陵（ぎょくりょう））の屋根の塔上に置かれた石獅子などが続く。円覚寺の石獅子は玉御殿の石獅子とともに、そのフォルム、表情など傑作とされたが、戦災は何とか免れたものの、戦後、割られて持ち去られ、一部しか残っていない。また首里城には歓会門の他に瑞泉門（ずいせんもん）の前にも一対の石獅子が据えられており、正殿にも大屋根に獅子がおり、内部の装飾にも獅子が用いられている。

一五〜一六世紀の獅子は、王城の建築物に付随して、邪気を防ぐ神獣として対や複数での設置となっていた。玉御殿内の石棺にも獅子が彫刻されている。

近世の一七世紀以降、火災除けの役割を負った石獅子が登場する。火の山（ヒーザン）とされた八重瀬岳（やえせだけ）に向けて、首里の御茶屋御殿（うちゃやうどぅん）の庭の崖下に五彩の大きな石獅子が一六七七年に、また東風平富盛（こちんだともり）村にも大きな石獅子が一六八九年に設置された。さらに、村単位で外部から侵入する邪気を防ぐためとして石獅子（村獅子）が村の数カ所の出入り口に据えられるようになる。宜野湾喜友名（ぎのわんきゆな）集落など村獅子がよく保存されているが、石の塊に目や口の窪みを入れただけの素朴なものが多く、それも人気のもとである。

写真１　御茶屋御殿の石獅子

写真２　喜友名の石獅子

近代に至り、明治二〇年

写真３　屋根獅子

代に庶民にも瓦葺き家屋の造作が許され、さらに二〇、三〇年後の大正半ばに至って、那覇や糸満の個人住宅や商店の瓦屋根に屋根獅子が登場する。王国時代、瓦葺きが許されていた士の住宅の屋根に登ることのなかった獅子が、ここに至って屋根の中央に堂々と据えられるようになったのである。古琉球期に王城や玉御殿、寺院のための獅子が、近世に至って単独で火災予防の獅子となり、村の邪気返しの獅子となり、近代に至って個人住宅の守り神の屋根獅子となったのである。さらに現在は、置物となりストラップとなって、個人のお守りになっている。

第4部

沖縄アラカルト

「歓迎」を表す島言葉(しまくとぅば)
―琉球語への誘い―

西岡　敏

はじめに

沖縄県の島の空港に降り立つ。そこで迎えてくれる島のことばたち。「めんそーれ」（那覇）、「んみゃーち」（宮古）、「おーりとーり」（石垣）、「わーり」（与那国）。いずれも「ようこそ、いらっしゃい」「ウェルカム」を意味することばであることは推察される。島によってずいぶん言い方が違うものだなと感じられるだろう。事実、その通りで、沖縄島の人と宮古島の人がそれぞれの「しまくとぅば」（地域の言葉）で会話をすることはできない。二つの島の間に横たわる約三〇〇キロの海の隔たりが、島の言葉を「北琉球語」と「南琉球語」という異なる特徴を持った言語にした。そもそも琉球列島は、海域を含めれば、日本列島の本州に近いほどの長さを有している。東北部の奄美大島・喜界島から南西部の波照間島・与那国島までの広い範囲にわたり約五〇の有人島があるが、それぞれの島では独自の言語（琉球語諸方言＝しまくとぅば）が話され、また、その島内部においてもそれぞれの集落（共同体）で互いに少しずつ異なる言語が話されている(1)。

「しま」という言葉は、沖縄では「村」「集落」「生まれ故郷」を表すことばであり、その意味は古代日本語とも通じている。「しまくとぅば」という表現は、それぞれの「しま」が独自の言語を持っており、琉球列島で話されている言葉が多様であることをまさに言い表しているものと言えるだろう。

では、「めんそーれ」（那覇）、「んみゃーち」（宮古）、「おーりとーり」（石垣）、「わーり」（与那国）は、それぞれが全く関係のないことばなのであろうか。

否である。それぞれのことばは、一見まったく異なるように見えるかもしれないが、実は歴史的には深いつながりを持っている。いずれも琉球語がどのように変化していったかという系譜のなかで、捉えることのできることばである。本節では、沖縄県の空港で見かける「しまくとぅば」の「めんそーれ」「んみゃーち」「おーりとーり」「わーり」から出発して、琉球語のことばの旅へとみなさんを誘っていきたい。

(1) 本節では、沖縄県のことばに限定したため、奄美のことばについてはふれていない。奄美地域は鹿児島県に属するからである。しかし、奄美地域で話されていることばもまさしく琉球語の一部を占める。今回のテーマでも「いもりんしょり」、「いもーり」といった奄美の「歓迎（ウェルカム）」のことばを考察の対象に含めることができる。それぞれ「いみ-おわり-召し-おわれ」、「いみ-おわれ」と分析できる。

1　めんそーれ（沖縄）

(1)　「めんそーれ」って候言葉（そうろうことば）なの？

那覇空港では、この「めんそーれ」という沖縄の言葉、すなわち、「ウチナーグチ」が観光客を出迎える。標準日本語に翻訳すれば、「いらっしゃい」といったところであろうか。「めんそーれ」という言葉は、いったいどういう言葉なのだろう。「〜そーれ」というから、昔の候言葉が沖縄に残ったのだと、まことしやかに主張する人がいる。しかし、沖縄の古い文献をひもといたり、沖縄の方言を実地調査したりすれば、すぐに分かることであるが、候言葉はもっぱら和文の文章語のみで用いられるものであり、普段の沖縄の日常会話で使われるものではなかった。それでは、「めんそーれ」はどこから来ているのであろうか。(2)

写真１　めんそーれ（那覇空港）

「めんそーれ」だけを考えても、「めんそーれ」の由来は分からない。「めんそーれ」の終止形（辞書形）の

(2)　「めんそーれ」が一般によく知られている定型のウチナーグチ（沖縄語）かもしれないが、これに近い表現には「めんしぇーびてぃー」と言ったものもある。「めんしぇーびてぃー」のほうが「めんそーれ」よりも、「び」という丁寧語が付け加わっている分、相手に対する敬意がはっきりとあらわれており、またすでに到着している文脈ならば、過去の意味を含む「めんしぇーびてぃー」がふさわしい。「めんそーれ」が「いらっしゃい！」に相当するなら、「めんしぇーびてぃー」は「いらっしゃいましたか？」に相当する。

は「めんしぇーん」（いらっしゃる）と言う。「めんしぇーん」（いらっしゃる）は、「めんそーらん」（いらっしゃらない）、「めんそーち」（いらっしゃって）、「めんそーり」（いらっしゃい）といった形に変化する。こういった語形変化にも由来を探るヒントが隠されている。

(2)「めんそーれ」は候言葉にあらず

「めんそーれ」の由来について、最も説得力のある論を展開しているのは、仲宗根政善（なかそねせいぜん）（一九〇七〜一九九五）である。沖縄戦時のひめゆり学徒隊の引率者としても知られる仲宗根政善であるが、琉球語の研究者としても誉れが高く、仲宗根の故郷、今帰仁（なきじん）村の言葉を収集した『沖縄・今帰仁方言辞典』（一九八三年）は、琉球における方言辞典の金字塔の一つである。仲宗根は琉球語の敬語研究にも大きな成果を残している。

その中で、「めんそーれ」の語源についてもふれ、その言葉が「いみ-有り-召し-おわれ」に由来する可能性が高いことを、琉球各地の方言調査や歴史的な文献（「おもろさうし」や組踊台本など）から実証的に明らかにしている（仲宗根一九七六）。ここでは、仲宗根の論に従い、「めんそーれ」の由来を紹介したい。

まず、「いみ有り召しおわれ」の後半部の「召しおわれ」から説明を加えたい。「召しおわれ」は「召し」＋「おわれ」に分けられる。「召し」が、日本語の「召す」と関係があることはすぐ分かるが、「おわれ」は何であろうか。

「おわれ」は、実は日本語の「おはす（おわす）」と関係のある言葉である。ただし、正確には、「おわれ」は、「おはす（おわす）」がラ行化した「おわる」の命令形である、[3]と言わねばならない。「おはす（おわす）」はサ行動詞であり、そこにはラ行の要素は出てこない。ところが、「おはす（おわす）」から、琉球では「おわる」という終止形が「る」のラ行動詞になってしまうのである（この言語変化の現象を「類推変化」と言う）。
この現象は、すでに「おもろさうし」（一六～一七世紀）の言語の段階で現れており、第一巻の冒頭部分からも観察できる（外間守善二〇〇〇上：一四）。

あおりやへが節

一　聞得大君ぎや	聞得大君（琉球王国の最高神女）が
降れて　遊びよわれば	（天上から地上に）降りて神遊びをなさったからには
天が下	（国王様は）天下を
平らげて　ちよわれ	平定してましませ。
又　鳴響む精高子が	霊力にすぐれた人（聞得大君の別称）が
又　首里杜ぐすく	首里杜の城に
又　真玉杜ぐすく	真玉杜の城に

ここで出てくる「あすびよわれば」「ちよわれ」ということばは、「遊（あす）びー

（3）今日の「めんそーれ」は語末がエ段であるので、実際には「おわれば」という「已然形＋ば」の条件形に対応すると言ったほうが正しい。「めんそーり」という語末イ段の形が命令形に対応する。

おわれ-ば」「来（き）-おわれ」と分析できるのであるが、ここで抽出できる「おわれ」という要素は「おわる」というラ行動詞の変化形（具体的には已然形と命令形）であり、「おわす」というサ行動詞の変化形ではない（もし、「おわす」ならば、「遊（あす）び-おわせ-ば」「来（き）-おわせ」などとなるはずである）。すなわち、「おもろさうし」の時代の段階で、「おわる」という、日本語の「おはす（おわす）」と由来を同じくする琉球独自のことばが生じているのである。そして、それは現代の沖縄語へと受け継がれている。「めんそーれ」の最後が「れ」で終ることは、かつて琉球語で起こった「ラ行動詞化（ラ行化）」という言語変化の現象と大いに関わるのである。

ところが、興味深いことに、「おわる」は完全にラ行動詞化していない部分もある。そして、それがまた「おはす（おわす）」とのつながりを明らかにしてくれている。「〜して」というテ形と呼ばれる形を見てみよう。さきほど、「いらっしゃって」にあたる沖縄語の語形が「めんそーち」であることを見た。もし、完全にラ行動詞化していたら、他のラ行動詞、例えば「降る」:「降って」→「フティ」、「刈る」:「刈って」→「カティ」、「取る」:「取って」→「トゥティ」のように、テ形は「ティ」で終らねばならず、「めんそーち」ではなく、「めんそーてぃ」となるべきところである。実際の形は紛れもなく「めんそーち」であり、実のところここの部分は、サ行動詞的なところをいまだ残している。沖縄語のサ行動詞のテ形は「干す」:「干して」→「フチ」、「流す」:「流して」→「ナガチ」、「倒す」:「倒して」→「トーチ」のように、テ形は「チ」

になっている。「めんそーち」というテ形に限り、「おわして」というラ行化以前の部分（「おわす」：「おわして」）が残されている。サ行動詞的な姿を痕跡的に残している部分なのである。

次に、「めんそーれ」の語源とされる「いみ有り召しおわれ」の前半部「いみ有り」について、やはり仲宗根の論に基づき、解説したい。「いみ」について、仲宗根自身は、確証はないとしながらも、「上代語の『います』や『往ぬ』などと関係がありそうに思える」（仲宗根一九七六：四九六）としている。「いむ」という形の連用形が「いみ」であるから、「いむ」という形で「行く・来る」の意味をもつ語が古語にあれば理想であるけれども、そういったものが見つからないので、仲宗根は「います」や「往ぬ」とつなげたのであろう。

ここで、「めんそーれ」の冒頭「め」が、なぜ「いみ有り」になるのか、疑問に思われる向きがあるかもしれない。「みあ」の部分が「め」になるのは、miaの母音融合の結果であると理解できそうであるが、なぜ、そのもとの語形に「いみ有り」と、最初に「い」を持ってくる必要があるのであろうか。

これは「めんそーれ」の「め」の発音が、かつてはただの「め」ではなく（仮名ではなかなか表記しにくいのであるが）、喉を緊張させて発音させる「っめ」だったことが明らかにされているからである。『沖縄語辞典』と呼ばれる沖縄語の最も権威ある辞典の中で、「めんそーれ」の終止形である「めんしぇーん」は、[ʔmeNseeN]とローマ字標記されている（国立国語研究所一九六三：三五二）。この語頭の［ʔ］という発音は、北琉球語で特に重要とされるもので、声門閉鎖音（グロタル・ストップ）と呼ばれている。一旦、喉の声帯部分（声門）を緊張させて息を止め（閉鎖させ）、そこから呼気を破裂させて出す音声である。沖縄語ではブタの「ッワー」、ネズミの「ッウェンチュ」といった発音の語頭に観察される。実は、「めんそーれ」の語頭も元々はそういった声門閉鎖音を含む発音だったのである（しかし、それは現代には失われてしまった）。

この声門閉鎖音という音の出現には「い」や「う」などといった母音の脱落が深く関わっているとされている。「めんそーれ」の「め」が元は声門閉鎖音であることを知っていた仲宗根は「めんそーれ」の前半部の原型を「いみ有り」と分析し、母音「い」の脱落によって、声門閉鎖音を含む「っめ」が出現したとしたのである。[4]

また、「いみ有り」の「有り」についてであるが、ここでの「有り」は、「いむ」の連用形を補助動詞的に補っているものと見ることができる。敬語に関わる表現で、本動詞を補助動詞的に補う場合、「おわる」で補う場合と「有り」で補う場合の二種類がある。最初に見た「めんそーれ」（終止形は「めんしぇーん」）の語形変化は、「めんしぇーん」（いらっしゃる）、「めんそーらん」（いらっしゃらない）、「めんそーち」（いらっしゃって）、「めんそーり」（いらっしゃい）といった形であった。ここには、「んしぇーん」のようなエ段長音の形と、「んそーり」のようなオ段長音の形が混ざって、一つの活用（動詞変化）の体系を形作っている（「補充法」と呼ばれる）。一種の不規則活用と言えるの

（4）「いめんしぇーん」という「いめんしぇーん」よりも敬度の高い「いらっしゃる」があり（国立国語研究所一九六三：二五四）、現在でも用いられている。この形は、母音要素「い」を脱落させずにはっきりと残している形である。

であるが、「んしぇーん」のもとは「召し有り」であり、「んそーり」のもとは「召しおわれ」であり、それぞれ語源が異なると考えられる。それが、動詞変化（活用）では、一つの体系としてまとめられているのである。

「いみ有り」自体についても、同じようなことがある。「いみ有り」から「めーん」（いらっしゃる）という「平民の年長に対する敬語」（国立国語研究所一九六三：三六八）ができるのであるが、[5] これを命令形にする場合は「もーり」（いらっしゃい）となる。すなわち、「めーん」が「いみ有り」に由来する形であるのに対して、「もーり」は「いみおわれ」に由来する形なのである（これらの語頭も元は声門閉鎖音を含む音である）。「めんそーれ」を「いみ有り召しおわれ」に由来すると考える仲宗根政善の説は最も納得がいくものである。「召しおわれ」の部分は、現在の沖縄語では「ミソーリ」「ンソーリ」などとなっているが、近世琉球時代の組踊にも「ミショリ」の形で盛んに用いられ、現在の沖縄語との深いつながりを見出すことができる。

御気張りよめしやうれ、　ウチバイユ　ミショリ、
宿に戻やべら。　ヤドゥニ　ムドゥヤビラ。
たう丶丶御立ちめしやうれ。　トートー　ウタチ　ミショリ。
（がんばってください、宿に戻りましょう。さあさあ、お立ちください。）
（組踊「忠士身替の巻」伊波一九九二［一九二九］：一一四）

（5）「めんしぇーん」と「いめんしぇーん」の関係と同じく、「めーん」には「いめーん」という言い方もある（国立国語研究所一九六三：二二五四）。

2　んみゃーち（宮古）

宮古空港では「んみゃーち」という言葉が観光客を迎える。この「んみゃーち」の由来についても、仲宗根政善の論考が大いに参考になる。この終止形（辞書形）は「ンミャマズ゚」「ンミャーズ゚」という形である。[6]「んみゃーち」と長音の部分があるが、「んみゃまち」という「ま」の要素が入ることもある。仲宗根は、「いらっしゃる」にあたる「ンミャマズ゚」と「なさる」にあたる「サマズ゚」を比較し、後者が「する」の連用形「し」に敬語の要素「アマズ゚」が付いたと考えるのならば、前者も「いむ」の連用形「いみ」に「アマズ゚」が付いたのではなかろうか、と考えている（仲宗根一九七六：四九六）。仲宗根は、この宮古語の「いみ」と、さきほどの「メンソーレ」の語源で出た「いみ有り召しおわれ」の沖縄語の「いみ」とは同根であ

写真 2　んみゃーち（宮古空港、写真提供：宮古空港ターミナル株式会社）

写真 3　んみゃーち（宮古市内、写真提供：当山昌直氏）

るとしているのである。

残った「アマス゚」という要素について、仲宗根の言及はなく、現在のところ証明することは難しいが、「有り」＋「おわす」に由来するのではないかと考えている。宮古ではW音がb音で発音されるようになっていることを考えると、「おわす」の「わす」は「ばす」となり、さらには「ます」になったかもしれない。あるいはよくある音変化のようにW音が脱落して「おわす」から「あーす」になったかもしれない。

「んみゃーち」はおそらく「いみ‐有り‐おわして」に由来するのであろう。これが正しいとすると、沖縄語の「めんそーれ」：「いみ‐有り‐召し‐おわれ」の「召し」以外の部分と共通することになる。(7)

3　おーりとーり（石垣）

石垣空港では「おーりとーり」が「ようこそ」「いらっしゃい」にあたる「歓迎（ウェルカム）」のことばとして観光客を迎える。「おーりとーり」の由来は果たしていかなるものであろうか。

「おーりとーり」は、実は丁寧に言うと、「おーりたぼーり」となる。すなわち、「とーり」は、「たぼーり」が発音しやすいように音変化した形なのである。このことが「おー

（6）「ンミャマス゚」の「ス゚」は、いわゆる「宮古仮名」で、音声記号で書けば[ï][zï][ɿ][z]などと表され、研究者によって「中舌母音」「舌尖母音」「子音」といった異なった解釈がなされるものである。また、「ンミャマス゚」の語頭の「ン」は正確に表記すれば[m]であり、宮古語では[m]単独で音節を作ることができる。

（7）語頭は、宮古では「んみゃ」、沖縄では「め」（正確には「っめ」）となっている。宮古語のア段拗音と沖縄語のエ段との音の対応は、宮古語の「無い」が「ニャーン」であるのに対して沖縄語が「ネーン」、宮古の「細工（大工のこと）」が「サヤフ」であるのに対して沖縄語が「シェーク」となるなど、相似的な対応例がいくつか見られる。

写真４　おーりとーり（石垣空港、写真提供：石垣空港ターミナル株式会社）

りとーり」の語源解釈に大きなヒントを与えてくれる。「たぼーり」は、石垣（八重山）だけでなく、沖縄でも歌のことばとして盛んに用いられる。

我んや虎でむぬ　羽付きてぃたぼり　私は虎であるから、羽を付けてください。

（沖縄民謡「ヒヤミカチ節」より）

「たぼーり」をさらに分析すると、「たび-おーり」となる。「たび」は古語の「給ぶ」「給う」（くださる）などと関係のあることば、そして、「おわれ」（いらっしゃい）と関係のあることばだと推察することができる（沖縄古語大辞典編集委員会一九九五）。そして、「おーりとーり（おーり　たび-おーり）」の最初の「おーり」のほうも、まさに「おわれ」と結びつくことばなのである。ただし、それぞれ若干、意味の違いはある。最初の「おーり」は「いらっしゃる」という意味を含み、「たび」の後の二番目の「おーり」は「～なさる」という尊敬語の一般形を作るときにも付けられる要素で「いらっしゃる」という「行く・来る・いる」の意味はもはや失われている。「おーりとーり」は「おーり　たび‐おーり」で、逐語訳すれば「いらっしゃって　くださいまして（ありがとうございます）」ということになるであろう。

この「おーり」（語源「おわる」）の使い方は、沖縄島では滅びてしまった言い方である。「おもろさうし」の時代、沖縄島では「おわる」だけで「いらっしゃる」の尊敬語の意味になりえた。

首里　おわる　てだこが・・・（首里にいらっしゃる国王様が・・・）
（「おもろさうし」十三巻七四九（外間二〇〇〇下：十一））

しかし、沖縄島では「組踊」の時代になると、敬意の度合いが低下し、「おわる」は自分の動作や目下の者に対して用いられるようになってしまう。次の「やうれ（ヨーリ）」は、「おわる」の命令形「おわれ」の組踊における形である。

酒よ酒よ　出しやうれ出しやうれ。（酒を酒を出しなさい、出しなさい）
（組踊「護佐丸敵討」より、主君の阿摩和利から家来の者に向かって伊波一九九二［一九二九］：三八）

代わって、沖縄では、前に「召す」を付けた「召しおわる」という形が、尊敬語の表現として用いられるようになり、それが「めんそーれ」の「んそーれ」や「ゆみみそーち」（お読みになって）の「みそーち」となって現代にも受け継がれるようになるのである。

ところが、「おわる」は、石垣などの八重山地域では、沖縄の「おもろさうし」の時代と同じく、「召す」の補いなしに敬語となる意味を残している。すなわち、この要素に関して言うならば、「中央」の沖縄で失われた意味が、「周辺」の石垣（八重山）において保持されているという現象が見出せるのである。

4　わーり（与那国）

さて、「歓迎（ウェルカム）」のことばの旅も日本最西端の与那国島までやってきた。与那国島では「わーり」という（あるいは「わり」と短くも言う）。もうお分かりであろう。これは「おわれ」（おわる）の変化した形である。与那国では、「おわれ」単独で「いらっしゃい」の意味になっている。(8) 他の地域の沖縄、宮古、八重山では、この「おわれ」の要素の前や後に色々な要素をつけながら、「いらっしゃい」（ようこそ、歓迎）の意味を表してきた。沖縄は「いみ‐有り‐召し‐おわれ」、宮古は「いみ‐有り‐おわして」、八重山は「おわれ　たび‐おわれ」である。それらに対して与那国は「おわれ」のみで

（8）宮古島と石垣島のほぼ真ん中にある多良間島方言でも「いらっしゃい」は「わーり」と表現する。

ある。その単純さは、沖縄島では「おもろさうし」の時代の敬語の使われ方を想起させる。琉球における最も古層の敬語表現が、与那国島の今の「歓迎（ウェルカム）」のことばとして、表されているると見ることができるだろう。

まとめ――琉球語の復権――

本節では、「歓迎（ウェルカム）」を表す島々のことば「めんそーれ」「んみゃーち」「おーりとーり」「わーり」を軸として、そのそれぞれのことばの成り立ちとつながりについて紹介した。こうしたことが紹介できるのは、各島々の方言調査や文献調査を経て、琉球語の研究が進んできたからである。しかしながら、現在、琉球語の各地域の方言（琉球語諸方言、しまくとぅば）は、話し手の高齢化が進み、このままで進んでいけば消滅してしまうという危機的な状況を迎えている。二〇〇九年、ユネスコは、伝統的な琉球語として、「奄美語」「国頭語」「沖縄語」「宮古語」「八重山語」「与那国語」の六言語を消滅の危機に瀕する言語（危機言語）として指定した。若年層はすでに地元の言葉を理解できなくなっており、どの地域でも第一習得言語が標準語になっていくという琉球語の未来にとっては深刻な事態が生じている。

しかし、琉球語の復権に向けた動きも徐々にではあるが進んできた。「しまくとぅ

写真５　沖縄国際大学第５回琉球語スピーチコンテストでの記念撮影

ば」によるスピーチコンテストや「しまくとぅば」教室が盛んになり、地元の新聞でも「しまくとぅば」を特集するものが毎週掲載されるようになった。公共の演説などにおいても「しまくとぅば」を交えたスタイルが普通に行われるようになった。最近でも、沖縄県知事が「はなしくゎっちー」（話のごちそう、おいしい話だけで中身がないこと）であるとか、「うちなーんちゅ　うしぇーてー　ないびらんどー」（沖縄人をないがしろにしてはなりませんよ）などと標準日本語の中にしまくとぅばを織り交ぜながら、演説を行っている。学校教育においても「しまくとぅば読本」が作られ、沖縄県の中学校二年生と小学校五年生全員に配布されている（二〇一五年）。琉球処分（一八七九年）の翌年に『沖縄対話』（一八八〇年）という標準日本語の教科書が沖縄県学務部より発刊されたが、それから一三〇年以上を経て、「しまくとぅば」がようやく学校教育に入ってきたのである。

こうした動きが琉球語の継承にどれだけ役立つかは分からない。また、話者の消滅という危機的な状況が迫っていることも否定できない。しかし、長い冬の時代を経て、その危機的な状況にある琉球語が復権しつつあるというのは、確かな状況であると言えるのだろう。

〔参考文献〕（編著者の五十音順）
伊波普猷『校註琉球戯曲集　復刻版』当間一郎［編］　宜野湾：榕樹社　一九九二年［一九二九年］
沖縄古語大辞典編集委員会［編］『沖縄古語大辞典』東京：角川書店　一九九五年
国立国語研究所［編］『沖縄語辞典』東京：大蔵省印刷局　一九六三年
仲宗根政善「宮古および沖縄本島方言の敬語法―『いらっしゃる』を中心として―」『沖縄自然・文化・社会』九学会連合沖縄調査委員会［編］　東京：弘文堂　一九七六年
西岡敏「琉球語―シマごとに異なる方言」『日本の危機言語』呉人恵［編］　札幌：北海道大学出版会　二〇一一年
西岡敏「琉球方言の敬語研究の展望」『沖縄文化』一一四号　那覇：沖縄文化協会　二〇一三年
外間守善［校注］『おもろさうし』（上・下）　東京：岩波文庫　二〇〇〇年
山田真寛「琉球与那国語の敬語体系」　日本言語学会第百五十回大会（於：大東文化大学）予稿集　二〇一五年

column

チャンプルー

西岡　敏

「チャンプルー」という沖縄語は、元来は、沖縄料理の中でいろいろな具材を混ぜ合わせた炒め物を表すことばである。そこから派生して、周囲から入ってくる外来文化が混合し、固有の文化と合わさって、文化の坩堝（るつぼ）のような状態になっている沖縄文化のことを比喩的に指すようにもなり、「チャンプルー文化」といったことばも使われるようになった。米軍基地の存在によって、さまざまな国籍や地域の人々が集中した沖縄市（旧コザ市）などを中心に、この「チャンプルー文化」がアピールされている。

「チャンプルー」という沖縄料理は、肉、野菜、豆腐などを油で炒めて混ぜ合わせたものである。メインの食材が何かによって、どういったチャンプルーかの料理名が付けられている。メインの食材が「ゴーヤー（苦瓜）」であれば「ゴーヤーチャンプルー」、「マーミナ（もやし）」であれば、「マーミナチャンプルー」、「タマナ（キャベツ）」であれば「タマナーチャンプルー」と名付けられている。これら料理の特徴として、メインの食材にプラスして、豆腐が加わっていることが挙げられる。豆腐が一部の具材として使われなければ「チャンプルー」料理とは言えないとする向きもある。

沖縄料理には、「チャンプルー」以外にも炒め物を表すことばがある。「イリチー」とか「タシヤー」と呼ばれるものである。

「イリチー」（「イリチャー」とも言う）は「クーブイリチー（昆布の炒め物）」や「フーイリチー（麩の炒め物）」

など、乾物を戻して炒める料理に多く使われる。「クーブイリチー」は寒い地方から輸入された昆布の細切りが、「フーイリチー」は沖縄特産の車麩（くるまぶ）がメインの食材となり、油で炒めた後に、ダシ汁と調味料で味を調えることがポイントとなっている。「イリチー」は、日本語の「いる」（炒る）と関係がありそうな語で、沖縄語では動詞「イリチュン」の連用形に相当する。

「タシヤー」も、炒め物を指すことばで、しばしば使われるのは「ソーミンタシヤー」（素麺の炒め物）という料理名である。他にも「タシヤーウブン」（ご飯の炒め物、炒めご飯）といった言い方がある。「タシヤー」は、沖縄語の動詞「タシユン」（炒める）の連用形に「ア」（～のもの、～する人などを表す要素）が加わって「炒めもの」を指すことばとなったものである。素麺やご飯など、水気を含ませて柔らかくした食材をメインとして、それらを油で炒めることに特徴がある。

ゴーヤーチャンプルー

最近では、「チャンプルー」ということばが有名になりすぎたせいかもしれないが、「フーイリチー」を「フーチャンプルー」、「ソーミンタシヤー」を「ソーミンチャンプルー」という傾向にあるようである。これら料理には豆腐は入らないので、「豆腐が入らないものはチャンプルー料理にあらず」だとすれば、やはり「フーイリチー」「ソーミンタシヤー」と言うべきなのかもしれない。

よく話題にされる「チャンプルー」の語源であるが、福建語（あるいは中国語）からの借用説、インドネシア語（あるいはマレー語）由来説など、諸説あり、どれに特定できるかは難しい。ただし、インドネシア語（マレー語）のnasi campur（混ぜご飯）の、campur、「長崎ちゃんぽん」の「ちゃんぽん」、そして、沖縄の「～チャンプルー」

はいずれも料理に使われているという共通性がある。

最初で述べたとおり、「チャンプルー」は、沖縄料理という料理の枠に留まらず、固有文化と外来文化が混合する沖縄の文化状況についても言うようになり、小国琉球であった沖縄が、大国（中国・日本・米国）や移住者による文化的影響を巧みに取り入れ、融合させて発展するさまを肯定的に捉えて言うことばとなっている。それが沖縄語であることから、沖縄人の文化的アイデンティティーを象徴的に表すものとしても用いられるようになっている。

沖縄ポップの旗手として知られるネーネーズに「アメリカ通り」（作詞：ビセ・カツ、作曲：知名定男）という歌がある。それはまさにコザの「チャンプルー文化」賛歌の歌である。

♪ アメリカ通りのたそがれは　ロックに島唄　ラップにレゲエ
我っ達（わったー）島や　コザの街
チャンプルー　チャンプルー　チャンポン　チャンポン
アメリカ通り

〔参考文献〕
国立国語研究所〔編〕『沖縄語辞典』東京：大蔵省印刷局　一九六三年
西岡敏・仲原穣『沖縄語の入門―たのしいウチナーグチ―』伊狩典子・中島由美〔協力〕東京：白水社　二〇〇〇年
西村秀三「チャンプルー」『沖縄民俗辞典』渡邊欣雄・岡野宣勝・佐藤壮広・塩月亮子・宮下克也〔編〕東京：吉川弘文館　二〇〇八年

沖縄の芸能

狩俣恵一

はじめに

琉球王国時代の芸能は、王家を中心とした琉球士族の宮廷芸能と地域の民俗芸能に分類される。宮廷芸能には、琉球王冊封の折のウクヮンシンウドゥイ（御冠船踊り）や薩摩上国及び江戸上りの芸能などがあった。また、民俗芸能には、神歌・巻踊り・チョンダラー（京太郎）の芸能・ウスデーク・ユングトゥなど祭りの芸能があり、ニンブチャー（念仏者）のエイサーやアンガマ踊りも行われた。

一八七九年、琉球王国が崩壊すると、那覇の街を中心に商業芸能の沖縄芝居が誕生した。沖縄芝居役者は、新しい雑踊（ぞうおど）りや沖縄歌劇などをつくると同時に、宮廷芸能を洗練させ古典化を進めた。

つまり、琉球・沖縄の芸能は、「琉球王国時代の宮廷芸能とその系譜の古典芸能」「村祭りで伝承した民俗芸能」「明治以降に誕生した商業芸能の沖縄芝居」の三種類に大別される。そして、それらの芸能は、ヤマト（日本）・中国・東南アジアなどの影響を受けると同時に、三種類の芸能が相互に響き合って今日まで継承してきた。

なかでも、三線は中国の三絃が琉球に伝来し、宮廷演奏家によって洗練された。おかげで、琉球の宮廷芸能は深化すると同時に、地域の民俗芸能や沖縄芝居でも三線は大きな役割を果たしている。例えば、明治時代に誕生した沖縄芝居では、島々村々の古歌謡を吸い上げて新しい三線歌をつくり、雑踊りや沖縄歌劇の花を咲かせた。

一　琉球王国の宮廷芸能

琉球王国の宮廷芸能は、御冠船踊りと江戸上りの芸能が中心であった。御冠船踊りは、中国皇帝の使者（冊封使（さっぽうし））を迎えて上演した。「御冠船」とは、琉球王の冊封式に来琉する船のことで、王冠や交易品を積んできた。御冠船踊りの演者はすべて琉球士族の男子であり、鑑賞者は冊封使と琉球王であった。

冊封使は、武寧王の一四〇四年にはじめて来琉した。その頃も、接待の芸能を行ったと思われるが、国家行事としての御冠船踊りのスタイルが整ったのは、三線による琉歌の演奏や踊りの披露が可能となった頃であろう。また、冊封使の滞在中に行われた七つの大宴（諭祭宴・冊封宴・仲秋宴・重陽宴・餞別宴・拝辞宴・望舟宴）が定式化したのは、尚豊王の一六三三年の冊封からである。(1)

玉城朝薫は、尚敬王の冊封（一七一九年）のとき、はじめて組踊を上演した。それ以降、御冠船踊りの芸能は、組踊及び若衆踊りを中心に、女踊り・オモロ・老人踊り・まりをどり（獅子舞）などに固定化され、組踊は琉球王国の威信をかけた芸能として継承されるようになった。

写真１　組踊「大川敵討」

御冠船踊りの組踊は、一八六六年のいわゆる「寅の御冠船」まで演じたが、冊封使はその間に六回来琉した。単純に平均すると、約二十五年に一回の割合で御冠船踊りが行われたことになる。したがって、立方として、同一人物が御冠船踊りに二回出演することはほとんどなかったと考えてよい。というのは、立方は十代～二十代で引退したからである。

（1）池宮正治『池宮正治著作集２　琉球芸能総論』一〇七頁、笠間書院、二〇一五年

素人役者である琉球士族の舞台稽古は、冊封使が来琉するおよそ一年前に始まり、冊封使が帰帆（きはん）した後の慰労の宴で終了した。そして、次の御冠船踊りまでは、琉球王国の式楽（しきがく）としての舞台芸はなかった。ただし、長寿の祝いなどで行われることもあったが、それは余興芸能であった。また、通常の組踊は琉球士族の文化サロンで、〈唱え〉や〈琉歌〉を演唱するお座敷芸であった。それゆえ、クミウドゥイチチュン（組踊を聴く）という言葉が残っている。

組踊・若衆踊り・女踊り・老人踊りと並ぶもう一つの宮廷芸能は、御国元（薩摩）や江戸上りなどで演じた二才踊りである。沖縄県立博物館・美術館所蔵の「琉球人舞楽御巻物」は、天保三（一八三二）年の江戸上りの折、肥後藩の御用絵師杉谷行直（すぎたにゆきなお）が薩摩屋敷で描いたものである。[2] 同絵巻の「御代治（みよじ）口説」は、御代が太平に治まることを歌い踊っているが、軽快で笑いを誘うような踊り方である。洗練された現在の「口説（クドゥチ）」とは、かなり異なっている。ちなみに、口説の詞章は、八八八六の琉歌形式ではなくヤマトの七五調であり、琉球から薩摩や江戸への旅などを歌っている。

滑稽な二才踊りの「網打踊り」も描かれている。この踊りは、腰に籠を括りつけたコミカルな踊りで、渡嘉敷守良（とかしきしゅりょう）が川崎にいた頃考案したと伝える同名の踊りによく似ている。守良の「網打踊り」は、同絵巻の踊りとルーツを同じくするものと思われる。同絵巻の数点の二才踊りはいずれも軽快な踊りで、なかには腰をかがめて笑いを誘うように踊っているものもある。江戸上りの二才踊りは座興的カチャーシー的な踊りで

（2）池宮正治『池宮正治著作集2 琉球芸能総論』二七四頁、笠間書院、二〇一五年

あり、品格を重んじた御冠船踊りの芸能とは異なっていた。

ところで、江戸上りでは若衆の楽童子に人気が集中したが、若衆踊りそのものを踊ることはなく、[3]上述の二才踊りと女踊り、それに唐人踊りなどが披露された。また、王子を代表とした琉球人一行は、道中では中国の路地楽を奏した。朝鮮通信使と同様、異国の琉球を強調するためであろう。

要するに、御冠船踊りのメイン芸能は組踊と若衆踊りであったが、江戸上りのメイン芸能は二才踊りと唐人踊りであった。なかでも御冠船踊りの組踊は、世界の文化国家の中国を相手に、琉球王国の誇りと品格を示す芸能であり、琉球王国の威信をかけた式楽であった。

(3) 矢野輝雄『沖縄舞踊の歴史』一五〇頁、築地書房、一九八八年

二　地域の民俗芸能

琉球・沖縄の民俗芸能は、手拍子や打楽器で歌い踊られる野外の芸能とバンク(仮設舞台)の芸能に分類される。いずれも村祭りで行われたが、祭りは「祈り」が基本である。野外の祭りにおいても「祈り」を第一とし、祈願成就の神歌が歌われ、身振り手振りを伴う芸能が行われた。

野外の芸能には、神歌・お盆の念仏歌・綱引き歌・舟漕ぎ競争のハーレー歌、巻踊

写真２　十五夜の祭り（竹富島）

り歌などがあり、それに身振り手振りを伴う集団の踊りであった。ちなみに、クイチャー、エイサーなども、手拍子や打楽器で歌い踊る野外芸能であったが、後に三線で歌い踊るようになり、現在では舞台でも踊るようになった。

それら野外の芸能に対して、バンク（仮設舞台）の芸能は、首里城の御冠船踊りに倣ったもので、演目や衣裳などからも、宮廷芸能が地方へと広まったことを示している。村踊りのバンク芸能では、御冠船踊りの組踊をはじめ、若衆踊り・女踊り・百二十歳の老人が登場する「長者の大主」、それに二才踊りなどが演じられた。また、八重山のバンク芸能では、琉球の御冠船踊りの他、「八重山節歌」による八重山舞踊が発達した。その要因は、八重山士族の間では琉球士族の三線楽譜のクンクンシ（工工四）が定着し、八重山歌謡のフシウタ（節歌）が歌われ、それに踊りが伴うようになったからである。

ただし、御冠船踊りとバンクの民俗芸能の精神性は大きく異なっていた。前者が琉球王国の威信をかけた式楽であったのに対し、後者のバンク芸能は神と共に歌い遊び、豊作や幸せを祈る芸能である。したがって、御冠船踊りとバンク芸能では、同名

写真３　祭りの芸能（石垣島）

の舞踊または同名の組踊であっても、その精神性は大きく異なっている。

三　歌三線（地謡）と琉球芸能（立方）の継承

御冠船踊りをはじめとする琉球宮廷芸能の役者（立方）は、生涯をかけて芸を磨くことはなく、専門の立方として歴史上に名を残すこともほとんどなかった。ただし、組踊創始者の玉城朝薫やその子息の奥平朝喜が琉球王国時代の立方として知られているが、彼らは踊奉行であったがゆえに名を残したのである。

しかし、歌三線では、了線（一六一五～一六六三年）、湛水親方（一六二三～一六八三年）、屋嘉比朝寄（一七一六～一七七五年）、知念積高（一七六一～一八二八年）など、多くの優れた演奏家が歴史に名を残した。了線は盲目の楽人であり、屋嘉比朝寄も眼病を患い失明した。知念積高は、「知念ミーハガー（目はげ）」の異名があった。ヤマトでは瞽女や盲僧たちが琵琶・琴・三味線の演奏に長けていたが、琉球においても同様であった。琉球の優れた音楽家は本土同様、西洋的な美声の持主というよりも鋭く研ぎ澄まされたよい耳をもっていた。そして、歌三線の奏者は、時代が下るとともに、宮廷楽士として琉球国王に仕えることを誇りとするようになった。おかげで、三線の名工・名器が生まれた。歌三線の演奏家は、立方に比べて高度に洗練された技芸を有していたのである。

一八七九年、琉球王国が崩壊すると、士族層の多くが失業した。生活に困窮した下層士族は哀れな生活だった。没落士族の宮廷芸能経験者は、料亭や祝宴などで演じ、礼金を貰って生活の足しにした。

明治十五、六年頃、那覇の埋立地仲毛に簡単な芝居小屋をつくり、入場料をとって芸能を披露するようになった。いわゆるカマジー芝居であり、商業芸能の沖縄芝居の始まりである。仮設舞台と屋根なしの広場をカマスで囲っただけの粗末なものだったが、一八八九年頃辻端道に芝居小屋を建て、一八九一年（明治二四）頃には仲毛の仮小屋跡に本格的な芝居小屋を建てた。

カマジー芝居の当初は、観たこともない宮廷芸能とあって大勢の観客がおし寄せた。しかし、テンポが遅く、アーウーにしか聞こえない歌三線の宮廷芸能は飽きられ、客足は遠のいた。彼らは集客のため、比較的テンポの速い地方の民謡を取り入れて新しい「雑踊り（ぞうおど）」をつくり、「沖縄歌劇」を生み出した。その背景には、琉球王国時代からのお座敷芸・宴会芸としてのアッチャメーの踊りがあった。アッチャメーの踊りは、今で言うならばカチャーシー的な踊りである。また、本土の壮士芝居や新派・新劇の他、シェークスピア劇も演じたが、それらはすべてウチナーグチ（沖縄言葉）の翻案ものだった。また、琉球・沖縄の伝説や歴史物語を演劇化したセリフ劇の「琉球史劇」「人情劇」なども人気があった。

沖縄芝居の人気のおかげで立方が注目され、人気役者が登場するようになった。それら沖縄芝居の役者には二つのタイプがあった。一つは、雑踊り・沖縄歌劇・琉球史劇・人情劇・西洋演劇・壮士芝居・本土の旧劇・新劇の翻案劇などの娯楽芸能に取組むと同時に、宮廷芸能の古典化を進める芝居役者である。二つには、宮廷芸能や古典芸能には関心を示さず、娯楽の芸能に力を注いだ役者たちである。

前者は、玉城盛重(たまぐすくせいじゅう)・新垣松含(あらかきしょうがん)・渡嘉敷守良(とかしきしゅりょう)などであった。彼らは、御冠船踊りの芸を弟子や遊女たちに教え、舞台芸としての様式化・古典化を進めて舞台発表を行った。そして、それにつづく第二世代の玉城盛義(たまぐすくせいぎ)・真境名由康(まじきなゆうこう)・島袋光裕(しまぶくろこうゆう)・宇根伸三郎(うねしんざぶろう)・親泊興照(おやどまりこうしょう)・宮城能造(みやぎのうぞう)たちも弟子たちに古典化した宮廷舞踊を教え、舞台発表を行った。彼ら第二世代も、通常の稽古では古典舞踊や組踊を教えたが、公演が近づくと新作の踊りを稽古し、本番の舞台発表では古典芸能と新作の両方を演じた。彼らの特徴は、若い頃はステージプロとして活躍し、後にレッスンプロに軸足を置いて活動したことである。そして、日常的に「教える」ことで、洗練した身体の様式化を行い、それが結果として宮廷芸能の古典化を進めることになった。

それに対して、宮廷芸能系の古典音楽や古典舞踊及び組踊にはそれほど関心を示さず、新しい娯楽芸能に軸足を置いた役者たちがいた。上間正品(うえませいひん)・我如古弥栄(がねこやえい)・鉢嶺喜次(はちみねきじ)・伊良波尹吉(いらはいんきち)・翁長小次郎(おながこじろう)・与座朝明(よざともあき)・大宜見小太郎(おおぎみこたろう)・真喜志康忠(まきしこうちゅう)などである。また、上間郁子(うえまいくこ)は戦後、女性役者だけの乙姫劇団を結成した。新しい沖縄芝居に専念する役者は、舞踊道場を開いて弟子に教えることよりも、ステージプロとして活躍した。商業芸能に徹した新しい芸能に力を注いだのである。

そして、昭和四十年代以降、ステージプロの衰退と同時に男性の芸能家が極端に少なくなり、レッスンプロによる歌三線の研究所や婦女子のお稽古事の舞踊研究所が数多く生まれた。その結果、女性舞踊家が輩出し、組踊にも女性舞踊家が出演するようになった。また、宮城美能留（みやぎみのる）は、民俗学者の三隅治雄と組んで新しい沖縄舞踊をつくった。彼らの「太陽（ティダ）燃える島」は、民俗舞踊を取り入れた質の高い娯楽芸能であり、新しい演出の舞踊劇であった。

四　琉球芸能の女形

琉球芸能の女形の身体技法は、歌舞伎の女形とは異なっている。歌舞伎の女形は内股で歩き、しなをつくり、柔らかな女性になりきることを目指すが、沖縄芸能の女形は男の力技で女性を表現する。

例えば、組踊の女形は、男性のように足を開いて立つ。そして、ガマク（腰及び脇腹）を使い、下半身の力技で柔らかな女の身体をつくる。本当は、かなりの重圧が下半身にかかるので、初心者の女形の稽古は激しい筋肉痛に悩まされる。また、かなりの熟

写真４　組踊の女形

練者でも、身体や足をねじるので、軽い捻挫状態になるほどである。また、重圧のかかった下半身を柔らかく見せるため、写真のように左足のつま先を挙げる。それゆえ、沖縄芸能の女形は、「肉に骨を入れる」と言われ、なよなよと演じることはない。

また、民俗芸能の女形は、男の身体そのままで、少し声を高くする程度である。女の声色をつくり、しなをつくることは嫌われる。右は竹富島の種子取祭の「スル（キビナゴ）掬い狂言」の女形である。その写真の女形は薄化粧をして紅を刺しているが、両足の向き、立姿はほぼ男のままであり、頭のタオルのみが女性である。

五　沖縄芸能の魅力と課題

琉球芸能は明治以降、玉城盛重をはじめとする沖縄芝居役者たちが日常的に教える

写真５　民俗芸能の女形

ことを通して、宮廷芸能を洗練させ古典化を進め、「熟成した芸」を目指した。しかし、その一方で彼らは、伝統的な身体技法による振付を行い、新しい雑踊り・歌劇・舞踊劇・琉球史劇・人情劇などをつくった。それらの作品は、個人の独創的な「創作」ではなく、琉球・沖縄の物語を伝統的な身体様式で再構成したものであり、沖縄の人々の共感が得やすい沖縄共同体の「新作」芸能であった。

近年の沖縄芸能は、エイサーの人気が国内のみならず世界に広がり、「新作組踊」が話題を集め、「創作舞踊」のコンクールが行われるようになった。そして、それらの「新作」は、個人の才能を活かした創意工夫と近代的な演出を目指し、新しい沖縄の芸能を拓くものと期待されている。

写真 6　エイサー

換言するならば、近年の沖縄芸能は、個人の独創性を求めると同時に、鮮度のよい芸を求めるようになった。人気のエイサーにかぎらず、話題の新作組踊や創作舞踊なども若い人々が演じる芸能であり、若手役者・若手演奏家・若手演出家の揃い踏みである。それゆえ、沖縄の芸能は若さと活気に溢れた芸能として人気を博するようになった。しかし一方では、玉城盛重をはじめとする先達が目指した「熟成した芸」への道は、かぎりなく細くなった。将来のある若き役者たちが消耗品とならないためにも、「琉球・沖縄の芸能継承はどうあるべきか」について再検討することが望まれる。

〔参考文献〕
伊波普猷『琉球戯曲集』(伊波普猷全集 第三巻) 平凡社 一九七四年
本田安次著作集『日本の傳統芸能 第十九巻』錦正社 一九九九年
矢野輝雄『沖縄舞踊の歴史』築地書館 一九八八年
矢野輝雄『沖縄芸能史話』日本放送出版協会 一九七四年
矢野輝雄『組踊を聴く』瑞木書房 二〇〇三年
池宮正治『池宮正治著作集2 琉球芸能総論』一〇七頁 笠間書院 二〇一五年
金武良章『御冠船夜話』二八〜二九頁 若夏社 一九八三年
渡嘉敷守良「ある俳優の記録」三隅治雄編『沖縄の芸能』邦楽と舞踊出版 一九六九年、後に「自叙伝」として『沖縄演劇界の巨匠 渡嘉敷守良の世界』所収 二〇〇五年

column

琉球芸能と国立劇場おきなわ

狩俣恵一

泡盛は沖縄のヒット商品であり、全国の居酒屋・酒店・コンビニなどでも売られている。泡盛の成功には、メーカーの品質改良と沖縄県酒造連合組合の組織的なPR活動が功を奏したと思われるが、琉球王朝文化の古酒に力を注いだことも成功の要因であろう。

古酒を造りつづけるには、心とお金のゆとりが必要である。琉球王国の上層士族たちは、我が門中（一族）のため、子孫のために古酒造りを継承した。そして、それを受け継いだ泡盛メーカーは、古酒に力を入れて高級な泡盛ブランドをつくりあげた。沖縄の芸能にも、泡盛と同じく高品質に仕上げる新しい沖縄芝居の芸と、古酒と同じく時間をかけて熟成させる古典芸能がある。かつては、沖縄芝居役者がその両方の芸能を担っていた。

琉球・沖縄の芸能を振り返ってみると、琉球王朝文化の組踊や琉球舞踊は男性の芸能であった。明治以降は、芝居役者が琉球士族から受け継いだ教養主義的な宮廷芸能に磨きをかけて古典芸能をつくると同時に、それを礎として沖縄の民俗芸能や本土の芸能などを取り入れた娯楽的で庶民的な沖縄芝居を創出した。しかし、客離れで男性芝居役者が減少すると、女性の舞踊家が登場した。ステージプロが経済的に自立できなくなり、レッスンプロによるお稽古事の芸能が普及したのである。おかげで、女性の舞踊家が圧倒的に多くなり、組踊にも出演した。

そして、国の重要無形文化財として一九七二年には組踊が、二〇〇九年に琉球舞踊が指定され、二〇一〇年には組踊が世界文化遺産に登録された。また、沖縄県立芸術大学や国立劇場おきなわの養成所が創設され、若手古典芸能家が輩出するようになった。ちなみに、琉球王国時代の宮廷芸能は官営であったが、明治～昭和四〇年頃までは沖縄芝居役者による民間の商業芸能であり、一九七二年の復帰以後は県や国が強力に後押しする公益性の高い芸能となった。

また、歌・三線奏者の場合は「熟成した演奏」や「枯れた演奏」も聴けるが、舞台役者の芸は古酒の泡盛とは異なって新鮮な〈若者芸〉であり、世阿弥の言う〈時の花〉である。しかも、国立劇場おきなわを中心に、舞台効果を考える西洋演劇的な演出による〝新作組踊〟や〝創作琉球舞踊〟がさかんになると同時に、琉球古典音楽と沖縄民謡のコラボもある。

国立劇場おきなわでは、古典芸能及び民族芸能と同時に、観客にも馴染みやすい古典芸能風の新沖縄芸能をアピールしており、観客の人気も上々である。入場料も三千円程度と格安で、国立劇場おきなわのＨＰで予約もできる。

四つ竹踊り

沖縄を味わう

宮城邦治

はじめに

沖縄は歴史的に中国や東南アジアとの関わりが深く、食文化にもその影響が色濃く残されている。また、戦後は二七年間にわたりアメリカ民政府の統治下にあったこともあり、いわゆるアメリカ風の食文化も沖縄社会に広く受け入れられてきた。沖縄を訪れる多くの観光客にとっては、自らの社会とは異なる沖縄の食文化が魅力の一つとなっている。ここではそんな沖縄の味を見ることにしよう。

1　食の代表　沖縄ソバ

まずは沖縄の食の代表とも言うべきソバであるが、ここでは文脈の混乱を避けるためにソバと表記する。沖縄の街を歩くと此処彼処で沖縄ソバの幟や看板が目につくであろう。ソバは多くの日本人にとってはなじみの食べ物であるが、ここ沖縄のソバは日本本土のソバとは大きく異なっている。その大きな違いは麺の材料が蕎麦粉ではなく、小麦粉にかん水を加えて製麺されることである。その時点ですでにソバ（蕎麦）ではないが、ゆでた熱い麺に食油をまぶすことで保存性を高め、弾力と独特の食感を持った麺を、沖縄の人々は明治二〇年頃からスバまたはソバと呼び、好んで食してきた。

蕎麦粉ではなく小麦粉から製麺された沖縄のソバは、一九七二年の沖縄の本土復帰以降も沖縄ソバとして、これまで以上に県民に親しまれてきた。しかし、一九七六年には全国生めん類公正取引協議会が蕎麦粉を使用していない麺類をソバと呼ぶのは不当ではないかと指摘、それを受けた公正取引委員会は沖縄ソバの呼称の使用を禁止した。たしかに「生麺類の表示に関する公正競争規約」では、「蕎麦粉を三〇％以上使用している」麺類をソバと定義しており、小麦粉だけで製麺される沖縄ソバは、蕎麦粉使用を求める一般的なソバの規定からは外れることになる。しかし、沖縄の人々は明治の頃より小麦粉から製麺したものをスバまたはソバと呼んできた。

県内では公正取引委員会の決定に対して県民や沖縄県生麺協同組合からは不満や批判が噴出し、沖縄の歴史的な食文化の呼称である沖縄ソバを残すべく関係者は粘り強く交渉を行ってきた。その結果、一九七八年一〇月一七日には公正取引委員会から「本場沖縄ソバ」の呼称が正式に承認され、ここに蕎麦粉から製麺されていないソバが誕生した。元来ソバ好きの多い沖縄であるが、以前にもまして沖縄ソバは人々の常食となり、地域や具材にちなんだソバが日々誕生するようになった。沖縄県生麺協同組合では一九九七年、沖縄ソバの呼称が正式に承認された一〇月一七日を「沖縄ソバの日」として定め、沖縄ソバの消費拡大と普及に努めている。

2　具材の多様さと独自のソバ

沖縄の人々が「ソバを食べに行きましょう」という場合は、スープたっぷりの大ぶりの椀の中にやや平たくて少しばかり光沢のある麺と斜め切りされた沖縄風丸かまぼこが二枚ほどと紅ショウガ、きざみ青ネギ、醤油で甘辛く煮込まれた三枚肉がのっている、あの沖縄のソバのことである。沖縄ソバは地域や店舗名などによっても、また

定番の三枚肉ソバ

ボリュームたっぷりのソーキソバ

椀の中の具材によっても商品名（ソバの呼び名）が異なっている。地域による呼称の違いで言えば、沖縄本島とその周辺で食されるソバは全て沖縄ソバと呼ばれており、宮古島周辺では宮古ソバ、八重山諸島周辺では八重山ソバと呼ばれている。しかし、沖縄本島でも宮古ソバや八重山ソバの店舗名があったりするので、そこはスープの味や麺の形、具材の盛りつけ等による違いか、店主が宮古、八重山の出身者であることが考えられる。また、沖縄本島では山原（やんばる）ソバ、名護ソバ、本部ソバ、與那原ソバ、那覇ソバなど、それぞれの地域名をつけたソバ店があるが、提供されるソバの内容も多様である。

沖縄のソバの特徴は椀の中に入る具材の多様さにある。今では標準的な沖縄ソバ以上に人気があるのはソーキソバである。ソーキとは豚肉の肋骨のことで、醤油味や塩味でしっかりと煮込んだ肋骨肉を、麺の上にきざみネギと一緒に乗せるとボリュームたっぷりのソーキソバとなる。沖縄の豚食文化の一つに小腸や大腸を利用した中身汁があるが、その中身（腸）をソバの具材にした中身ソバや皮、脂身、赤肉が一緒になった三枚肉をたっぷり使った三枚肉ソバなどは沖縄ソバの代表的なものであろう。

昨今、沖縄ソバの人気の高まりもあり、それぞれの店舗では多様な具材を利用した独自のソバを提供している。豆腐ソバ、肉ソバ、牛ソバ、山羊ソバ、野菜ソバ、てびちソバなどは沖縄ならではの斬新なソバである。蕎麦とは違うボリュームたっぷりの沖縄ソバは沖縄の食文化の魅力の一つである。沖縄の人々が愛して止まない沖縄ソバ、来島の折には是非ともご賞味あれ。

3　泡盛の名の由来と歴史

沖縄ソバで満足した身体は、夕方にはすでに別の物を欲しているに違いない。そんな皆さんに是非ともお勧めしたいのが、沖縄の酒泡盛である。泡盛は米を原料として作られる蒸留酒で、九州地方の焼酎とは同じ酒類である。古くは一四世紀から中国と進貢・冊封関係にあった琉球王国は東南アジアを我が海とする交易立国であった。シャム王国（現在のタイ国）やマラッカ王国（現在のマレーシア国）からは大量の物資が持ち込まれたが、その中には彼の地で生産された蒸留酒も含まれていた。また、中国からは今の泡盛に通じる酒の製造法が伝来し、琉球王国内でも盛んに酒（泡盛）が作られていた。酒は冊封使をもてなす最上の品であった。

この泡盛というユニークな呼び名は何に由来するのだろうか。由来の一つに原料が粟であったという説があるが、今日では酒のアルコール度の強弱を見るときに、酒の中で泡を立てる方法から来たとの説が有力である。酒はアルコール度数が強すぎると泡が立たず、弱すぎても泡が立たないことから、適度に泡が立つ酒が良い酒であるという。琉球の酒作りでは、古くから蒸留した酒の泡立ちの様子でアルコールの度数を見立てていたのである。このように蒸留酒で泡を立てて酒の良否を判断する方法は中国の雲南省のタイ族や福建省でも見られるという。経験的に酒の中の泡の立ち具合（盛り具合）からアルコール度数の強弱と良否を認知していた琉球王国の人々は、王国で生産された蒸留酒をサキ（酒＝泡盛）と呼び、重宝し愛飲してきたのである。

一六〇九年、薩摩の島津氏は琉球に侵攻し、王国を支配した。以来、島津氏は琉球に対してたびたび使者を派遣しているが、その際には琉球王府からは上布などと一緒に泡盛が献上されている。また、島津氏は琉球王府に対して江戸幕府への使節の派遣を義務づけた。これは「江戸上り」と呼ばれ、一六三四年から一八五〇年の間に計一八回の江戸上りが行われたが、使節団からの献上品の中には必ず琉球の蒸留酒が含まれていた。この琉球の蒸留酒は最初の頃は「焼酎」「焼酒」と記述されていたが、一六七一年徳川家綱への献上品には「泡盛」と記述されており、焼酎と泡盛は徐々に区別されるようになる。泡盛は島津氏の支配下にあって琉球王国の外交に欠かせないものとなった。

一方、王府はサキを御用酒とし、首里三箇の赤田、崎山、鳥堀の特定の人々に製造認可の御墨付きを与え、統制管理した。一九世紀に入ると西洋列強の軍艦が頻繁に琉球に寄港するようになる。一八一六年に来航したイギリス人のバジル・ホールは、王府高官（王子）との宴でサキを飲み、「きわめて質がよかった」と評している。一八五三年に来航したアメリカのペリー一行も王府高官との晩餐会でサキ（泡盛）を堪能している。島津氏の支配下にあっても琉球王国は押し寄せる西洋列強との関わりの中で、サキをもてなしの品として重用し、外交の手管を発揮した。

一八七九年、明治政府の琉球処分による廃藩置県で、およそ四五〇年におよんだ琉球王国は終わりを告げる。「近代国家」の枠組みの中で新生沖縄県が始動するが、泡盛にとっても新たな出発の時代となった。王府時代、首里三箇の特定の人々のみが製造していた泡盛は、一定の免許料との引き替えで、誰でも泡盛が作れるようになった。しかし、誰でも作れるとは言え、材料の確保や技術などの課題もあり、地方で作られる酒類は必ずしも質の良いものではなかった。雑穀やイモを原料にした酒類が多く、今風に言えば「焼酎」や「芋焼酎」の類いであり、自家消費やシマ（集落）周辺で販売されるものが多かった。

そのような中でも首里は相変わらずの酒所であり、一九二一年には九四軒の酒屋の内、七四軒は首里にあった。それは昭和の時代にはいっても同様で首里は沖縄の酒産業の中心地であり続けていた。沖縄では酒作りをする家、酒造所を「サカヤー（酒屋）」と言うが、首里はそんな「サカヤー」が立ち並ぶところであった。現在でも銘酒として首里の泡盛を称える愛飲家が多いのも、そのような歴史性に由来するのであろう。

王府の歴史とともにあった泡盛は太平洋戦争の終結で灰燼に帰することになる。サカヤーの町首里は被災し、泡盛製造のための施設設備は破壊されてしまった。その上に、沖縄島を統治していたアメリカ軍政府は、軍政府の許可なしに酒類を醸造・販売することを禁じる布告を発令した。これは戦後の混乱期であった事から、米不足と治安や風紀の乱れを懸念した軍政府の施策であったが、沖縄における「禁酒法」でもあった。しかし、戦後の疲弊した時代であればこそ酒は必要なものであった。食料難とは言え、人々の酒への渇望は強く、ついには酒を密造する者も現れた。当時の密造酒の原料は、米軍から配給されたトウモロコシ、チョコレート、黒糖、砂糖などで、蒸留器も水缶や燃料缶を利用し製造したものであった。しかし、酒への飽くなき欲求は、時として工業用のメチルアルコールを誤飲し、戦時を生き抜いたせっかくの命を失う者もいた。いずれにしても、沖縄の戦後復興の陰に密造酒（ヤミ酒）があったことは否めないであろう。

泡盛の古酒（クース）は絶品

4　信頼の銘柄づくり

王府時代から戦前まで作られてきた泡盛には、製造所独自の銘柄はなく、総称として「泡盛」と呼ばれていた。販売も甕やトタン製の泡盛樽に入れられた量り売りであったが、戦後間もなくして、ビール瓶や醤油瓶などにビン詰めされた泡盛が販売されると人気を博したことから、それぞれの酒造所（サカヤー）は銘柄をつけた泡盛を販売するようになる。愛飲家になじみの「瑞泉」「久米仙」なども一九五五年以降に付けられた銘柄である。一九六〇年頃からはアメリカからウイスキーやブランデー類などの「高級酒」が輸入されてくると、泡盛は「低級酒」と見なされ、「シマー」「シマーグヮー」として軽んじられるようになり、消費も低迷することになる。そのような時代にあって、ひとり気を吐いたのは泡盛とは蒸留法が異なり、当時の酒の分類上は「焼酎甲類」に区分された「白鷺」という銘柄であった。米軍基地が集中するコザ（現沖縄市）やその界隈の特飲街（バーなど

人気の伝統瓶入りの泡盛

が集中する通り）では米軍人にも人気の島産品であった。

その頃の泡盛業界は不況のどん底で、一九六三年には酒造所が八五軒にまで激減していた。時代に翻弄されてきた泡盛（業界）ではあったが、一九七二年の沖縄の祖国復帰で、酒税や原料米の買い入れ等について特別措置の恩恵を受けることになる。一方、琉球政府時代とは異なり、沖縄国税事務所では泡盛の品質向上に力を注ぎ、品評会などを開催してきた。また、泡盛業界も一九七六年に「沖縄県酒造協同組合」を設立し、品質向上と販路拡大に奔走、一九八三年には「本場泡盛」の表示で「焼酎」との差別化を図る等、泡盛の復興ために尽力している。

二〇〇〇年代の沖縄ブームの中、泡盛の県外出荷量は四〇〇〇キロリットルを越えていたが、この数年は減少傾向にある。泡盛酒造所は北は伊平屋島、伊是名島から南は波照間島、西は与那国島まで、県域全体に四七軒となっているが、それらは消費者の厳しい味覚やマーケットの要求に耐えてきた「サカヤー」「サキヤー」「サキタリヤー」であり、それぞれの地域で独自の個性的な泡盛作りに励んでいる。東京大学名誉教授の故坂口謹一郎氏は一九七〇年、雑誌「世界」の中で、「君知るや名酒泡盛」という随筆を上梓し、醸造学的にも歴史的にも、泡盛が如何に素晴らしい酒であるかを説いている。名酒泡盛、「命の水」を旅人のあなたに是非一献捧げたいものだ。

5　酒の肴「アグー」

そんな名酒の肴には何が良いのであろうか。沖縄の食文化の主たるものは豚食であるといえよう。歴史的に仏教の影響を強く受けなかった沖縄（琉球）では古くから豚肉を食することが日常的にあった。琉球で飼育されていたのは「アグー」と呼ばれる在来のシマブタ（島豚）であるが、その元になった豚は一四世紀の頃に中国から伝来したと言われている。しかも、豚は首里を中心にその周辺で飼われており、泡盛を作る際に廃棄されるモロミ粕は貴重な飼料になっていた。庶民にまで養豚が普及するのは一八世紀に王府によって鶏や豚の飼育の奨励がなされてからである。中国からの冊封使の数は年代によっても異なるが、多い場合は四〇〇人から六〇〇人余にも及び、滞在期間も一〇〇日余から二五〇日余にも及ぶことがあった。その間の食料支給は莫大な量になり、それを補うために庶民への養豚が奨励

蘇った沖縄の豚アグー

されたのである。そのような歴史的な経緯もあり、やがて那覇の久米村（中国系の人々の居留地）では先祖を祭る際の供物や料理に豚肉が利用されるようになり、庶民の間にも豚食が広まっていったと思われる。

豚食に対するタブーがなかった琉球（沖縄）では、明治時代になると豚の飼育頭数は全国一を誇るようになる。その際の飼育豚は全身黒毛のアグー豚であった。アグーは健康で粗食に耐え、病気にも強いが、体型は小型で成長が遅く、産仔数も四~五頭と少なく、経済的な面では効率の悪い豚である。そのために、養豚業者は戦後いち早く外国種のヨークシャーやランドレース、ハンプシャーなどの経済的効率の良い豚の導入へと移行していった。黒豚から白豚への変遷である。在来の黒豚アグーは絶滅したかに思えた。

しかし、在来家畜の保存に早くから注目していた島袋正敏さんらは、一九八一年から一年をかけて沖縄島や周辺の島々に、アグーの生存を求めて探索した。その結果、アグーの血が濃いと思われる一八頭を選び、一〇年余をかけて様々な組み合わせで交配をした結果、戦前の形質と資質に近いアグーが作り出されたのである。

今、私たちが口にするアグーは、戦前まで飼育されていた純粋のアグーではなく、アグーの遺伝的要素が強い新しいアグーである。形質的に見ると黒毛はアグーの重要な特質である。そのために、ブランド豚「あぐー」でも黒毛を重要視する向きもあるが、現実にはアグーの遺伝的形質を五〇%以上含む豚であれば、ブランド豚「あぐー」

としている。いずれにしても、アグーやブランド豚「あぐー」の肉は、一般豚よりも筋肉内の脂肪が多く、脂肪の融点が低いことから、柔らかく口溶けの良いことで、人々の食欲を満足させるものである。

名酒泡盛の肴は、アグーの焼肉、アグーの三枚肉、アグーのラフテェー、はたまたアグーの豚足か、いずれにしても極みの味である。

〔参考文献〕
まぶい組編『波打つ心の沖縄ソバ』沖縄出版　一九八七年
島袋正敏『沖縄の豚と山羊』ひるぎ社　一九八九年
すばドゥシの会編『私の好きなすばやー物語　那覇・島尻・中頭・宮古・八重山』ボーダーインク社　一九九五年
萩尾俊章『泡盛の文化誌―沖縄の酒をめぐる歴史と民俗―』ボーダーインク社　二〇〇四年
新城明久『沖縄の在来家畜―その伝来と生活史―』ボーダーインク社　二〇一〇年

column

ヤマウムスーブ（山芋勝負）

宮城邦治

蔓性（つるせい）のヤマノイモ科の植物は地下にイモを作り、主に山地に生育していることからヤマイモ（山芋）と呼ばれ、サトイモ（里芋）と対比される。日本原産のヤマイモとしては野生種のジネンジョ（自然薯）が知られているが、食卓に上がるのは中国大陸原産のナガイモと呼ばれるもので、イチョウイモやツクネイモ、ヤマトイモなどの品種がある。また、熱帯アジア原産のヤマイモ類にはダイジョウ（大薯）があり、太平洋地域の島嶼ではタロ（里芋類）同様に重要な栽培作物となっている。

ダイジョウは沖縄では古くからヤマウム、ヤマンと呼ばれ栽培されてきたが、稲作やサツマイモ（唐イモ、琉球イモ）の普及により、忘れ去られてきた。しかし、終戦後の食料難はヤマウムを復活させる契機となった。特に沖縄本島の中部地域、うるま市の石川伊波地区では終戦直後から食料確保のためにヤマウム栽培が始まり、やがて地区外へと広がっていった。沖縄の社会が落ち着いてくるとヤマウム栽培は食料確保の目的が薄れ、一株に巨大なイモが多くできる特性から、その収穫量を競う楽しみ（遊び）へと栽培の目的が変わってきた。

ヤマウムの収穫量（重量）を競うことをヤマウムスーブ（山芋勝負）と呼び、今では沖縄本島の中部地域を中心に盛んに行われている。ヤマウムは四、五月頃に種芋を植え付けると年が明けた二、三月頃には収穫できる。その頃になると中部地域の集落近くの車道脇ではヤマウムスーブの立て看板や横断幕が目立つようになる。ヤマウムスーブは集落内の老若メンバーや友人知人間で競い合うのが一般的であるが、ヤマウム栽培の盛んなうるま市では市をあげてのスープが行われており、「全沖縄やまいも勝負大会」はやがて二〇回を数えるほどである。

ヤマウム愛好家は島尻マージと呼ばれる赤黄色の土壌の畑に鶏糞や牛糞を蒔き、丁寧に耕耘した後に円錐状に土を盛り、種芋を植え付ける。そして、雑草が生えないようにススキやカヤなどでしっかりと被覆する。種芋が芽を出し、蔓を広げていくと、棚を立てたり、雑木の枝などを置き、蔓がしっかりと絡みつき葉が茂るように仕立てる。いよいよヤマウムスープの日、愛好家は我が畑のヤマウムを傷つけないように丁寧に掘り起こし、会場で計量する。総重量で一〇〇キロを越すヤマウムに思わずにんまりする者あり、思いの外の軽量に落胆する者ありと、一〇カ月の成果に一喜一憂する人々の顔がまぶしく光っている。やがて、ゆでた三枚肉とニラ、ヤマウムの煮っころがしが振る舞われ、ヤマウムスープの会場は大きな談笑に包まれている。

手の平形の巨大なヤマイモ

ちなみに一株から三四三キロというのが全島大会での記録だそうだ。そんなヤマウムスープをのぞき見るのも沖縄探検の一興かも知れない。

沖縄を歌う
――三線、島唄からロック、ポピュラー――

西岡　敏

はじめに

「歌」は人間文化において欠かせないものである。地球上のどの地域においても「歌」は人間の心を癒やし、日々の生活を豊かにしていく。琉球民謡をはじめとした沖縄の伝統的な歌は、島の生活に根付き、島人（しまんちゅ）の喜怒哀楽が表現されているものだと言えるだろう。それらは、主に口承により、世代から世代へ伝えられてきた。

ところが、現代における生活の急激な変化により、伝統的な歌は、継承の危機を迎えている。若い世代が沖縄の伝統歌を知らないということも多い。また、米軍統治時代やその時代に起こったヴェトナム戦争は、「オキナワンロック」という地域独自の都市の音楽を生み出した。さらに、伝統的な沖縄音楽とポピュラー音楽との融合により、「沖縄ポップ」という独自の音楽ジャンルも発展している。

本節では、沖縄の過去から現在へと至る「歌」の系譜をたどり、様々な「歌」が享受されている沖縄の音楽状況を紹介したい。

1 オモロから琉球古典音楽へ

(1) おもろさうし

「おもろさうし」という一六世紀から一七世紀にかけて編まれた書物は、沖縄人（ウチナーンチュ）の神々への敬虔な思いが凝縮されている祭祀歌謡集である。全二二巻からなり、個別の歌謡は「オモロ」と呼ばれる。

写真1　おもろさうし表紙（沖縄県立博物館・美術館蔵）

オモロには節名（ふしな）と呼ばれるものが記載されている。節名の記載は、オモロが「歌」として歌われていたことの証拠である。しかし、そのほとんどは現在まで伝承されていない。第二二巻「みおやだいりのおもろ」のうちの僅か五曲のオモロが歌として伝承されている[1]。現在でもイベントなどで、これら伝承されたオモロが歌われることがある。

(2) 琉球古典音楽

一六〇九年の薩摩侵入以降は、琉球の近世期にあたる（近世琉球）。この時期には、和歌の五七五七七という短歌のリズムとは異なり、八八八六という独特のリズムを持つ「琉歌」という琉球独自の「短詩型歌謡」、すなわち「短歌」が発達した。琉歌は、和ている。三つ八音が続き、六音で締めることから、俗に「サン・パチ・ロク」と呼ばれ、音楽にのせて歌われることが大きな特徴となっている。これには、八音という音楽に載せやすい偶数の音数律が基本となっていることも大きく影響している。その伴奏楽器として発達した弦楽器が「三線（サンシン）」である。近世琉球では、芸を極めようとする音楽家が、三線を奏でながら、琉歌を抒情的に歌うという音楽スタイルが発達した。これが「歌三線（うたさんしん）」であり、琉球古典音楽でも重要な位置を占めている。

「歌三線」の創始者として伝説上の人物となっているのが「赤犬子（あかいんこ）」である（池宮正治一九八三a：一八）。「あかいんこ」の名は「おもろさうし」にも見え、オモロの代表的な男性歌唱者（オモロ歌唱者）と考えられている。オモロでは、歌唱者は祭祀の場に限定されていた。それだけ宗教性を帯びていたわけであるが、近世琉球期には、

(1) 最後のオモロ伝承者（オモロ主取（ぬしどり））であった安仁屋真刈（あにやまかる）から、山内盛彬が五曲を習い、採譜した。山内盛彬自身の歌うオモロが音源として残されている。現在は、山内盛彬から学んだ安仁屋眞昭（真刈の曾孫）が伝承の活動を続けている。

その宗教的に神聖な場から離脱し、音楽の道を究める「音楽家」としての役割が高まっていって、琉球古典音楽の発達をみるのである（池宮一九八三b：六二二）。

赤犬子が歌三線の創始者であることを称えた琉歌がある（カタカナはウチナーグチの読み）。

歌と三味線の（ウタトゥサンシンヌ）　昔はじまりや（ンカシハジマイヤ）
犬子ねあがりの（インクニアガリヌ）　神の御作（カミヌミサク）

歌と三線が昔始まったのは
赤犬子という音揚がりの神がお作りになってから

（『琉歌全集』一五一番歌）（島袋盛敏・翁長俊郎一九六八：三五）

赤犬子はあくまでも伝説上の人物で、実在したかどうかは真偽のほど定かではない。実際の琉球古典音楽は、次のような人物の活躍によって発展を遂げる。

まず、琉球古典音楽の礎を築いたと言われるのが、湛水（たんすい）親方（一六二三～一六八三）である。現在でも湛水流という古典音楽の流派があり、伝承曲は多くないが、当時の古雅な趣を残すと言われる（矢野輝雄一九九三：一八一）。

工工四（くんくんしー）という琉球独自の縦書き楽譜を考案したことで知られるのが、屋嘉比朝寄（やかびちょうき）（一七一六～一七七五）である。この工工四という楽譜は、現在の琉球古典音楽の指導、継承においても使用されている。朝寄は、百十七曲の古典楽曲を工工四に記載した「屋嘉比朝寄工工四」として知られるものを残している。朝寄は薩摩へも留学、謡曲や仕

写真2　工工四原本（写真提供：那覇市歴史博物館）

舞を修め、「上り口説」「下り口説」などの「口説」を琉球で創作した（矢野一九九三：一八三）。

知念績高（一七四〇～一八〇三）は、平民階級出身でありながら、音楽家として大成し、のちに士族に叙せられた人物である。「冠船の儀」（中国から琉球国王戴冠の使者を迎える儀）のときには歌三線職をつとめた（矢野 一九九三：一八七）。

その後、安富祖正元（一七八五～一八六五）と野村安趙（一八〇五～一八七一）という、今日の二大流派（安富祖流と野村流）の創始者となる人物たちが現れる。安富祖流が、技巧的で、抑揚が大きく、抑制された発声を求めるのに対して、野村流が、自然派で、なだらかな節回しが良いとされている（矢野一九九三：一九五―一九六）。いずれの流派からも、琉球古典音楽のメリスマ的特徴、すなわち、音を長く引き伸ばし、そこに繊細な旋律を加えるといった特徴を見出すことができる（矢野一九九三：一九七）。

(3) 組踊

「組踊」とは、近世琉球が生んだ総合舞台芸術で、琉歌の八八八六のリズムを基調とした踊り手（立方と言う）の唱えと、歌三線によって歌われる琉歌の抒情的な歌唱によって物語が進行する。組踊の創始者で、沖縄の楽聖とも呼ばれるのが、玉城朝薫（一六八四～一七三四）である。朝薫は王家の血筋を引く高級士族の出身で、日本や中国の音楽にも深い造詣があった。薩摩や江戸へも出かけ、能や狂言にもふれたという（矢野一九九三：一〇一）。

朝薫は、一七一八年、中国からの使者（冊封使）を迎える踊奉行（「冠船の儀」のときの責任者）に任命される。このとき、「二童敵討」と「執心鐘入」という二つの組踊を創作し、一七一九年に実際に中国からやってきた冊封使たちの前で上演している。朝薫は、一生のうちに五つの組踊を作り、朝薫の五組（いつくみ）あるいは五番と称されている。

組踊「執心鐘入」より

宿の女　深山鶯の（ミヤマウグイスィヌ）　春の花ごとに（ハルヌハナグトゥニ）　奥山の鶯が、春が来て花が咲くたびに
　　添ゆる世の中の（スユルユヌナカヌ）　習や知らね（ナレヤシラニ）　寄り添う世の中の決まりを知らないのか
中城若松　知らぬ（シラン）　知らない

（玉城朝薫「執心鐘入」より、宿の女が中城若松に迫る場面）（伊波一九七四［一九二九］：五六―五七）

朝薫以外の組踊としては、平敷屋朝敏（へしきやちょうびん）（一七〇〇～一七三四）の作とされる「手水の縁」、高宮城親雲上（たかみやぐすくぺーちん）の作とされる「花売の縁」などがある。

写真3　組踊　二童敵討（写真提供：那覇市歴史博物館）

2　近代社会の中の沖縄民謡

(1)　士族の没落と雑踊・沖縄芝居の発達

琉球古典音楽や組踊などの琉球芸能は、琉球国の国家的な庇護のもとにあった。ところが、廃藩置県、琉球処分（一八七九）により、琉球国が滅亡して近代の時代を迎えると、支配階級であった士族は、没落の道を歩むこととなった。当時の士族没落の姿は、琉歌にも歌われている。

をがでなつかしやや（ヲゥガディナツィカシャヤ）　廃藩の侍（ハイバンヌサムレ）
笠に顔かくち（カサニカウカクチ）　馬小そびき（ウンマグワスビチ）

お姿を拝見して悲しいのは廃藩の侍
笠に顔を隠して馬を引っ張っていく

（『琉歌全集』二八五二番歌）（島袋盛敏・翁長俊郎一九六八：六一五）

没落した士族のうち、ある者たちは、地方に移住し、農業などを営んで、いわゆる屋取（ヤードゥイ）集落（士族出身者たちで構成される集落）を形成した。別の者たちは、都市に出て粗末な芝居小屋を建て、一般民衆に自らの芸である古典琉球舞踊や組踊を披露した。ところが、古典琉球舞踊や組踊だけでは民衆に喜ばれなかったため、民衆の支持を得るために新しい芸能を発達させた。それが「雑踊」と「沖縄芝居」である。
「雑踊」は、庶民的な踊りで、古典琉球舞踊がスローテンポのものが多いのに対し、アップテンポのものが多い。また、「沖縄芝居」は、ウチナーグチによる演劇で、組踊が様式化された美であるのに対し、民衆の喜怒哀楽をストレートに表現している。「沖縄芝居」には、「方言セリフ劇」と「歌劇」があり（大城立裕一九九〇：一六三）、特に、明治後期以降に発達した「歌劇」は、人気のある作品が多い。「歌劇」は、舞台上の人物たちが互いに歌を掛け合うことにより劇が進行する。それらの歌は、琉球各地の様々な伝承曲に新たにウチナーグチの歌詞を加えることで成り立っている。歌劇の観客は、琉球各地の伝承曲をメロディーとして聞きながら、ウチナーグチの歌の連続によって劇の展開を楽しむことができるのである。

　こうした「琉球歌劇」の代表作としては、三大悲歌劇として有名な「泊阿嘉」「奥山の牡丹」「伊江島ハンドー小」のほか、「薬師堂」「中城情話」といったものがある。(2)

⑵　沖縄新民謡の出現

　廃藩置県、琉球処分後、政治的に日本に組み込まれた近代沖縄では、自給自足経済から商品経済へと移行するが、経済的には不安定な要因をもたらした。一九二〇年代には、商品作物としてのサトウキビの価格が暴落し、沖縄経済が疲弊していく。いわゆる「蘇鉄地獄」の時代である。農民はサツマイモすら食べられず、蘇鉄を食べて飢

（2）ここに挙げた琉球歌劇の作者は以下の通り。「泊阿嘉」我如古弥栄（一八八一～一九四三）。「奥山の牡丹」「薬師堂」伊良波尹吉（一八八六～一九五一）。「伊江島ハンドー小」真境名由康（一八八〇～一九八二）。「中城情話」親泊興照（一八九七～一九八六）。

えをしのいだという（しかし、蘇鉄に入っている毒を抜くのが不十分で、命を落とす人が相次いだ）。「このまま沖縄にいては食べていけない」ということで、沖縄人（ウチナーンチュ）は沖縄の外に出稼ぎに行くこととなった。具体的には、日本本土、ハワイ、南米、南洋諸島などの地域へ出稼ぎ移民が増加した。こうした厳しい近代沖縄の社会状況から、「沖縄新民謡」という新たな歌の潮流が現れる。

沖縄新民謡の父と呼ばれるのが、普久原朝喜（ふくはらちょうき）（一九〇三～一九八一）である。彼が創作初期のころに発表した「移民小唄」（一九二七）や「ハワイ節」（一九三七）は、出稼ぎをせざるをえず離れ離れになる男女の悲哀を表現している（仲程昌徳一九八八：一五五、高橋美樹・西岡敏・齊藤郁子二〇〇八：二一三）。

なれし古里　沖縄の　　思い出深き　那覇港
泣いて別れて両親と　　八重の潮路を押し渡り

（普久原朝喜作詞／作曲「移民小唄」より）

情（ナサキ）あてぃ（アティ）里前（サトゥメ）　旅（タビ）いもち（イモチ）後（アトゥ）や（ヤ）
人勝（ヒトゥマサ）い（イ）儲（モ）きてぃ（キティ）　戻（ムドゥ）てぃ（ティ）いもり（イモリ）
サヨサー　御願（ウニゲ）さびら（サビラ）

情があって、貴方、旅においでになった後は
人より多く儲けて、戻っておいでください。
サヨサー　お願いいたします。

（普久原朝喜作詞／作曲「ハワイ節」より）

仲本稔（なかもとみのる）（一九〇四～一九七七）作詞、宮良長包（みやらちょうほう）[3]（一八八三～一九三九）作曲で、労働の尊さを歌っている「汗水節」（一九二八）も、沖縄新民謡の嚆矢として位置付けられている。節約、貯蓄を強く訴えるこの曲にも、当時の沖縄が直面した経済的な苦境が反映していると見ることもできるであろう。

汗水ゆ流ち（アシミジユナガチ）　働ちゅる人ぬ（ハタラチュルヒトゥヌ）
心嬉しさや（ククルウリシサヤ）　他所ぬ知ゆみ（ユスヌシユミ）
一日に五十（イチニチニグンジュ）　百日に五貫（ヒャクニチニグクワン）
守て損なるな（マムティスクナルナ）　昔言葉（ンカシクトゥバ）

汗水を流して働く人の
心からの嬉しさを他人の誰が知りえよう
一日に五十文、百日に五貫
蓄えを守って無駄にするなとの昔言葉だ

（仲本稔作詞／宮良長包作曲　「汗水節」より）

(3)　戦争と沖縄民謡

昭和初期の時代、日本は、満州事変、日中戦争、第二次世界大戦という戦争の時代を迎える。沖縄からも多数の兵士が中国大陸へと出征した。普久原朝喜は、その男女別離の悲しみを「軍人節」として著した（仲程一九八八：一五二―一五三）。

無蔵とぅ縁結でぃ（ンゾトゥヰンムシディ）　月ゆみば僅か（チチユミバワジカ）
別りらねなゆみ（ワカリラネナユミ）　国ぬ為でむぬ（クニヌタミデムヌ）

貴女と縁を結んで　月を数えても僅か
別れなくてはなるまい　お国の為だから

（3）　宮良長包は石垣島の出身で、沖縄島に出たあと、琉球民謡の曲を五線譜化するなど、琉球民謡の近代化を推し進めた。「えんどうの花」「なんた浜」「新安里屋ユンタ」といった標準語歌詞による唱歌あるいは歌謡曲を生み出している。歌謡曲としての琉球音楽は普久原恒勇（つねお）（普久原朝喜の養子）に引き継がれ、「芭蕉布」「豊年音頭」「娘ジントーヨー」などが誕生する。

思切りよ（ウミチリヨー）　思無蔵よ（ウミンゾヨー）
　　あきらめてくれ　愛しい恋人よ
　　（普久原朝喜作詞／作曲「軍人節」より）

この「軍人節」は当局の検閲を受け、「出征兵士を送る歌」と改題され、連作の熊本節と併せて「入営出船の歌」と変更させられた（上原直彦一九八二：八五）。歌詞の内容は、男性が恋人に対して母親を頼むと涙ながらに訴えるもので、勇ましい軍歌とは程遠いものとなっている。当局がウチナーグチの歌詞を理解しなかったため、タイトルを変えるのみで検閲を通過したとも考えられている。

普久原朝喜は、終戦（一九四五年）を大阪で迎えた。自分の生まれ故郷である沖縄は、沖縄戦によって壊滅的な打撃を受けていた。そんななか、関西の沖縄県人の集いで発表されたのが「懐かしき故郷」（仲程一九八八：一六二―一六三）である。

写真 4　普久原朝喜顕彰碑
下方に「懐かしき故郷」の歌詞が記載されている。

夢に見る沖縄　元姿やしが
音に聞く沖縄　変わてぃねらん
行ち欲さや　生り島

夢に見る沖縄は元の姿であるが
風の便りに聞く沖縄は変わり果ててしまった
行きたいものだ、自分の生まれた古里に
（普久原朝喜作詞／作曲「懐かしき故郷」より）

(4) 戦後の沖縄民謡

沖縄戦を生き延びた人々も米軍によって収容所に入れられる。収容所で暮らす感慨を歌にしたのが「屋嘉節」である（金武町屋嘉には、捕虜収容所があった）。この作曲は、琉球音楽研究家の山内盛彬（一八九〇～一九八六）によるものと考えられている。

なちかしや沖縄　戦場になやい
世間御万人ぬ　流す涙

悲しいかな沖縄は戦場になってしまって
この世の万民が流す涙
（山内盛彬作曲　作詞者不詳「屋嘉節」より）

山内盛彬は、戦争で傷ついた沖縄の人たちを鼓舞する曲も作っている。ヒヤミカチ節という曲で、「ヒヤミカチ」というのは「エイッという威勢のいい掛け声を上げて」の意味である。「ヒヤミカチ節」の作詞者、平良新助（一八七六～一九七〇）は自由民権運動家で、沖縄県民の移民を奨励した移民実践家でもあった（石川友紀一九八三：

六七二）。

名に立ちゅる沖縄　宝島でむぬ
心うち合わち　御立ちみそり

名高い沖縄は宝に満ちた島であるから
心を一つに合わせて、立ち上がってください
（山内盛彬作曲／平良新助作詞「ヒヤミカチ節」より）

また、小那覇舞天（一八九七～一九六九）は、戦後すぐに活躍したエンターテイナーで、漫談や寸劇などで人々を笑いの渦に巻き込んだ。「ヌチヌ　グスージ　サビラ」（命のお祝いをしましょう、今ある生かされた命に感謝しましょう）ということで、沖縄各地を巡り、戦後の荒廃した沖縄で人々の心を癒やしたのである。

3　オキナワンロックと沖縄フォーク

沖縄は、一九四五年から一九七二年にわたり、米軍の施政下にあった。そのため、この時代はアメリカの外来文化が日本を介さずに直接流入するという側面もあった。嘉手納空軍基地など、巨大な米軍基地と隣接状態にあったコザ市では、白人街や黒人街などの居住区もでき、ライブハウスなどで米国軍属を相手とした音楽文化が花開い

た。そのなかでとりわけ異彩を放ったのがオキナワンロックであった。

アメリカがヴェトナム戦争への介入を深めると、沖縄はその中継基地としての役割を担い、ヴェトナムに派遣されることになる多くの米兵が沖縄にやってきた。明日はヴェトナムに送られて戦死するかもしれないという米兵、あるいは、命懸けの戦地で生き延びて特別手当の大金を得た米兵を相手に、沖縄のロッカーたちは自らのロック魂を音楽やパフォーマンスでぶつけた。紫、コンディショングリーン、マリー・ウィズ・メデューサなどのロックバンドが活躍するが、彼らの活躍は日本本土のロックバンドよりも先を行くものであった。

また、復帰前後のこの時代、アメリカのプロテスト・フォークの影響を受けて、日本本土ではフォークブームが到来していたが、沖縄でも「沖縄フォーク村」が結成される。コザ出身の佐渡山豊（さどやまゆたか）がその初代村長となり（一九七一年）、以後、「沖縄フォーク」の音楽活動が行われるようになる。佐渡山の代表作である「ドゥーチュイムニー」（一九七二年、日本語で「独り言」という意味）は、沖縄語と日本語で沖縄の置かれた苦境を率直に表現している[4]（高橋二〇一〇：三一）。

（4） 佐渡山は「ドゥーチュイムニー」の歌詞を、補作して歌い続け、その歌詞は現在五六番まである。

4　沖縄ポップの誕生

「沖縄ポップ」の先駆的な研究者である久万田晋は、沖縄ポップについて「沖縄の民族的アイデンティティーをポピュラー音楽のスタイルで表現する」と定義している（久万田二〇〇四：三三）。こうした動きは、一九七〇年代の沖縄の日本復帰の時期と軌を一にしている。

なかでも、喜納昌吉の「ハイサイおじさん」（一九六九年）は、「沖縄ポップ」の誕生を告げる曲と言ってよいだろう。『沖縄ポピュラー音楽史』（二〇一〇）を著し、沖縄ポップの動向に詳しい高橋美樹は、喜納昌吉を沖縄ポップの先駆的な役割を果たした人物としている（高橋二〇一〇：三二）。「ハイサイおじさん」は、エレキギター、ドラムなどの洋楽器を駆使し、ロック調のリズムでありながら、歌詞はウチナーグチ（沖縄語）で、歌劇のように歌を掛け合うという沖縄の歌の伝統的な手法も忘れてはいない。琉球民謡やロックという既成のジャンルから、音楽的な融合により新たな独自のスタイルを生み出すに至ったのである。

照屋林賢をリーダーとするりんけんバンドは、一九八五年に「ありがとう」を発表し、その沖縄音楽とポピュラー音楽が融合したスタイルが一九九〇年代に受容される。

歌詞はほぼすべて沖縄語であり、ステージの衣装も華やかな紅型やエイサー衣装を取り入れて、沖縄にこだわった楽曲作りをしている。一方では、伝統的な音に飽き足らず、デジタル技術を駆使することで新しい琉球音楽の響きを模索している。

少年のころから、沖縄民謡界で活躍していた知名定男（ちなさだお）は、一九七八年にLP「赤花」を発表し、その中の楽曲「バイバイ沖縄」で沖縄民謡とレゲエ音楽との融合を図る。そういった斬新な試みは、一九九〇年代に知名がプロデュースした女声四名のヴォーカルグループ、ネーネーズの楽曲作りに受け継がれる。編曲にワールドミュージックで活躍した佐原一哉（さはらかずや）を迎え、ネーネーズは透明感のある琉球サウンドを世に広めていく。沖縄ポップ・ブームの一翼を担い、日本本土、海外までも活動範囲を広げたのである（高橋二〇一〇：四九）。

まとめにかえて

沖縄には、現在、さまざまなジャンルの音楽がある。日本とほぼ同じ音楽文化がある一方で、古くから琉球の地域に根付いてきた音楽もあり、また、交流の激しい現代において、琉球固有の音楽文化と外部の音楽文化が接触、融合してできたものも多い。特に、近代においては、沖縄新民謡「時代の流れ」の歌詞にもある「唐ぬ世（トーユー）から大和（ヤマトゥ）

ぬ世（ユー）、大和（ヤマトゥ）ぬ世（ユー）からアメリカ世（ユー）」という激しい「世替わり」の中で、外部からの文化を受け入れながらも、琉球独自の音楽文化を発信しようと努力が続けられてきた。

小那覇舞天の芸を受け継ぎ、沖縄の笑いの文化を発展させた照屋林助（りんすけ）は、沖縄の歌について次のようなことを言っている。「沖縄の伝統的な歌を聞いて気がつくことの一つに、『タボリ』という言葉がよく使われる」（照屋林助二〇〇三：四四）。実際、琉歌などでも「タボリ」という語を使用している例を多数見出すことができる。

東明（あがりあ）かがりば　墨習（しみなれ）が行（い）ちゅん
頭結（かしらゆ）てぃたぼり　我親（わうや）がなし

東が明るくなると字を習いに行く
頭を結ってください、父上様母上様

（教訓歌）

我（わ）んや虎（とぅら）でむぬ　羽付（はにち）きてぃたぼり
波路（なみじ）パシフィック　渡（わた）てぃなびら

私は虎であるから、羽を付けてください
太平洋の波路を渡ってみましょう

（「ヒヤミカチ節」より）

天川（あまかわ）の池（いち）や　千尋（しんぴる）ん立（た）ちゅる
うりやかん深（ふか）く　思（うむ）てぃたぼり

天川の池は千尋もあるというが
それよりも深く思ってください

（天川節）

「タボリ」は、「たまう」「おわす」などの敬語の要素が含まれる語であり、この言葉の中には神々への祈りが根っこにあると考えられる。そこから沖縄の歌に底流する祈りの精神を見出すことも可能であろう。

考えてみれば、沖縄は苦難の歴史の連続であった。沖縄学の父と称される伊波普猷(いはふゆう)は、『孤島苦の琉球史』の扉部分で、「私達は歴史によって圧しつぶされてゐる」というフランスの文学者グルモンの警句を引用している（伊波一九七四［一九二六］：九四）。小国の琉球は、大国からの影響に絶えず晒され、翻弄されてきた。現実が厳しければ厳しいほど、かくあってほしいという願い、祈りも大きくなる。沖縄の歌に「タボリ」というフレーズが多く出てくるというのは、自己決定が思うようにならない沖縄の置かれた立場の率直な反映かもしれない。

〔参考文献〕（編著者の五十音順）

池宮正治「あかいんこ」『沖縄大百科事典』（上）一八那覇：沖縄タイムス社　一九八三年a
池宮正治「おもろ歌唱者」『沖縄大百科事典』（上）六二二　那覇：沖縄タイムス社　一九八三年b
石川友紀「平良新助」『沖縄大百科事典』（中）六七二　那覇：沖縄タイムス社　一九八三年
伊波普猷「孤島苦の琉球史」服部四郎・仲宗根政善・外間守善［編］『伊波普猷全集』第二巻九一―三二八　東京：平凡社　一九七四年［一九二六年］
伊波普猷「校註琉球戯曲集」服部四郎・仲宗根政善・外間守善［編］『伊波普猷全集』第三巻一―四二九　東京：平凡社　一九七四年［一九二九年］
上原直彦『島うたの周辺 ふるさとばんざい』那覇：沖縄公論社　一九八二年
大城立裕『沖縄演劇の魅力』那覇：沖縄タイムス社　一九九〇年

大城學『沖縄新民謡の系譜』那覇：ひるぎ社　一九九六年
大野道雄『沖縄芝居とその周辺』名古屋：みずほ出版　二〇〇三年
沖縄大百科事典刊行事務局［編］『沖縄大百科事典』（上・中・下）那覇：沖縄タイムス社　一九八三年
久万田晋「沖縄ポップのあしあと」『アジア遊学66　特集　島唄の魅力』三〇〜四〇　東京：勉誠出版　二〇〇四年
斎藤孝『CDブック 声に出して読みたい方言』東京：草思社　二〇〇四年
島袋盛敏・翁長俊郎『標音評釈　琉歌全集』東京：武蔵野書院　一九六八年
高橋美樹『沖縄ポピュラー音楽史―知名定男の史的研究・楽曲分析を通して―』ひつじ書房　二〇一〇年
高橋美樹・西岡敏・齊藤郁子「沖縄の新民謡《布哇節》（作詞作曲：普久原朝喜）の分析―音楽学・言語学・文学的アプローチによる作品論―」高知大学教育学部『高知大学教育学部研究報告』六八：二一三―二二六　二〇〇八年
滝原康盛［編］『琉球の名作歌劇』仲井真元楷［監修］　那覇：琉球音楽楽譜研究所　一九八五年
照屋林助『沖縄の神さまから贈られた言葉』藤田正［構成］　東京：晶文社　二〇〇三年
仲宗根政善『石に刻む』　那覇：沖縄タイムス社　一九八三年
仲程昌徳『島うたの昭和史―沖縄文学の領分―』東京：凱風社　一九八八年
西岡敏「琉歌における条件形」法政大学沖縄文化研究所『琉球の方言』二五：六三―九九　二〇〇一年
西岡敏「琉球狂歌における語彙の特徴について―民俗語彙を中心に―」奄美沖縄民間文芸学会『奄美沖縄民間文芸学』三：三五―五〇　二〇〇三年
西岡敏「沖縄のわらべ歌で学ぶウチナーグチ」勝方＝稲福恵子・前嵩西一馬［編］『沖縄学入門』一三三―一五五　京都：昭和堂　二〇一〇年
西岡敏・仲原穣『沖縄語の入門―たのしいウチナーグチ―』伊狩典子・中島由美［協力］　東京：白水社　二〇〇〇年
外間守善［校注］『おもろさうし』（上・下）　東京：岩波文庫　二〇〇〇年
外間守善・波照間永吉『定本おもろさうし』　東京：角川書店　二〇〇二年
矢野輝雄『新訂増補　沖縄芸能史話』　宜野湾：榕樹社　一九九三年

column

沖縄の結婚・結婚式

石垣　直

「結婚」は、ひとつの社会・文化を考えるとき、極めて重要なトピックである。端的に言えば、婚姻制度や婚儀・宴の有り様に注目することで、その社会を生きる人々の親族・社会関係や「社会」そのものに対する認識に接近することができるからである。

近代以前の沖縄の結婚（式）を考えるとき、士族／平民（百姓）という階層を分けて考える必要がある。家格や長幼の序がその家で生まれた男子の将来における職位や財産分与に直接的に影響を与えていた前者では、結婚は一般的に「親の決定」に従うもので、適齢期の男女の接触は厳しく制限された。琉球王国の支配層であるかれらの間では、日本の家制度や中国的な儒教倫理・儀礼慣行も受容され、「政略結婚」も存在した。

他方で、沖縄社会の大部分を占めた平民の場合、地域差はあるものの、結婚においては概ね当人の主体的選択が重視された。シマ（村落）の未婚男女（およそ一五～二〇歳）は、昼間の仕事を終えた後に「モーアシビ」（野遊び）で歌・踊り・語らいを楽しんだ。女子たちが夜仕事する「ヤガマヤー」などと呼ばれた作業小屋・娘宿に男子が訪ねてくる地域も多かった。特定の異性ができると、男子は夜間に女子宅を訪ねた。いわゆる「夜這い」である。①「サキムイ」（「酒盛」）。縁組の可否確認または結納・許嫁。「一合ムイ」、「二合ムイ」と呼ぶ地域もある）を済ませた後に二人の関係は公認され、「妻問い婚」のかたちをとった。この点は、武家が台頭し家父長制が確立されてくる室町以前の日本庶民の婚姻制度も同様であった。沖縄の場合、この「妻問い」や妻方への労働奉仕を数年へて、妻方で子どもが数人誕生した後に、②「クファンムイ」（正式な結納。夫方がご馳走・酒を持参し妻方親族を饗応）、③「ニービチ」（「根引き」。嫁入り。夫方での結婚式・披露宴）が行われた。ただし、多くの農村などで男方に経済的な余裕がない場合には、①で②・③を兼ねることもあった。結局のところ、平民にとっての結婚とは、相性・恋愛感情だけでなく、出産（子孫確保）の問題であり、労働力移動（妻問い→夫方居住）の問題であった訳である。この時代の結婚は、当時の税制度（地割制を基礎とする村落単位での納税）や村々の縄張り意識もあり、村落内婚が是とされた。村落の外から妻を娶る場合、夫方はその代償として、妻方の村に対し「ンマディマ」（馬手間）・「ンマザキ」（馬酒）と呼ばれる慰謝料・挨拶料を支払った。

リゾート・ホテルでの結婚披露宴に臨む和装の新郎新婦
（2010年2月）

しかし、「琉球処分」（一八七二～一八七九年）以降の本格的な近代化・大和化の流れの中で、村落境界を越えた結婚も頻繁に行われるようになった。また、第二次世界大戦以前の結婚は、夫方および妻方の親族を主体として行われていたが、戦後は大和式の神前結婚も広く行われるようになり、村落の公民館や貸しホールを会場として親類・友人・知人を招いた披露宴が催されるようになった。さらに、一九七二年の「本土復帰」以降には、数百人を超える新郎・新婦両家の親類縁者を招いてホテルの宴会場で大々的に行われる披露宴が一般化していった。大和式の三三九度やホテルに併設された教会でのキリスト教式などの挙式、そして各種余興などの披露宴の諸形式が定着してくるのも、この頃のことである。近年の披露宴では、新郎・新婦の生い立ちや二人の出会いを綴ったショート・ムービーの撮影・放映も盛んで、披露宴用ムービーのコンテストも開催されている。

俗に「一万円払って食事と余興とお土産まで付いてくる飲み会」といわれる現代の沖縄の結婚式・披露宴だが、そこには沖縄社会における親族・社会関係だけでなく、この社会が経験してきた社会・文化変容の痕跡が散りばめられている。いわゆる「デキちゃった婚（授かり婚）率」（約四割、二〇〇九年）が全国一位であり、「離婚率」・「片親家庭率」・「三〇代以上の各世代の未婚率」なども全国で上位を占めている現在の沖縄県。経済的な問題とともに、改めて沖縄の社会構造と婚姻制度の歴史的変遷、さらにはその先にある出産・子育て・教育といった問題を考えてみる必要があるだろう。

〔参考文献〕
奥野彦六郎『沖縄婚姻史』国書刊行会　一九七八年
瀬川清子『沖縄の婚姻』岩崎美術社　一九八五年

●や●

●ら●

●わ●

●ん●

●た●

●な●

●は●

●ま●

●さ●

索引

●あ●

●か●

執筆者紹介（五十音順：名前／所属2016年2月現在／専門分野／業績）

新垣　勝弘（あらかき・かつひろ）沖縄国際大学経済学部教授／アジア経済論／「成長する中国の開発戦略」沖縄国際大学公開講座、2006年など　沖縄小林流空手6段

石垣　直（いしがき・なおき）／沖縄国際大学総合文化学部准教授／社会人類学／『現代台湾を生きる原住民』風響社、2011年など

上江洲　薫（うえず・かおる）／沖縄国際大学経済学部准教授／観光地理学／『地域資源とまちづくり―地理学の視点から―』（共著）古今書院、2013年など

上原　静（うえはら・しずか）／沖縄国際大学総合文化学部教授／沖縄考古学／『琉球古瓦の研究』榕樹書林、2013年など

狩俣　恵一（かりまた・けいいち）／沖縄国際大学総合文化学部教授／琉球芸能、琉球文学／『芸能の原風景』瑞木書房、1998年、『南島歌謡の研究』瑞木書房、1999年など

田名　真之（だな・まさゆき）／沖縄国際大学総合文化学部教授／琉球史・琉中交渉史／『クニンダ人物史蔡氏』久米崇聖会、2008年、『沖縄県の歴史』（共著 第2版）山川出版社、2010年など

名嘉座　元一（なかざ・はじめ）／沖縄国際大学経済学部教授／労働経済学／『沖縄における若年就業の可能性』（共著）編集工房東洋企画、2012年など

西岡　敏（にしおか・さとし）／沖縄国際大学総合文化学部教授／琉球語学・琉球文学／「沖縄のわらべ歌で学ぶウチナーグチ」『沖縄学入門』昭和堂、2010年など

藤波　潔（ふじなみ・きよし）／沖縄国際大学総合文化学部准教授／イギリス近代外交史・歴史教育／『沖縄国際大学教職課程における社会科・地理歴史科・公民科「模擬授業」精選録』沖縄国際大学、2009年など

前泊　博盛（まえどまり・ひろもり）／沖縄国際大学経済学部教授／沖縄経済論・基地経済論／『沖縄と米軍基地』角川新書、2011年、『日米地位協定入門』創元社、2013年など

宮城　邦治（みやぎ・くにはる）／沖縄国際大学名誉教授／動物生態学／『やんばるの森―輝く森のいきものたち―』（共著）東洋館出版社、1994年など

宮森　正樹（みやもり・まさき）／沖縄国際大学産業情報学部教授／マーケティング／「沖縄の観光資源とロングスティ」『沖縄の発展とソフトパワー』沖縄タイムス社、2009年など

大学的沖縄ガイド—こだわりの歩き方

2016年3月25日　初版第1刷発行

編　者　沖縄国際大学 宜野湾の会
発行者　杉田啓三
〒606-8224 京都市左京区北白川京大農学部前
発行所　株式会社　昭和堂
振込口座　01060-5-9347
TEL(075)706-8818／FAX(075)706-8878

印刷　亜細亜印刷

ISBN 978-4-8122-1518-0
乱丁・落丁本はお取り替えいたします。
Printed in Japan

聞得大君御殿
修竹院
報恩寺
仙江院
大慈院
建善寺
慈照庵